PMBOK®ガイド・マニュアル

第5版対応

シンシア・スナイダー 著　清水計雄・亀井邦裕 共訳

A User's Manual to the
PMBOK® Guide

Cynthia Snyder

鹿島出版会

A User's Manual to the PMBOK® Guide-Fifth Edition
by
Cynthia Stackpole Snyder

Copyright © 2013 by John Wiley Sons, Inc.
All Rights Reserved.
Japanese edition published
by Kajima Institute Publishing Co., Ltd., Japan in 2014.
This translation published under license
by arrangement through The Sakai Agency, Inc., Tokyo.

訳者のことば

　PMBOK® ガイドの過去 3 回の改訂の際に、翻訳・監修のプロジェクト・マネジャーとして日本語版の作成に携わってきました。この間、PMBOK® ガイドは、その認知度も高まり広く普及しはじめましたが、プロジェクト・マネジャーの資格である PMP® の受験の折に学習する書籍としての位置づけにとどまっているようです。プロジェクトマネジメントは、あらゆる業種、あらゆる規模のプロジェクトにおいて役に立つものです。プロジェクトマネジメントの基本となる図書として PMBOK® ガイドが日常の実務においてできるだけ多く活用されることを願ってやみません。

　PMBOK® ガイドはプロジェクトマネジメントの標準図書という性格をもっていることから、基本的に無味乾燥であることは免れません。また、その内容もプロジェクトマネジメントの知識体系の骨子の記述であり、プロジェクトマネジメントの用語に馴染みのない方々にとっては理解が容易ではないものと思われます。

　このような状況を見るにつけ、PMBOK® ガイドを紐解く上でその理解を助ける図書が必要だと感じていました。PMBOK® ガイド第 4 版のプロジェクト・マネジャーを務めた Cynthia Snyder 氏がこの思いに応えるような図書を作成しました。本書は第 5 版に対応した改訂版です。

　この図書は、PMBOK® ガイドを引用し、その内容を逐一解説しています。PMBOK® ガイドの 47 のプロセスが配置されている理由、その具体的な内容と意味、他のプロセス要素との関係などが記述されています。これらの解説は、無味乾燥な PMBOK® ガイドの行間を補い、具体的に知識を実務へと結びつけてくれます。PMBOK® ガイドを理解する上で必要な情報を補足し、その理解を促進させる副読本に仕上がっています。PM の初学者であればむしろ、PMBOK® ガイドを学習するに先立って読む本です。

　PMBOK® ガイドは、知識体系という書名通り知識エリアの区分に従った記述になっています。一方、本書は、実務の流れに則した構成とする意図から 5 つのプロセス群を基本とした記述になっています。この結果、本書は、47 のプロセスをプロセス群の観点から整理した 29 章にて構成されています。PMBOK® ガイドとは別の側面から眺めることにより PMBOK® ガイドを深く理解することができます。

　読者の便宜を考え、本書と PMBOK® ガイドとの相関関係が容易に理解できるように、「目次マップ」を用意しました。本書の章立てと PMBOK® ガイドにて分類されている 5 つのプロセス群、および 9 つの知識エリアとの相関関係を一覧にしたものです。巻末に付録として添付しておりますので、ご利用ください。

　PMBOK® ガイドの理解と活用のために、本書がお役に立つことを願っております。

2014 年 8 月

清水　計雄

日本の読者へ

　PMBOK® ガイド第 5 版のユーザー用マニュアルが翻訳されたことは大変光栄に思います。私はこの図書および『プロジェクト・マネジャーの様式集』の著者として、この重要な標準に関わり、非常に多くの時間をかけてきました。

　日本の読者が PMBOK® ガイド第 5 版に込められている基本的原則の理解と適用に当たってこの図書がお役に立てることを心から願っています。この図書は、PMBOK® ガイドを下敷きにし、事例を取り入れながらそれを敷衍する形で記述しております。したがって、PMBOK® ガイドを学習したり参照したりする時、同時にこの図書を参照することによりプロジェクトマネジメントの具体的な適用をイメージすることができます。

　あなたが、プロジェクトマネジメントの分野に初めて参入した人であれば、自分の役割を果たすために必要な原則を理解することに、この図書が必ず役立つものと思います。あなたが優れた実務者であったら、この図書はプロジェクトマネジメントの技法をより深く理解する上で役立つものです。

　この図書は、10 年余にわたり交流のある清水計雄氏とその僚友が翻訳してくれました。清水氏は PMBOK® ガイドの過去 3 回の改訂の都度翻訳に従事しており、したがって、彼はこの図書の翻訳にはもっとも適した人です。

　清水氏は、これまでプロジェクトマネジメントに触れていなかった人々にそれを理解し、使ってもらおうという活動をしております。それは、私の希望でもあります。PMBOK® ガイドは、単にプロジェクトマネジメントの実務者に留まらず、何らかの形でプロジェクトに取り組まれている多くの人々に等しく利用されることが望まれます。しかし、一般の人々が標準書である PMBOK® ガイドを理解することは必ずしも容易ではありません。この図書はそれらの人々にとってお役にたてることも視野に入れて作成しました。この図書が日本におけるプロジェクトマネジメントの普及に役立つことを切に願っています。

　私は日本のプロジェクトマネジメントの実務者がプロジェクトマネジメントに取り組まれていることに畏敬の念を抱いています。この図書を読まれる方々がプロジェクトマネジメントを実践することを通して自らの成功を勝ちとることを願っています。
　最後になりましたが、この図書を選定された日本の読者に感謝いたします。

2014 年 4 月 24 日

シンシア・スナイダー
PMP, EVP, MBA

はじめに

　本書は、プロジェクト・マネジャーがプロジェクトマネジメント知識体系ガイド（PMBOK® ガイド第5版）をより利用しやすくすることを目的としている。

　PMBOK® ガイド第5版の情報をより理解しやすい言葉で示し、いろいろなツールや技法の適用方法を説明してある。つまり、PMBOK® ガイドをより理解しやすいものとし、そこに記述されている実務慣行を実践することに役立つものである。

　本書の情報は PMBOK® ガイド第5版[1]の情報のみに基づいている。したがって、読者は PMBOK® ガイド第5版と全く同一の定義と同じ表や図を目にするであろう。しかし PMBOK® ガイドを参照していることをいちいち脚注で説明していない。その理由は、上述の通りこの図書は PMBOK® ガイドが唯一の情報源だからである。

　特定の文書に情報を記録する上でその使用法を示すために、様式やテンプレートを記載している。これらの様式は PMI と Wiley 社が発行している「プロジェクト・マネジャー様式集」[2]に入っている。繰り返しになるが、この様式集のみが情報源であるため、それを脚注として記述していない。

　本書を読みやすくするため、多様なアイコン、表、データ・フロー図、囲み記事を使用している。例えば、PMBOK® ガイドのある定義を使う場合には、辞書のアイコンを挿入してある。個々のプロセスの始めにはプロセスの定義を記述した。それから PMBOK® ガイドのデータ・フロー図を示して、プロセスにおける情報の流れ方、すなわち情報がどこから来てどこに向かうかがわかるようにした。囲み記事は、特定の文書の項目をリストアップすることに使用している。

　PMBOK® ガイドでは、情報は知識エリアごとに表示されているが、本書ではプロセス群ごとに表示してある。本書は読者がプロジェクトをマネジメントすることの支援を目的としているため、プロジェクトへの適用の仕方に沿うように表示した方が役に立つと思ったからである。

　このユーザー・マニュアルがあなたのプロジェクトの成功に役立つことを心より期待している。

---

[1] A Guide to the Project Management Body of Knowledge (PMBOK® Guide) —Fifth Edition © 2012 Project Management Institute, 14 Campus Blvd., Newtown Square, PA.

[2] A Project Manager's Book of Forms: A Companion to the PMBOK® Guide—Fifth Edition © John Wiley Sons, Inc., 111 River Street, Hoboken, NJ.

謝　辞

　本書は、出版という仕事における素晴らしいチーム・ワークの一例です。まず、いつも通り、ボブ・アルジェンチエリの継続的な支援と励ましに感謝します。ボブの努力により、すべてが予定通りに、しかも最も効率的に行われました。いつも、会議の席でそれを知り、新たな成果に拍手するのが楽しみでした。エイミー・オーダムとカースティン・ナスディオにも感謝します。あなたがたは本書を美しく仕上げ、短い納期で出版にこぎ付けてくれました。予定通り出版するために、多くの編集作業が必要であったことでしょう。ありがとうございました。

　PMI 出版部の友人達にも感謝します。ドン・グリーンバーグ、あなたは、英知の宝庫であり、出版のみならず PMI ではどうすれば物事をうまく運べるかについて、本当によくご存じでした。私の本に対して、常に支援していただいたことに感謝します。バーバラ・ウォルシュ、あなたは宝石のように輝いていて、その分野に秀でた人です。この第 2 版を読者に分かりやすくするための助言には本当に感謝します。あなたのプロフェッショナルな支援と友情のおかげです。そのどちらも私にはかけがえのないものでした。ロバータ・ストーラー、あなたは類まれな編集者にして、素晴らしい人格者です。この本をよりよくするための援助に感謝します。

　最後に PMBOK® ガイド第 5 版開発チームの皆さん。皆さんは標準を改訂するという、素晴らしい仕事を成し遂げました。

目　次

訳者のことば …………………………………………………………… *iii*
日本の読者へ …………………………………………………………… *iv*
はじめに ………………………………………………………………… *v*
謝　辞 …………………………………………………………………… *vi*

第1章　序　文 ………………………………………………………… *1*
　本書について ………………………………………………………… *1*
　プロジェクトマネジメント・プロセス群 ………………………… *2*
　プロジェクトマネジメント知識エリア …………………………… *3*

第2章　重要な概念 …………………………………………………… *7*
　プロジェクト、プログラム、ポートフォリオ …………………… *7*
　プロジェクト・ライフサイクル …………………………………… *8*
　段階的詳細化 ………………………………………………………… *8*
　テーラリング ………………………………………………………… *9*
　組織体の環境要因 …………………………………………………… *9*
　組織のプロセス資産 ………………………………………………… *10*

第3章　プロジェクトの立上げ ……………………………………… *13*
　立上げプロセス群 …………………………………………………… *13*
　プロジェクト・スポンサーの役割 ………………………………… *13*
　プロジェクト・マネジャーの役割 ………………………………… *14*
　プロジェクト憲章作成（4.1）……………………………………… *14*
　ステークホルダー特定（13.1）…………………………………… *18*

第4章　計画の統合 …………………………………………………… *21*
　計画プロセス群 ……………………………………………………… *21*
　計画作成ループ ……………………………………………………… *22*
　プロジェクト統合マネジメント（4.0）…………………………… *23*
　プロジェクトマネジメント計画書作成（4.2）…………………… *23*

第5章　スコープ計画 ………………………………………………… *29*
　プロジェクト・スコープ・マネジメント（5.0）………………… *29*

	スコープ・マネジメント計画（5.1）	*30*
	要求事項収集（5.2）	*33*
	スコープ定義（5.3）	*40*
	WBS 作成（5.4）	*44*

第 6 章　スケジュール計画　　*51*
	プロジェクト・タイム・マネジメント（6.0）	*51*
	スケジュール・マネジメント計画（6.1）	*52*
	アクティビティ定義（6.2）	*54*
	アクティビティ順序設定（6.3）	*58*
	アクティビティ資源見積り（6.4）	*62*
	アクティビティ所要期間見積り（6.5）	*66*
	スケジュール作成（6.6）	*71*

第 7 章　コスト計画　　*83*
	プロジェクト・コスト・マネジメント（7.0）	*83*
	コスト・マネジメント計画（7.1）	*83*
	コスト見積り（7.2）	*85*
	予算設定（7.3）	*91*

第 8 章　品質計画　　*95*
	プロジェクト品質マネジメント（8.0）	*95*
	品質マネジメント計画（8.1）	*96*

第 9 章　人的資源計画　　*105*
	プロジェクト人的資源マネジメント（9.0）	*105*
	人的資源マネジメント計画（9.1）	*106*

第 10 章　コミュニケーション計画　　*111*
	プロジェクト・コミュニケーション・マネジメント（10.1）	*111*
	コミュニケーション計画（10.1）	*111*

第 11 章　リスク計画　　*117*
	プロジェクト・リスク・マネジメント（11.0）	*117*
	リスク・マネジメント計画（11.1）	*118*
	リスク特定（11.2）	*123*
	定性的リスク分析（11.3）	*129*
	定量的リスク分析（11.4）	*132*
	リスク対応計画（11.5）	*136*

第 12 章　調達計画　　*141*
	プロジェクト調達マネジメント（12.0）	*141*
	調達マネジメント計画（12.1）	*142*

第 13 章　ステークホルダー・マネジメント計画 ……………………… 151
　　　プロジェクト・ステークホルダー・マネジメント（13.0）……… 151
　　　ステークホルダー・マネジメント計画（13.2）………………… 151

第 14 章　プロジェクトの実行 ……………………………………… 155
　　　実行プロセス群 ……………………………………………… 155
　　　プロジェクト作業の指揮・マネジメント（4.3）………………… 156

第 15 章　品質マネジメントの実行 ………………………………… 159
　　　品質保証（8.2）……………………………………………… 159

第 16 章　人的資源マネジメントの実行 …………………………… 163
　　　プロジェクト・チーム編成（9.2）……………………………… 163
　　　プロジェクト・チーム育成（9.3）……………………………… 166
　　　プロジェクト・チーム・マネジメント（9.4）…………………… 171

第 17 章　コミュニケーション・マネジメントの実行 ……………… 177
　　　コミュニケーション・マネジメント（10.2）…………………… 177

第 18 章　調達マネジメントの実行 ………………………………… 181
　　　調達実行（12.2）……………………………………………… 181

第 19 章　ステークホルダー・マネジメントの実行 ………………… 185
　　　ステークホルダー・エンゲージメント・マネジメント（13.3）… 185

第 20 章　プロジェクトの監視・コントロール …………………… 189
　　　監視・コントロール・プロセス群 …………………………… 189
　　　プロジェクト作業の監視・コントロール（4.4）………………… 190
　　　統合変更管理（4.5）………………………………………… 193

第 21 章　スコープの監視・コントロール ………………………… 201
　　　スコープ妥当性確認（5.5）…………………………………… 201
　　　スコープ・コントロール（5.6）……………………………… 203

第 22 章　スケジュールの監視・コントロール …………………… 207
　　　スケジュール・コントロール（6.7）…………………………… 207

第 23 章　コストの監視・コントロール …………………………… 211
　　　コスト・コントロール（7.4）………………………………… 211

第 24 章　品質の監視・コントロール ……………………………… 221
　　　品質コントロール（8.3）……………………………………… 221

第 25 章 コミュニケーションの監視・コントロール……………………… 225
　　　　コミュニケーション・コントロール（10.3）……………… 225

第 26 章 リスクの監視・コントロール…………………………………… 229
　　　　リスク・コントロール（11.6）……………………………… 229

第 27 章 調達の監視・コントロール……………………………………… 233
　　　　調達コントロール（12.3）…………………………………… 233

第 28 章 ステークホルダー・エンゲージメントの監視・コントロール…… 237
　　　　ステークホルダー・エンゲージメント・コントロール（13.4）… 237

第 29 章 プロジェクトの終結……………………………………………… 241
　　　　終結プロセス群……………………………………………… 241
　　　　プロジェクトやフェーズの終結（4.6）…………………… 241
　　　　調達終結（12.4）……………………………………………… 245

本書をより良く理解するために………………………………………… 249
目次マップ………………………………………………………………… 252

索　引……………………………………………………………………… 256

注：目次の項目名の後に（　）書きで記した数字は、PMBOK® ガイド第 5 版のプロセス番号である。

第 1 章　序　文

この章のトピック
☞ 本書について
☞ プロジェクトマネジメント・プロセス群
☞ プロジェクトマネジメント知識エリア

本書について

　本書は、プロジェクト・マネジャーがプロジェクトマネジメント知識体系ガイド（PMBOK® ガイド）第 5 版をより利用しやすくすることを目的としている。PMBOK® ガイドは標準である。よって、ほとんどのプロジェクトにおいてほとんどの場合に良い実務慣行であるとみなされるものを記述している。最良の実務慣行を記述しているのではなく、良い実務慣行を記述しているものであることに注意してほしい。最良の実務慣行とは、業界あるいは組織に固有のものであろう。PMBOK® ガイドは標準であるので、記述的な表現になっていない。言い換えれば、実務慣行の実施方法を述べているのではなく、単に実務慣行を特定しているにすぎない。
　PMBOK® ガイドは、プロジェクトマネジメントに共通した用語の普及を奨励することにより、プロジェクト・マネジャー、スポンサー、チーム・メンバー等の間でプロジェクトマネジメントについて効果的なコミュニケーションを可能にする。
　プロジェクト・マネジャー、PMO および多くの組織は、PMBOK® ガイドをプロジェクトマネジメントの方法論と誤解しているが、PMBOK® ガイドは方法論ではない。プロジェクトマネジメントの方法論とは、プロジェクトをマネジメントするための一連の慣行、方針、手順、ガイドライン、ツール、技法その他を指す。本書も方法論ではない。本書は、PMBOK® ガイドにある情報を基にそれを理解しやすい言葉で記述し、さまざまなツールや技法をどのように適用するかを説明したものである。要するに、本書は PMBOK® ガイドをより分りやすくして、記述にあることを実践する役に立てるものである。
　本書の情報は PMBOK® ガイド第 5 版の情報だけに基づいている。したがって、定義および一部の表や図が PMBOK® ガイド第 5 版と同一であることにお気づきになろう。
　本書をより一層読みやすくするために、定義、例、ヒント、データ・フロー図などを使用している。個々のプロセスの始めにプロセスの定義を記述し、それから PMBOK® ガイドのデータ・フロー図を示して、プロセスを通る情報の流れ方、すなわち情報がどこから来てどこに向かうかを分かるようにした。各プロセスにおいてインプット、ツールと技法、アウトプットを記述している個所では、それらを表にして示した。個所によっては、特定の文書に見られる典型的な項目のリストを掲示した。時には様式を挿入し、情報を文

書に書きこむ方法を示した。この本の付録にはこれらの様式がある。PMIとJohn Wiley & Sons社が発行した「プロジェクト・マネジャー様式集」には印刷物や電子様式での利用が可能である。

プロジェクトマネジメント・プロセス群

　プロジェクトマネジメント標準は47に区分されたプロセスとして示されている。プロセスとは、前もって特定されたプロダクト、所産、サービス等を達成するために実行される一連の相互に関連する活動やアクティビティである。プロセスは、インプット、ツールと技法、アウトプット等より構成されている。したがって、本書ではこの流れに沿ってプロセスを提示した後、プロセスを構成するインプット、ツールと技法、アウトプット等を個々に論じる。

> **インプット**：プロジェクトの内外を問わず、プロセスの処理を進めるために必要とする事項。先行プロセスからのアウトプットのこともある。
> **ツール**：テンプレートやソフトウェアプログラムなど、プロダクトや所産を生み出すアクティビティの実行に使用される、実体のあるもの。
> **技法**：プロダクトや所産を生成するため、あるいはサービスを提供するアクティビティを実行するため、人によって実行される既定の系統的な手順であり、一つ以上のツールが使われる。
> **アウトプット**：プロセスによって生成されるプロダクト、所産、またはサービス。後続プロセスへのインプットとなる場合がある。

　プロセスの理解を容易にするために、PMIは5つのプロセス群を特定している。これらは、立上げプロセス群、計画プロセス群、実行プロセス群、監視・コントロール・プロセス群、終結プロセス群である。

> **立上げプロセス群**：プロジェクトやプロジェクトの新しいフェーズを開始する認可を得ることにより、新規プロジェクトや既存プロジェクトの新しいフェーズを明確に定めるために実施するプロセス群
> **計画プロセス群**：プロジェクトのスコープの確定や目標の洗練、さらにプロジェクトが取組むべき目標の達成に必要な一連の行動を規定するために必要なプロセス群
> **実行プロセス群**：プロジェクトの仕様を満たすために、プロジェクトマネジメント計画書に規定された作業を完了するように実施するプロセス群
> **監視・コントロール・プロセス群**：プロジェクトの進捗やパフォーマンスを追跡し、レビューし、統制し、計画の変更が必要な分野を特定し、それらの変更を開始するために必要なプロセス群
> **終結プロセス群**：プロジェクトやフェーズを公式に完結するために、すべてのプロジェクトマネジメント・プロセス群のすべてのアクティビティを終了するために実施するプロセス群

　図1-1を見れば、プロジェクトの各フェーズやプロジェクト全体において、どのようにプロセス群が相互に作用しあっているかが理解できる。立上げプロセス群のプロセスはプロジェクトあるいはフェーズの総括的な定義を特定し、開始の認可を得るために用いられる。開始が認可されれば、計画プロセス群において、総括的な情報がさらに詳細化され

る。もちろん、計画するのはプロジェクトの開始時だけではない。プロジェクトの立上がりの部分では多くの時間を計画に使うが、実際に作成・開発する実行プロセス群に入るにつれて、プロジェクト業務をより詳細なレベルで計画することが必要になる。また、期待通りに進まない場合には計画の練り直しも必要になる。実際、監視・コントロール・プロセス群は、計画上の進捗と実際の進捗とを比較するために実行される。両者の一致の程度が容認できるものであれば、プロジェクト作業を続行する。もし容認できなければ、パフォーマンスを計画に沿わせるように是正処置と予防処置をとる必要がある。最後に、終結プロセス群を実行して業務を完結させ、フェーズやプロジェクトの情報を保管する。

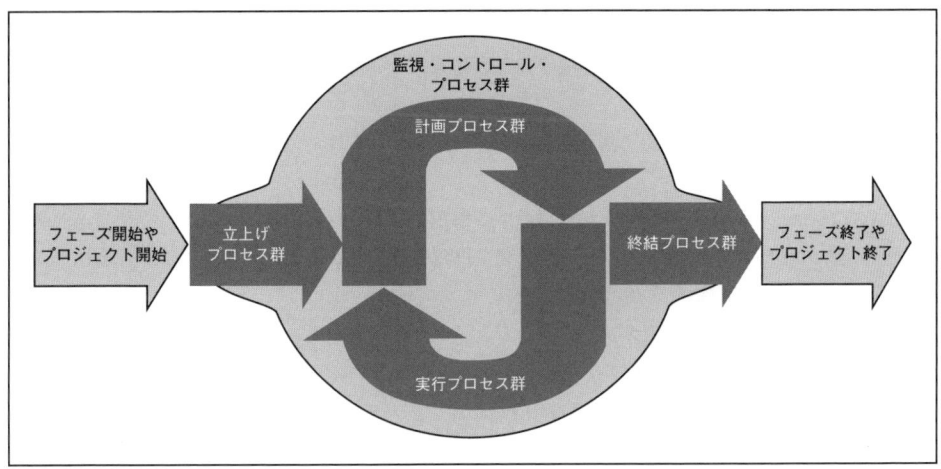

図1-1　プロジェクトマネジメント・プロセス群
(出典：PMBOK® ガイド　第5版　50頁)

プロジェクトマネジメント知識エリア

　プロジェクトマネジメント・プロセスを分類するもう1つの方法は、知識エリアに区分する方法である。PMIは以下に示す10の知識エリアを特定している。

- プロジェクト統合マネジメント
- プロジェクト・スコープ・マネジメント
- プロジェクト・タイム・マネジメント
- プロジェクト・コスト・マネジメント
- プロジェクト品質マネジメント
- プロジェクト人的資源マネジメント
- プロジェクト・コミュニケーション・マネジメント
- プロジェクト・リスク・マネジメント
- プロジェクト調達マネジメント
- プロジェクト・ステークホルダー・マネジメント

　図1-2は、47ある個々のプロジェクトマネジメント・プロセスが、プロジェクトマネジメント・プロセス群とプロジェクトマネジメント知識エリアにどのように対応しているかを示している。

本書では、情報を提示するのに知識エリアではなく、プロセス群を使用している。次の第2章においてプロジェクトマネジメントのいくつかの重要な概念をレビューし、第3章では立上げプロセス群を取り上げる。それに続くいくつかの章では計画プロセス群について論じる。その後の章では実行プロセス群、監視・コントロール・プロセス群を扱い、最後に終結プロセス群を論じる。

プロジェクト統合マネジメント：プロジェクトマネジメント・プロセス群内の各種プロセスとプロジェクトマネジメント活動の特定、定義、結合、統一、調整などを行うためのプロセスとアクティビティからなる。

プロジェクト・スコープ・マネジメント：プロジェクトを適正に完了するために必要なすべての作業を含め、かつ必要な作業のみを含めることを確実にするために必要なプロセスからなる。

プロジェクト・タイム・マネジメント：プロジェクトを所定の時期に完了させるために必要なプロセスからなる。

プロジェクト・コスト・マネジメント：プロジェクトを承認済みの予算内で完了するために必要な、コストの計画、見積り、予算化、財務管理、資金調達、マネジメント、およびコントロールなどのプロセスからなる。

プロジェクト品質マネジメント：プロジェクトが取組むべきニーズを満足するために、品質方針、品質目標、品質に対する責任などを決定する母体組織のプロセスや活動の一部である。

プロジェクト人的資源マネジメント：プロジェクト・チームを組織し、マネジメントし、リードするためのプロセスからなる。

プロジェクト・コミュニケーション・マネジメント：プロジェクト情報の計画、収集、配布、保管、取得、マネジメント、コントロール、監視、そして最終的な廃棄などを適宜、適切、かつ確実に行うために必要なプロセスからなる。

プロジェクト・リスク・マネジメント：プロジェクトに関するリスク・マネジメント計画、特定、分析、対応計画、リスク・コントロールなどの遂行に関するプロセスからなる。

プロジェクト調達マネジメント：プロダクト、サービス、所産をプロジェクト・チームの外部から購入または取得するプロセスからなる。

プロジェクト・ステークホルダー・マネジメント：プロジェクトに影響を与えたりプロジェクトによって影響を受けたりする可能性がある個人、グループ、または組織を特定し、ステークホルダーの期待とプロジェクトへの影響を分析し、プロジェクトの意思決定や実行においてステークホルダーから効果的な関与を得るように適切なマネジメント戦略を策定するために必要なプロセスからなる。

知識エリア	プロジェクトマネジメント・プロセス群				
	立上げプロセス群	計画プロセス群	実行プロセス群	監視・コントロール・プロセス群	終結プロセス群
4. プロジェクト統合マネジメント	4.1 プロジェクト憲章作成	4.2 プロジェクトマネジメント計画書作成	4.3 プロジェクト作業の指揮・マネジメント	4.4 プロジェクト作業の監視・コントロール 4.5 統合変更管理	4.6 プロジェクトやフェーズの終結
5. プロジェクト・スコープ・マネジメント		5.1 スコープ・マネジメント計画 5.2 要求事項収集 5.3 スコープ定義 5.4 WBS作成		5.5 スコープ妥当性確認 5.6 スコープ・コントロール	
6. プロジェクト・タイム・マネジメント		6.1 スケジュール・マネジメント計画 6.2 アクティビティ定義 6.3 アクティビティ順序設定 6.4 アクティビティ資源見積り 6.5 アクティビティ所要期間見積り 6.6 スケジュール作成		6.7 スケジュール・コントロール	
7. プロジェクト・コスト・マネジメント		7.1 コスト・マネジメント計画 7.2 コスト見積り 7.3 予算設定		7.4 コスト・コントロール	
8. プロジェクト品質マネジメント		8.1 品質マネジメント計画	8.2 品質保証	8.3 品質コントロール	
9. プロジェクト人的資源マネジメント		9.1 人的資源マネジメント計画	9.2 プロジェクト・チーム編成 9.3 プロジェクト・チーム育成 9.4 プロジェクト・チーム・マネジメント		
10. プロジェクト・コミュニケーション・マネジメント		10.1 コミュニケーション・マネジメント計画	10.2 コミュニケーション・マネジメント	10.3 コミュニケーション・コントロール	
11. プロジェクト・リスク・マネジメント		11.1 リスク・マネジメント計画 11.2 リスク特定 11.3 定性的リスク分析 11.4 定量的リスク分析 11.5 リスク対応計画		11.6 リスク・コントロール	
12. プロジェクト調達マネジメント		12.1 調達マネジメント計画	12.2 調達実行	12.3 調達コントロール	12.4 調達終結
13. プロジェクト・ステークホルダー・マネジメント	13.1 ステークホルダー特定	13.2 ステークホルダー・マネジメント計画	13.3 ステークホルダー・エンゲージメント・マネジメント	13.4 ステークホルダー・エンゲージメント・コントロール	

図1-2 プロジェクトマネジメント・プロセス群と知識エリアのマッピング
(出典：PMBOK® ガイド 第5版 61頁)

第2章　重要な概念

この章のトピック
☞ プロジェクト、プログラム、ポートフォリオ
☞ プロジェクト・ライフサイクル
☞ 段階的詳細化
☞ テーラリング
☞ 組織体の環境要因
☞ 組織のプロセス資産

プロジェクト、プログラム、ポートフォリオ

　プロジェクトとプログラムの違いは時には不明瞭である。プログラムとプロジェクトのポートフォリオの違いもまた紛らわしい。まず、これらの用語の定義を調べ、その後プロジェクトマネジメントにおけるいくつかの追加の重要な概念を探究する。

> **プロジェクト**：独自のプロダクト、サービス、所産を創造するために実施する有期性のある業務
> **プログラム**：調和の取れた方法でマネジメントするプロジェクト、サブプロジェクト、およびプログラム・アクティビティのグループ。プロジェクトの個別的なマネジメントでは得ることができないベネフィットが得られる。
> **ポートフォリオ**：戦略的な目標を達成するために、グループとしてマネジメントされるプロジェクト、プログラム、サブポートフォリオおよび業務

　プログラムを規模の大きいプロジェクトであると考える人がいる。これが当てはまる場合もあるが、必ずしも的を射ていない。例えば、オリンピックは、多くのサブプロジェクトをもつ非常に大型のプロジェクトであるとみなすことも可能であろう。しかしながら、その規模、コスト、所要期間、オリンピックをプロデュースするために要する非常に多くのプロジェクト等を考慮すれば、むしろ組織的な方法でマネジメントされるプロジェクトの集合、すなわちプログラムであろう。多くのプロジェクトは建設に関連していたり、生産や報道に関係したりしている。中には技術や文化的なイベントに関連したものもある。
　オリンピックというプログラムでは、建設プロジェクトのすべてをプロジェクトのポートフォリオとみなすこともできるであろう。2012年のロンドン・オリンピックでは、マネジメントの効率化のために、建設プロジェクトはオリンピック実行局（ODA）が取りまとめている。LOCOGが担当する複数のプロジェクトもポートフォリオとみなされるで

あろう。LOCOGとは、オリンピックのためのロンドン組織委員会である。この機関は、オリンピックとパラリンピックの開催に責任を持つ組織である。

　オリンピックを別の角度から見ると、ODAのポートフォリオ、オリンピックのポートフォリオ、およびパラリンピックのポートフォリオがあるという見方もできる。こうしてみると、プロジェクト、プログラム、ポートフォリオ等を組織化する方法の多くは主観的であることが理解できるであろう。プロジェクトおよびプロジェクトのポートフォリオからなるプログラムであると言える。また、プロジェクトおよび複数のプロジェクトよりなるプログラムから構成されているポートフォリオであるとも言える。主な違いは、プロジェクトは常に有期的であるが、プログラムやポートフォリオは必要とする定常業務の要素を1つあるいはそれ以上含んでいることである。

プロジェクト・ライフサイクル

　大きなプロジェクトにはほとんど、いくつかのフェーズからなる、定義されたプロジェクト・ライフサイクルがある。

> **プロジェクト・フェーズ**：論理的に関連のあるプロジェクトのアクティビティの集合。一つ以上の成果物の完了によって終了する。
> **プロジェクト・ライフサイクル**：プロジェクトの立上げから終結に至るまで、プロジェクトが経験する一連のフェーズ

　プロジェクト・ライフサイクルとプロジェクトマネジメント・プロセス群との違いについて混乱するかもしれない。プロセス群とは、立上げ、計画、実行、監視・コントロール、終結から構成されていることを思い出してほしい。これらは連続しているように見えるのでフェーズと間違われることがあるが、プロジェクトを通して繰り返され、また必要に応じて使用されるプロセスの群である。プロセス群は、プロジェクトのそれぞれのフェーズに適用される。例えば、建設プロジェクトには、設計、調達、建設の3つのフェーズがあるであろう。ITプロジェクトには、要件、計画、設計、詳細設計、構築、テスト、展開のフェーズがあるであろう。それぞれのフェーズは連続して完結する。フェーズの数と名称は、プロジェクトを実行する組織やプロジェクトのニーズにより決まる。

　多くの組織は、プロジェクト・フェーズの終了時にプロジェクトの進捗をレビューする。これにより、プロジェクト・マネジャー、スポンサー、顧客等は、プロジェクト憲章、進捗、成果物等をレビューし、プロジェクトを続行すべきか、取組み方を変更すべきか、あるいはプロジェクトを中止すべきかを決めることができる。プロジェクトの必要性が失われてしまう場合もある。それは、環境または市場動向が変化してしまったり、プロジェクトの所要期間やコストが資源の消費をもはや正当化できない状態に至ったりした場合である。フェーズ終了時（時には、フェーズ・ゲートあるいは中止点として知られる）は、このような決定を下すために適切な時点である。

段階的詳細化

　プロジェクトマネジメントの重要な概念の1つが段階的詳細化である。

> **段階的詳細化**：得られる情報量が増え、より正確な見積りが可能になるにつれ、プロジェクトマネジメント計画書がより詳細化していく反復するプロセス

プロジェクト・マネジャーが共通して嘆くのは、スコープが十分に定義されていないプロジェクトの開始時点で、顧客やスポンサーが正確な見積りを要求することである。段階的詳細化の概念は、プロジェクト・スコープに関する詳細で具体的な情報がない限り、詳細な見積りはあり得ないことを明確に示している。プロジェクトの進捗に伴い、より正確で完全な情報を得ることができる。

テーラリング

プロジェクトは、その特性からして独自性がある。したがって、PMBOK® ガイドに定義されている全部のプロセスをすべてのプロジェクトに用いる必要はない。プロジェクト・マネジャーとプロジェクト・チームは、プロジェクトに適切なプロセス、適切なアウトプット、さまざまなツールや技法を使用する上での厳密さの度合い等を慎重に決定すべきである。テーラリングとは、その決定をすることである。確固としたプロセスを用いる人もあれば、それほど確立されていないプロセスを使う人もある。個々のプロジェクトに適切な取組み方を決めるのは、プロジェクト・マネジャーとそのチームである。

組織体の環境要因

組織体の環境要因（EEF）とは、プロジェクト、プログラム、ポートフォリオに影響、制限、方向性等を与える要因で、かつチームの直接のコントロール下にない要因である。これらの要因は、プロジェクトに関わる組織に由来する。これらの要因として、組織の文化と構造、インフラストラクチャー、現有の資源、商用データ・ベース、市場の状況、プロジェクトマネジメント・ソフトウェア等がある。以下は、PMBOK® ガイド第2章（2.1.5）から引用した組織体の環境要因のリストである。

- 組織の文化、体制、プロセス
- 国家標準または業界標準
- インフラストラクチャー
- 既存の人的資源
- 人事管理
- 組織の作業認可システム
- 市場の状況
- ステークホルダーのリスク許容度
- 政治情勢
- 組織で確立しているコミュニケーション・チャンネル
- 商用データ・ベース
- プロジェクトマネジメント情報システム

プロジェクト・マネジャーは、これらの要因をコントロールすることはできないが、見逃すと自身のプロジェクトに問題が発生する可能性がある。したがって、これらの要因が

プロジェクトにおける選択肢を決める上でどのような影響や制約を及ばすかについて注意を払う必要がある。

組織体の環境要因がプロジェクトに与える影響の例

組織の文化 ある組織は、午前8時から午後5時までの勤務時間帯をとっている。従業員は在宅では働かない。通常の勤務時間を働いた後に帰宅する。別の組織では、従業員がパソコンを自宅に持ち帰ったり、夕食時にPDAを使い電子メールに回答したり、就寝前や起床時に電子メールのチェックをしたりすることもある。そのような従業員は週末に働いたり遅くまで起きていたりする。後者の環境で働くことに慣れた人が前者の環境下でプロジェクトをマネジメントする場合、おそらく従業員に対する期待を修正する必要が生じるであろう。

市場の状況 市場で入手できる資源の可用性、価格の安定性、資源の品質等は、プロジェクトのスケジュールや予算に大きく影響する。

プロジェクトマネジメント情報システム 方針、ライフサイクル、手順、テンプレート、ソフトウェア等が協働して効果的にプロジェクトを支援することができる詳細なプロジェクトマネジメントの方法論をもっている組織がある。プロジェクトのマネジメントにスプレッド・シートを使用したり、各人が自己流の文書を使ったりする組織もある。プロジェクトマネジメント情報システムの厳密さと安定性により、プロジェクトの効率的な実施が促進されることもあれば妨げられることもある。

組織のプロセス資産

組織のプロセス資産は、プロジェクトを実施する組織に特有な計画書、方針書、手順書、知識ベース等である。これらのプロセス資産に含まれる計画書、方針書、手順書、ガイドライン等は公式のものも非公式のものもある。また、教訓や過去の情報などの組織の知識ベースも組織のプロセス資産に含まれる。プロセス資産には一般に2つの区分がある。それはプロセスと手順ならびに組織の知識ベースである。以下は、PMBOK® ガイドの第2章（2.1.4.1）にあるリストである。

プロセスと手順
立上げと計画
- **ガイドラインと基準：** プロジェクトの特定のニーズを満たすために、組織の標準プロセスをテーラリングするためのもの。
- **組織固有の標準：** 方針、プロダクトとプロジェクトのライフサイクル、品質方針と手順など。
  方針の例：人事の方針、安全衛生方針、倫理方針、プロジェクトマネジメント方針。
  品質方針と手順の例：プロセス監査、改善目標、チェックリスト、組織で使う標準プロセスの規定
- **テンプレート：** テンプレートの例：リスク登録簿、ワーク・ブレークダウン・ストラクチャー、プロジェクト・スケジュール・ネットワーク図、契約書のひな型など

実行と監視・コントロール
- **変更管理手順：** 変更管理手順の例：母体組織の標準書、方針書、計画書、手順

書、もしくはすべての変更され得るプロジェクト文書の取扱手順、およびすべての変更の承認や妥当性確認方法など
- **財務管理手順：** 財務管理手順の例：作業時間報告、必要な支出や支払いのレビュー、勘定コード、標準契約条項など
- **課題と欠陥のマネジメントの手順：** 課題と欠陥のコントロール、課題と欠陥の特定と解決、アクション項目の追跡等を規定しているもの
- **組織のコミュニケーション要求事項：** コミュニケーション要求事項の例：当該プロジェクトで利用可能なコミュニケーション技術、認可されているコミュニケーション媒体、記録保存方針、セキュリティ要求事項
- **作業認可の手順：** 作業認可のための優先順位設定、承認、認可書発行など
- **リスク・コントロールの手順：** リスク区分、リスク記述書のテンプレート、発生確率と影響度の定義、発生確率・影響度マトリックスなど
- **その他：** 標準化されたガイドライン、作業指示書、提案評価基準、パフォーマンス測定基準など

終結
- **プロジェクト終結のガイドラインまたは要求事項：** 教訓、最終プロジェクト監査、プロジェクト評価、プロダクト妥当性確認、受入れ基準など

プロセスと手順が資産となる例

報告書のテンプレート テンプレートは、プロジェクト・マネジャーやチームが日常的に作成する必要がある情報を特定するために使用される。情報を一貫性のある様式で文書化することにより、読む人が内容を理解し、進捗を時間経過に基づいて比較し、複数のプロジェクト間で比較することが可能となる。

リスク・マネジメントの手順 スコープ、スケジュール、コスト、品質等への影響をあらかじめ定義することにより、チームがリスク・マネジメントの手順を決める上で時間の節約となるし、定義について合意を得る際のもめごとを回避できる。

組織の知識ベース
- **コンフィギュレーション・マネジメントに関する知識ベース：** 母体組織におけるすべての標準、方針、手順、プロジェクト文書等の各バージョンとベースラインを格納したもの
- **財務データ・ベース：** 労働時間、発生コスト、予算、プロジェクト・コスト超過などの情報を収めたもの
- **過去の情報と教訓の知識ベース：** プロジェクトの記録と文書、プロジェクト終結に関するすべての情報と文書、過去のプロジェクト選定結果とそのプロジェクト・パフォーマンスに関する情報、リスク・マネジメントの作業の情報
- **課題と欠陥のマネジメントに関するデータ・ベース：** 課題と欠陥の状況、コントロール情報、課題と欠陥の解決策、アクション項目の結果など
- **プロセス測定データ・ベース：** プロセスやプロダクトの測定データを収集し利用可能にするために使用される。
- **過去のプロジェクトのプロジェクト・ファイル：** スコープとコストとスケジュール等のベースラインおよびパフォーマンス測定ベースライン、プロジェク

ト・カレンダー、プロジェクト・スケジュール、ネットワーク図、リスク登録簿、計画された対応処置、定義されたリスク影響度など

> **企業の知識ベースが資産として機能する一つの例**
> **プロジェクト・ファイル**　過去の類似プロジェクトのファイルを参照することで、コストと所要期間の見積りの作成、および前提条件とリスクを特定する上で、良い出発点になる。

　組織体の環境要因（EEF）と組織のプロセス資産（OPA）との違いは紛らわしい。1つの見方として、EEF は、プロジェクトの選択肢を制限したり制約する側面があるのに対し、OPA は支援したり、ガイドとなる側面があることである。例えば、業界標準により製品開発における選択肢がかなり制限される。業界標準と一致しない製品を開発することはできても、成功することは難しいであろう。このように、EEF とはプロジェクト・チームが計画上考慮すべきものであり、かつ選択肢を制限する類のものである。

　OPA とは、プロジェクト憲章や WBS などのテンプレートのように、プロジェクトを支援するものであり、チーム自身が考案しなくても済むものであり、作業の省力化が図れるものである。プロジェクトを計画するに当たって、過去のプロジェクトの教訓はガイドとなり役に立つ。要するに、EEF は制約するものであり、OPA は支援するものである。

第3章　プロジェクトの立上げ

この章のトピック
☞ 立上げプロセス群
☞ プロジェクト・スポンサーの役割
☞ プロジェクト・マネジャーの役割
☞ プロジェクト憲章作成
☞ ステークホルダー特定

立上げプロセス群

　立上げプロセス群は、プロジェクトやプロジェクトの新しいフェーズを開始する認可を得ることにより、新規プロジェクトや既存プロジェクトの新しいフェーズを明確に定めるために遂行されるプロセスからなる。

　立上げプロセスは、プロジェクトの総括的な理解、プロジェクト資金の認可、プロジェクト・マネジャーの特定、プロジェクト・マネジャーに組織の資源の利用を認可する等のためのものである。この時点では、主要なステークホルダーは特定されており、その特性はステークホルダー登録簿に文書化されている。

　プロジェクトはさまざまなやり方で認可される。ポートフォリオ運営委員会がプロジェクトを認可する場合もある。プロジェクトマネジメント・オフィス（PMO）を使い、プロジェクトに優先順位をつけて認可する組織もある。プロジェクト・スポンサーがプロジェクトの立上げを認可する権限をもっている組織もある。

プロジェクト・スポンサーの役割

　たいていのプロジェクトには、プロジェクト・マネジャーに加えてプロジェクト・スポンサーがいる。通常、スポンサーはプロジェクトに必要な資金の支出やプロジェクトの戦略的方向付けができる地位にある組織内の人である。部門間にまたがるプロジェクトについては、部門のマネジャーあるいは役員がスポンサーになることもある。全組織にわたるプロジェクトあるいは組織に大きな戦略的影響があるプロジェクトについては、スポンサーは経営レベルの人が任命されるであろう。

　スポンサーの役割に伴う主要な責任の一部を以下に示す。
- 資金の提供
- 経営陣に対するプロジェクトの擁護
- プロジェクト憲章の作成への参加

- プロジェクトのベースラインの承認
- ベースラインへの変更を含むプロジェクトの重要な変更の認可
- プロジェクト・マネジャーに対する戦略的方向付けと監督
- プロジェクト・マネジャーが解決できないプロジェクト上のトラブルのエスカレーションの受け手
- フェーズ終了レビューへの参加

プロジェクト・マネジャーの役割

　プロジェクトの中心はプロジェクト・マネジャーである。プロジェクト・マネジャーは、プロジェクトのコミュニケーション、計画、実行、コントロールの中核である。プロジェクト・マネジャーは、立上げプロセス群において任命され、プロジェクト憲章を作成する役割を果たすこともある。作成に参加しなかった場合は、プロジェクト憲章へ何らかのインプットを行うのが普通である。
　プロジェクト・マネジャーが担う主要な責任の項目を以下に示す。

- プロジェクトの達成目標、要求事項、その他の総括的なプロジェクト情報を基にしたプロジェクト憲章の文書化（まだ作成されていない場合）
- プロジェクトの要求事項の段階的詳細化、および完全で簡潔なスコープ・ベースラインの作成におけるチームの主導
- スケジュール、予算、リスク・マネジメント計画などの、プロジェクトマネジメント計画書を構成する文書の作成におけるチームの主導
- プロジェクト作業を実行する取組み方の特定。そのために、プロジェクトおよびプロジェクトのステークホルダーのニーズを満足させるように、プロジェクトマネジメント計画書やプロジェクト文書のテーラリングを行う。
- プロジェクト・ベースラインに沿ったパフォーマンスの維持
- 変更のマネジメント
- チーム・メンバーやその他のプロジェクト・ステークホルダーとのコミュニケーション
- プロジェクトの状況報告
- リスクのマネジメント
- 契約と調達のプロセスの執行
- プロジェクトの終結と教訓の収集

　まずは、プロジェクト憲章作成のプロセスについて記述し、プロジェクトの最初の項目をより詳細に検討することから始めよう。

プロジェクト憲章作成

　プロジェクト憲章作成は、プロジェクトの存在を公式に認可し、プロジェクト活動に組織の資源を適用する権限をプロジェクト・マネジャーに与えるための文書を作成するプロセスである。
　プロジェクト憲章は最初の公式なプロジェクト文書であり、プロジェクトの目的、プロ

ジェクトの記述、その他の総括的な情報等が含まれる。通常、スポンサー、プロジェクト・マネジャー、顧客等がプロジェクト憲章に署名する。憲章へ署名することは、プロジェクトの対象となる仕事およびプロダクト、サービス、所産等に関して合意したことを意味する。

　複数のフェーズがあるプロジェクトでは、憲章はフェーズ・ゲートにて再度確認される。フェーズ・ケートで憲章をレビューすることにより、その時点における成果と憲章が一致していることを確認すると同時に、プロジェクト・マネジャー、スポンサー、顧客等が、プロジェクトを続行すべきかどうかについて決定する機会が得られる。ビジネス・ケースが一定の金額を当該プロジェクトに投資する望ましい機会であることを示していたケースでも、時間の経過とともに、プロジェクトのコストがその金額を超えてしまうことが明らかなケースがある。この場合、プロジェクトをキャンセルする決定を下すかもしれない。

　図 3-1 と図 3-2 のデータ・フロー図は、憲章の作成に必要なインプット、プロセスのアウトプット、プロセスのアウトプットが次に利用される個所などを示している。本書で記述する個々のプロセスには同じようなデータ・フロー図を用いる。これ以降のデータ・フロー図では、当該プロセスへのインプットおよびインプットを生み出した元のプロセスも示す。プロジェクト憲章作成は最初のプロセスなので、この図ではこれに先立つプロセスは存在しない。

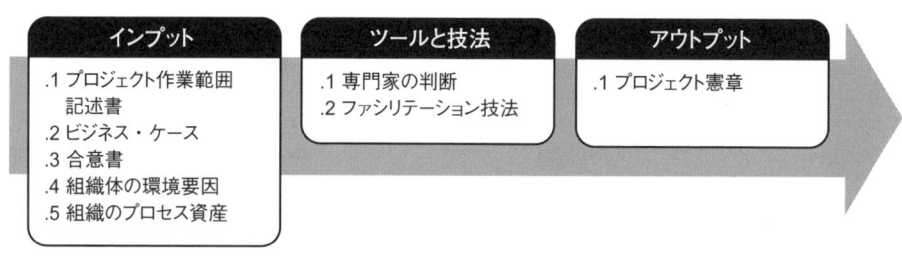

図 3-1　プロジェクト憲章作成のインプット、ツールと技法、アウトプット
（出典：PMBOK® ガイド　第 5 版　66 頁）

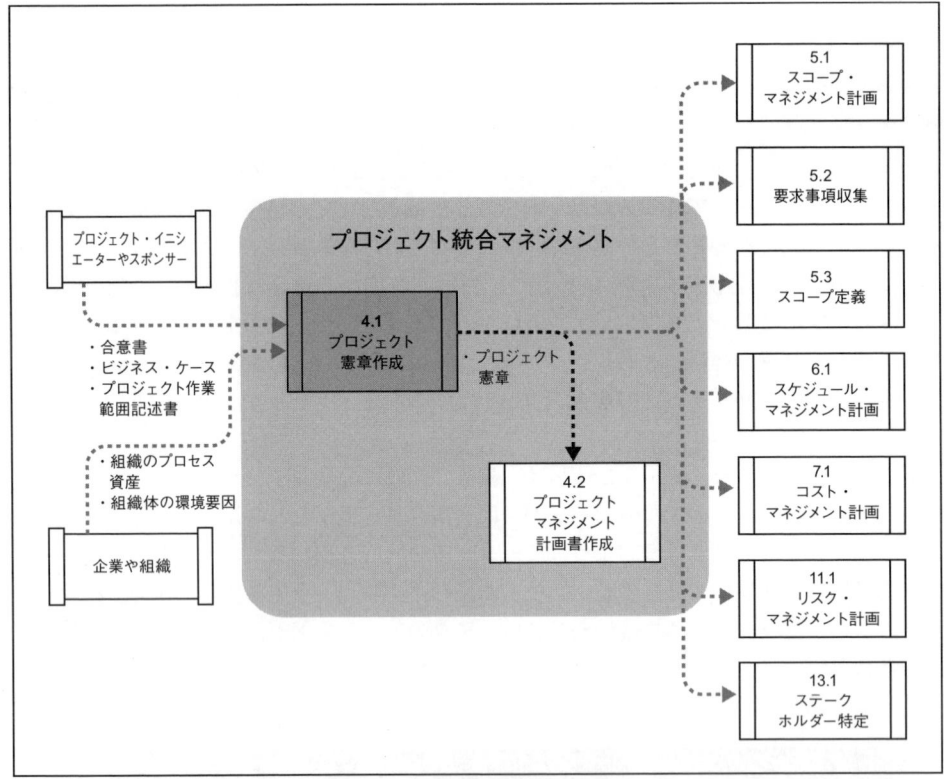

図3-2 プロジェクト憲章作成のデーター・フロー図
(出典:PMBOK® ガイド 第5版 67頁)

インプット

プロジェクト作業範囲記述書はプロジェクトによって生成されるプロダクトを記述したものである。プロジェクトが外部の組織のために実施される場合、作業範囲記述書は契約の一部となる。組織内部のプロジェクトの場合は、ビジネスのニーズや組織の戦略計画と合致しているなどの正当化事由とともにスポンサーから提示される。大抵の場合、組織内部のプロジェクトには投資を正当化する**ビジネス・ケース**を伴う。ビジネス・ケースにはプロジェクトを実施する理由が記述されている。プロジェクトを実施する理由には以下のような例がある。

- **市場の需要** 環境に一層優しい製品の開発
- **組織内部のニーズ** 業務の効率化
- **顧客の要求** 顧客の個別ニーズをより効果的に満足するために、顧客に合わせた製品の改造
- **技術的進歩** ハードウェア、ソフトウェアあるいはその他の機器のアップグレード
- **法的あるいは規制上の要件** 新たな情報、個人情報、システム・セキュリティ要件の充足
- **環境的理由** 一層厳格になった大気の品質要件の充足
- **社会的ニーズ** 地元の慈善事業のための資金集め

ビジネス・ケースには費用便益分析が含まれる。一般に、費用便益分析の技法には、以下のものがある。

- 投資収益率（ROI）
- 回収期間
- 正味現在価値（NPV）
- 将来価値（FV）
- 内部収益率（IRR）

これらすべての方式は、通貨を基にして期待収益の合計に対応した期待原価の合計の測定を試みるものである。ほとんどの技法は、複数の案や選択肢を共通の基盤で比較するために、割引率を用いてお金の時間的価値を計算している。

法的要件の変更によりプロジェクトが開始される場合では、そのプロジェクトは実施しなければならないものであるが、費用便益分析を用いることにより、プロジェクトのさまざまな実施案を金銭的に評価することができる。

もちろん、金銭の投資とその収益だけが決定の要因ではなく、社会的、環境的、地域社会の感じ方、従業員の士気、他者への配慮等も新規プロジェクトを着手する時点で評価される。

合意書あるいは注文書のような協定はプロジェクト憲章を作成するインプットにもなるが、プロダクトの記述とその取引条件がプロジェクト憲章の情報になる。

憲章作成時に考慮する**組織体の環境要因**には、金利、人材や資材の状況、資源のコストなどの市場の条件がある。また、プロジェクトに影響を及ぼす政府の規制や業界標準も確認する必要がある。最後に、利用可能な機器、技術、組織の階層構造などのような組織のインフラストラクチャーもプロジェクトへの取組みに影響を与えるであろう。

ここで役に立つ**組織のプロセス資産**には、過去のプロジェクト憲章、過去のプロジェクトの教訓、およびプロジェクト憲章作成のための方針、手順、テンプレートなどがある。

ツールと技法

プロジェクト憲章の作成にあたり、しっかりとした簡潔な文書を作成するには、技術、事業、プロジェクトマネジメントの分野等において**専門家の判断**ができる人に相談する必要があるだろう。これら専門家としては、他のプロジェクト・マネジャー、スポンサー、技術の当該分野専門家、プロジェクトマネジメント・オフィス等のような組織内部の人々がある。時には、専門能力を組織外部に求めることも役に立つ。例えば、専門家の団体、業界団体、独立コンサルタントなどに相談することもあろう。

プロジェクト憲章の作成は努力を要する。特に相異なる意見をもつ多くのステークホルダーがいる場合は難しい。このような場合、ブレーン・ストーミング、コンフリクト解決、問題解決、会議マネジメント

プロジェクト憲章のコンテンツ
プロジェクトの目的または正当事由
プロジェクトの記述
総括的な要求事項
測定可能なプロジェクト達成目標
成功基準
総括的なリスク
要約マイルストーン・スケジュール
要約予算
ステークホルダーの一覧表
承認要求事項
プロジェクト・マネジャーの権限
認可者の名前と権限

のような**ファシリテーション技法**を用いる必要がある。そして、プロジェクト憲章にあるプロジェクトの記述やその他の事項に合意する。

アウトプット

プロジェクト憲章は、プロダクト、サービス、所産等により満足する必要のある事項を理解することができる最初の文書である。この情報は、その後のプロセスにおける要求事項の収集、スコープの定義、ステークホルダーの特定、プロジェクトマネジメント計画書の一部である補助計画書へのインプットを提供すること等に使用される。

プロジェクトの性質、規模、複雑さ等に応じて、プロジェクト憲章には囲み記事にあるコンテンツを含める。さらにプロジェクト立上げ時の組織、関与する機能部門、関連するプロジェクトなどの追加の情報を含めることもある。プロジェクト憲章は、プロジェクトのニーズを反映してテーラリングすべきである。

ステークホルダー特定

ステークホルダー特定は、プロジェクトの決定、活動、成果等に影響を与えたり影響を受けたりする個人、グループ、あるいは組織を特定し、プロジェクトの成功に対する利害、関与、相互依存、影響、潜在的影響力等に関する適切な情報を分析し文書化するプロセスである。

図 3-3 はステークホルダー特定プロセスのインプット、ツールと技法、アウトプットを示す。図 3-4 はステークホルダー特定プロセスのデータ・フロー図である。

> ステークホルダー：プロジェクトの意思決定、アクティビティ、成果に影響したり、影響されたり、あるいは自ら影響されると感じる個人、グループ、または組織

顧客、エンド・ユーザー、スポンサー、チーム・メンバー、ベンダーなどのようなプロジェクトのステークホルダーの多くは明らかにわかる。しかしながら、ステークホルダーの見分けが簡単につかない場合もある。交差点に信号を取り付けるプロジェクトでは、住宅所有者のグループがプロジェクトに介入してくるかもしれない。プロジェクトの実行により影響を受けるので影響力を行使するかもしれない。当初は、重要なステークホルダーには見えないかもしれないが、プロジェクトに参加させずに情報を提供しないでおくと、プロジェクトが進行した段階で、ステークホルダーが突然プロジェクトのある側面を問題にしたときには、マイナスの影響が出る可能性がある。

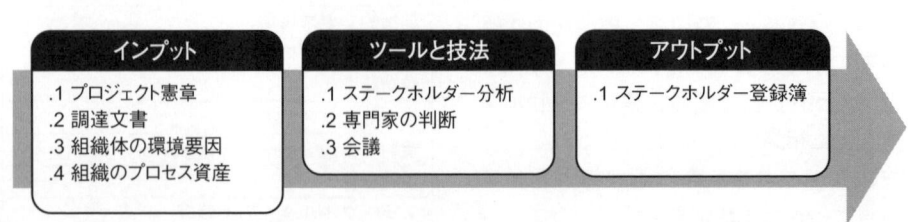

図 3-3　ステークホルダー特定　インプット、ツールと技法、アウトプット
（出典：PMBOK® ガイド　第 5 版　72 頁）

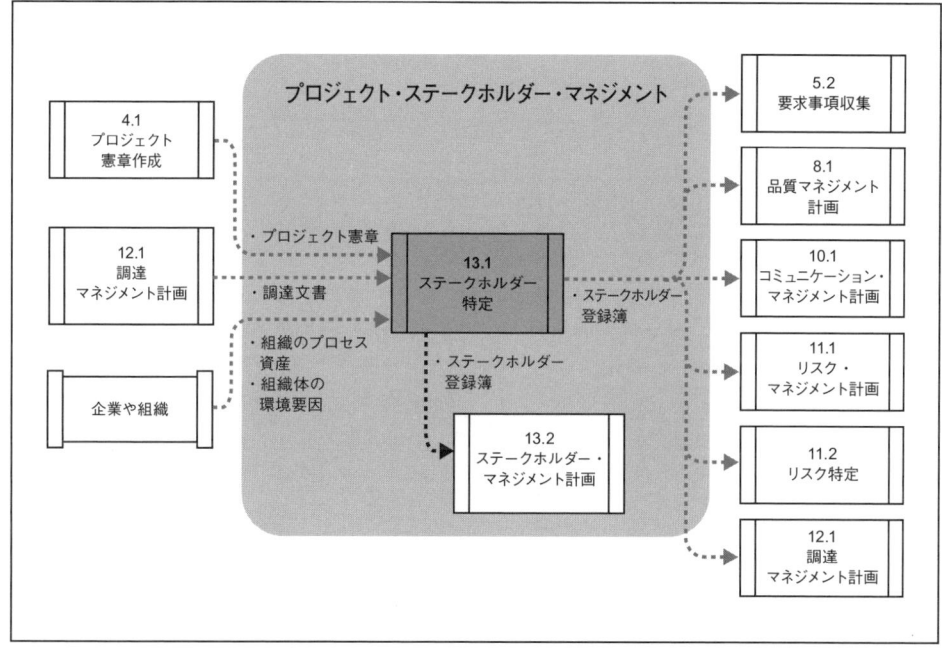

図 3-4　ステークホルダー特定データ・フロー図
（出典：PMBOK® ガイド　第 5 版　393 頁）

インプット

プロジェクト憲章には、ステークホルダー特定の出発点であるプロジェクトの記述が含まれる。プロジェクト憲章を読めば、少なくともスポンサー、顧客、エンド・ユーザー等は特定できる。たいていの場合、考慮すべき部署、組織、監督官庁等も確認することができる。

調達文書では、ステークホルダーとみなされるべき、プロジェクトに関わるベンダーやコントラクターを特定している。

考慮に入れるべき**組織体の環境要因**には、適用標準、規制あるいは法的団体等がある。プロジェクトに影響を及ぼす業界標準または政府の監督官庁がある。プロジェクトについて許可を取得するか、通知を出す必要がある場合には、そのような機関や団体はステークホルダーになる可能性がある。また、プロジェクトに影響を与えるような国内外の、あるいは地域的な傾向や実務慣行があるかどうか、外部の環境も見ておく必要がある。

過去のプロジェクトから得た教訓やステークホルダー登録簿のような**組織のプロセス資産**はステークホルダー登録簿のテンプレートと共に、当該プロジェクトのステークホルダー登録簿を作成することに役立つ。

ツールと技法

ステークホルダー分析を行うには、プロジェクトのステークホルダーについての情報の収集と体系化が必要である。連絡先、役割、部門等の一般的な情報に加えて、もう少し突っ込んで調べることが役に立つ。例えばそのステークホルダーはプロジェクトを支援してくれそうか、プロジェクトの成果に大きな影響がありそうか、あるいは既にその成果に関心をもっているかなどを究明する。そのような情報を用いれば、共通のステークホルダーを分類するマトリックス、あるいはグリッドを作成できる。例えば、図 3-5 は各ス

テークホルダーの権力と関心度の高低を示すグリッドである。これによりプロジェクトに関心を持つステークホルダー、およびそれらステークホルダーのプロジェクトの成果に影響を及ぼす相対的な権力の高低が特定できる。

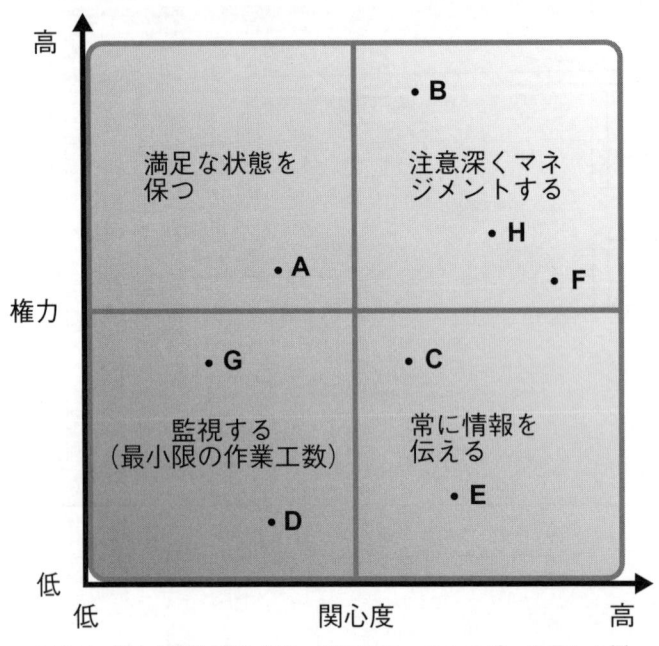

図3-5　権力と関心度のグリッドにステークホルダーを示した例
（出典：PMBOK® ガイド　第5版　397頁）

専門家の判断を得るための**会議**は、ステークホルダーの特定と分類に非常に役立つ。タイプの似ているプロジェクトの経験があるプロジェクト・マネジャー、スポンサー、当該分野専門家、前もって特定されたステークホルダー等との対話は、新たなステークホルダーの特定とその効果的なマネジメントの方法を決定することに役立つ。

アウトプット
ステークホルダー登録簿は通常、表形式で文書化される。ステークホルダーの名前およびステークホルダー分析を行うに当たり収集する関連情報を記入する。記載されるのは連絡先と部門の情報のみの場合もあるし、ステークホルダー分析マトリックスの情報を記入することもある。プロジェクトのニーズに合うように情報をテーラリングする。

第 4 章　計画の統合

この章のトピック
- 計画プロセス群
- 計画作成ループ
- プロジェクト統合マネジメント
- プロジェクトマネジメント計画書作成

計画プロセス群

　計画プロセス群は、作業全体のスコープを確定し、目標の定義と洗練を行い、その目標を達成するのに必要な一連の流れを規定するために遂行されるプロセスからなる。我々は日常的に行っているものの多くは計画の作成である。もちろん、プロジェクトの開始時には多数の計画を立てるが、計画の作成はプロジェクトの全期間にわたって継続して行うものである。

　プロジェクトの開始時には、プロダクトやプロジェクトについての理解は総括的なものである。これはプロジェクト憲章として文書化されている。さまざまな計画プロセスを経るに従い、この情報をさらに明確化し、洗練する。これはプロジェクトの終結まで継続して行われる。より詳細な情報を集めるというこの考え方は、段階的詳細化と呼ばれる。一定の計画期間を対象にその詳細を明確にするように設定して作業を行う場合、特別なタイプの段階的詳細化が行われる。それをローリング・ウェーブ計画法と呼ぶ。ローリング・ウェーブ計画法の目的は、近時点で発生する成果物の詳細を文書化する一方で、例えば、90日あるいはそれ以上の遠い将来の成果物を詳細化せずに総括レベルに保っておくことである。その将来の仕事が近づくに従い、成果物をアクティビティに分解して、順序付けを行い、資源を割り当ててスケジュールとして纏める。ここで PMBOK® ガイドにある 2 つの用語の定義を見てみよう。

> **段階的詳細化：**　得られる情報が増え、より正確な見積りが可能になるにつれ、プロジェクトマネジメント計画書がより詳細化していく反復プロセス。
> **ローリング・ウェーブ計画法：**　反復計画技法のひとつ。早期に完了しなければならない作業は詳細に、将来の作業はよりハイレベルで計画する。

　これらの計画手法により、プロジェクトの進捗に伴い、より精度の高いコストと所要期間の見積りを作成することができる。しかしながら、ローリング・ウェーブ計画法を実行しているから後でまた戻るとの言い訳を基に、プロジェクト初期のプロジェクト計画段階

を急いで終わらせるのは間違いである。また、スコープ・クリープを許すような言い訳にすることも間違っている。ローリング・ウェーブ計画法では、プロジェクトのスコープは変わらない。単にプロジェクトが詳細に洗練されるだけである。

段階的詳細化

　自分で家を建てるとしよう。土地を購入するに当たり、家を建てる場所、大きさ、ガレージのサイズ、おそらく建材までも決める。

　ある時点で建築設計者を雇用する。建築家と協議しながらアイデアを煮詰める。図面が描かれるので、寝室やトイレの数、台所や居間の大きさなどがわかる。さらに、家の正確な面積や見取り図もわかる。この時点では、家がどのようなものになるかよく理解しているが、まだ細かな点が残っている。

　次のステップは、建築業者を雇うことである。建築業者を雇うとき、外壁は木材とするか、石材とするか、あるいは漆喰とするかなど使用する建材を決める。建築業者が下請けを起用するとき、建材の購入を始め、実際に建築が開始される。この時点では、12インチ四方の赤銅色のスレート・タイルを18箱というように、かなり詳細な部品表を持っているはずである。タイルの切り口の場所やタイルの配列すらわかっているかもしれない。

　購入した土地の区画を初めて見ているときに、そのような詳細な事を決めてしまっていることはあり得ない。もし、それができていたとしても、おそらく数回は変更するであろう。しかし、スコープは変わらない。単により詳細にしただけである。

計画作成ループ

　計画プロセスに入る前に、留意すべきポイントとして次のようなものがある。

- 計画プロセスは、プロジェクトの全期間にわたり、いろいろな異なった方法で相互に重なり合い、互いに影響を及ぼす。
- プロジェクトにはその性質上、ベースラインとして規定される前に、数回反復する計画ループを経る一定の計画プロセスがある。
- プロジェクトマネジメント計画書とその一部である補助計画書を作成するときは、継続的に修正したり洗練したりするひとつのループを形づくる。
- 計画はプロジェクトの全期間にわたり続く。
- 計画は、その性格から統合的でなければならない。

　例を挙げよう。第6章においてスケジュール計画プロセスを論じる。最初のスケジュールを作成するに当たり、アクティビティの定義と順序付けを行い、それから資源を特定し、所要期間を見積もってスケジュールを作成する。これはもちろん、最終スケジュールではない。利用可能な資源は何か、その資源はスケジュール上必要な時点で使用できるか、予算に照らしてその資源の価格は容認できるか等について決定しなければならない。さらに、仕事とスケジュールに関わるリスクを特定し、振出しに戻ってリスク軽減のための行動を追加する必要が生じるかもしれない。コストの制約のため、スコープや品質を調整せざるを得ないかもしれない。それに伴って、アクティビティ、順序付け、資源、所要期間、その他の調整が生じるであろう。このように連鎖する一連の処理は、スケジュール、予算、資源計画、明確なスコープ等を作成し、リスクが容認できるレベルに至るまで続くであろう。

　この時点でスコープ、スケジュール、コスト等のベースラインを作成してもよい。しか

しながら、プロジェクトに変更が生じれば、スケジュール、コスト見積り、リスク対応などを計画し直し、改訂することになる。これは、さらなる計画を作成する作業である（これを再計画と呼ぶ人もある）。変更の程度によっては、ベースラインの見直しすら必要になるかもしれない。図4-1でプロジェクトマネジメント計画書とその他の計画の文書が洗練されてゆくときの反復的なインプットの様子を示す。

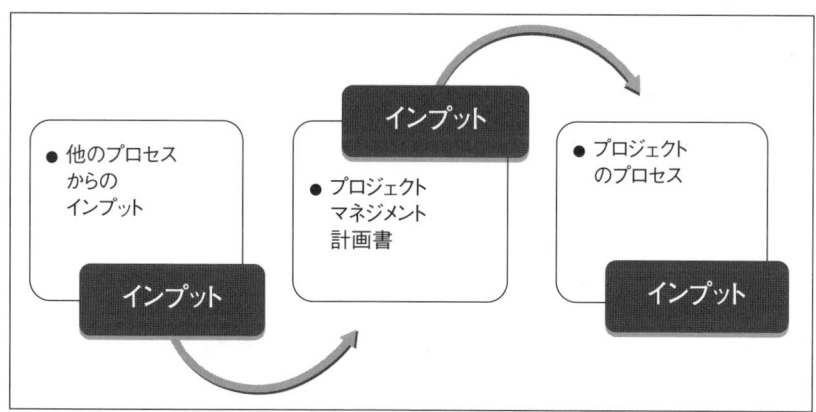

図4-1　プロジェクトマネジメント計画書洗練ループ

プロジェクト統合マネジメント

　プロジェクト統合マネジメントは、プロジェクトマネジメント・プロセス群内の各種プロセスとプロジェクトマネジメント活動の特定、定義、結合、統一、調整等を行うために必要なプロセスおよび活動からなる。

　プロジェクトマネジメントはプロセス群と知識エリアで分類された一連のプロセスで記述されているが、その様には実施されない。プロセスは統合された形で実施される。プロジェクト・マネジャーはスケジュール、コスト、品質、リスク等を全く考慮しないでスコープを定義することはない。スコープ、スケジュール、コスト、品質、あるいはコミュニケーションを理解しないで、人的資源のニーズを計画することはない。プロジェクトマネジメントは一連のプロセスとして理解するほうが容易である。しかし、本当の技量を発揮するのは、ステークホルダーの期待をマネジメントしながら、統合し、結合し、統一し、妥協し、強化することにある。プロジェクトの成功は、すべてのプロジェクトマネジメント・プロセスをうまく調和させ、統合するレベルに応じて決まる。

　プロジェクト統合マネジメントの知識エリアには6つのプロセスがあるが、そのうちの4つのプロセスには個別の明白なアウトプットがある。一方、プロジェクト実行の指揮・マネジメントとプロジェクト作業の監視・コントロールの2つのプロセスは、どちらかというとプロジェクトを成功させるために必要な日々の作業に関わるものである。最初の統合プロセスであるプロジェクト憲章作成についてはすでに記述した。これからプロジェクトマネジメント計画書作成プロセスを取り上げよう。

プロジェクトマネジメント計画書作成

　プロジェクトマネジメント計画書作成は、すべての補助の計画書を定義し、作成し、調

整しそれらを包括的なプロジェクトマネジメント計画書へ統合するプロセスである。プロジェクトマネジメント計画書はプロジェクトを実行し、監視し、コントロールし、終結させるための中心的文書である。プロジェクトマネジメント計画書の大部分は、さまざまな計画プロセスからのアウトプットである補助のマネジメント計画書より構成されている。その他の部分は、ベースラインとプロジェクトの実行、監視、コントロール、終結等のやり方に関する追加情報である。

プロジェクトマネジメント計画書作成は、反復して行われる定常的なプロセスである。最初は、プロジェクトのライフサイクル、重要なマネジメント・レビューの時期、プロジェクト憲章に記された総括的なマイルストーンや予算等を含むプロジェクトマネジメント計画書の枠組みから始めてもよい。この枠組みはその他の知識エリアの計画プロセスへの最初のインプットとなる。

図4-2はプロジェクトマネジメント計画書作成プロセスのインプット、ツールと技法、アウトプットを示す。図4-3はプロジェクトマネジメント計画書作成プロセスのデータ・フロー図である。

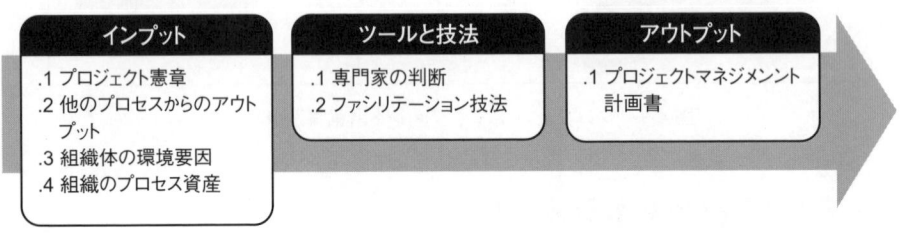

図4-2　プロジェクトマネジメント計画書作成のインップット、ツールと技法、アウトプット
(出典：PMBOK® ガイド　第5版　72頁)

インプト

プロジェクト憲章には、プロジェクトの正当化事由、プロジェクトの記述、達成目標、成功基準、プロジェクト・マネジャーの権限レベルなどがある。プロジェクト憲章のその他の情報のほとんどは、補助の計画書やベースラインにて段階的に詳細化されて記述される。

他の計画プロセスからのアウトプットには少なくとも以下のものがある。

- 要求事項文書
- スコープ・ベースライン
- スケジュール・ベースライン
- コスト・ベースライン
- スコープ・マネジメント計画書
- スケジュール・マネジメント計画書

1　ステークホルダー特定 (13.1) は、プロジェクト・ステークホルダー・マネジメントの知識エリアにおける最初のプロセスである。これは立上げプロセスである。従って、プロジェクト憲章がこのプロセスの主要なインプットである。プロジェクトマネジメンント計画書はプロジェクト・ステークホルダー・マネジメントの最初の計画プロセス、すなわちステークホルダー・マネジメント計画 (13.2) へのインプットになる。

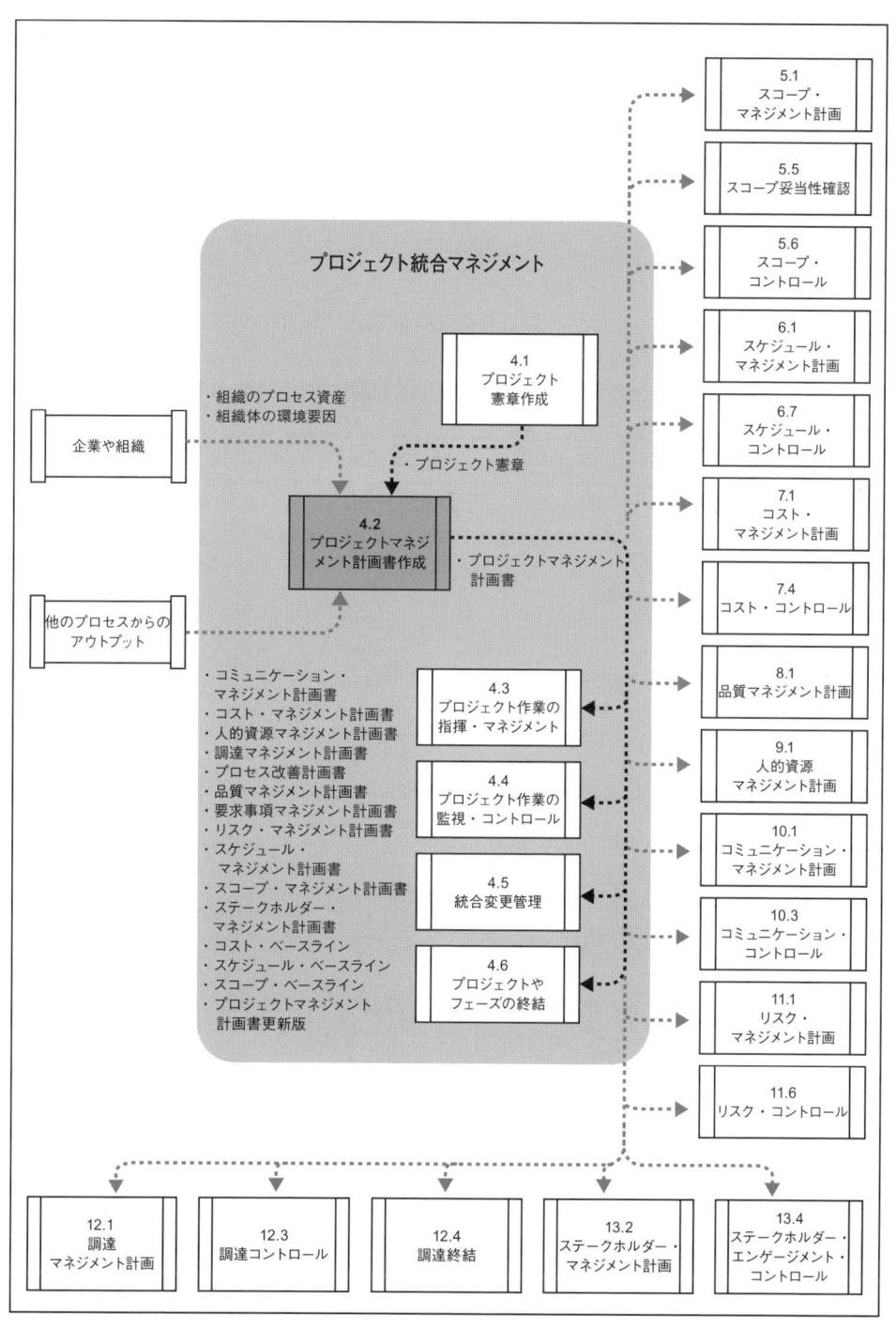

図 4-3　プロジェクトマネジメント計画書作成のデータ・フロー図
（出典：PMBOK® ガイド　第 5 版　73 頁）

- コスト・マネジメント計画書
- 品質マネジメント計画書
- 人的資源マネジメント計画書
- コミュニケーション・マネジメント計画書
- リスク・マネジメント計画書
- 調達マネジメント計画書
- ステークホルダー・マネジメント計画書

　このプロセスに影響する**組織体の環境要因**は、組織の情報マネジメント・システム、業界標準や規制、組織の文化と体制等がある。情報マネジメント・システムは、文書の保存と共有を自動的に行うとともに、誰が閲覧、編集、印刷を行うことができるのかをコントロールする。スケジュール、予算、変更管理等のようなプロジェクトマネジメント計画書のコンテンツに対応したソフトウェアについても決める。

　業界標準や規制に基づき、安全計画、安全保障計画、システム・エンジニアリング計画、トレーニング計画等のような計画書へ追加すべき必要事項を決める。組織の文化と体制に基づき、プロジェクト・マネジャーが自己のプロジェクトを運営する上で有する裁量と権限の範囲が決まる。

　組織のプロセス資産には、方針書、手順書、テンプレート等が含まれる。このプロセスにおいて特に関心をもつべき方針は以下のものである。

- 変更管理とコントロール
- コンフィギュレーション・マネジメントとコントロール
- 差異限界値
- テーラリング指針
- 作業認可手順
- パフォーマンス測定指針

　プロジェクト・ファイル、過去の情報や類似プロジェクトのプロジェクトマネジメント計画書もプロジェクトマネジメント計画書作成には非常に役立つ。

ツールと技法
　専門家の判断は、技術上の専門分野とプロジェクトマネジメントの専門分野からなる。それはプロジェクトマネジメント計画書を構成する文書、適用するテーラリングの程度、各文書の厳密さの度合い等を決めるときに役立つ。

　綿密に検討すべき分野の1つは、プロジェクトに適した変更管理の度合いとコンフィギュレーション・コントロールの度合いである。プロジェクトの変更にあまりにも硬直的であること、すなわち変更のコントロール手順があまりにも厳格すぎると、場合によってはステークホルダーの満足度を低下させる可能性がある。一方では、多くの場合、厳密さが十分でなければ、スケジュールとコストの超過につながる可能性がある。

　コンフィギュレーション・コントロールを通して、部品と文書の特定、分類、マネジメント、監査を行うことは、プロジェクトの円滑な進捗を促進する上で及ばす影響は大きいが、行き過ぎると時間の浪費になる。したがって、これらのことに関するプロジェクトの方針については慎重に検討すべきである。

プロジェクト憲章を作成するときに使うようなファシリテーション技法は、プロジェクトマネジメント計画書を作成するときにも役立つ。会議マネジメント、対立解消、問題解決、ブレーン・ストーミング等は誰もが受け入れるプロジェクトマネジメント計画書を作成するために使う優れた技法である。

アウトプット
プロジェクトマネジメント計画書は、プロジェクトのマネジメントのやり方を記述した包括的な文書である。プロジェクトマネジメント計画書には、補助の計画書やプロジェクト・ベースラインに加えて、少なくとも以下の情報を盛り込む。

- プロジェクト・ライフサイクル
- テーラリングにより個々のプロセスの決定
- 成果物作成への取組み方（開発の方法論）
- プロジェクトに使用する特別なツールと技法の記述
- 主要なプロジェクトのインターフェース（他のプロジェクトあるいは組織との間）
- スコープ、スケジュール、コスト、品質等の差異の限界値
- スコープ、スケジュール、コスト、品質等のベースラインをマネジメントする取組み方
- プロジェクト・レビューを行う回数、タイミング、項目
- 変更管理プロセス
- コンフィギュレーション・マネジメント・プロセス

プロジェクトマネジメント計画書は、プロジェクトのためのマスター文書である。計画フェーズ、あるいは計画取りまとめ期日の終わりまでには確定（ベースライン化）しなければならない。プロジェクトが進むにつれてほぼ間違いなく更新されるであろうが、この文書は変更とコンフィギュレーションのコントロールを厳格に行う必要がある文書の1つである。

時として、プロジェクトマネジメント計画書の要素であるものとそうでないものとの混同がある。プロジェクトマネジメント計画書の一部ではないが、プロジェクトをマネジメントする上で役立つ文書が幾つかある。これらをまとめてプロジェクト文書と呼ぶ。図4-4はプロジェクトマネジメント計画書に記される要素と、その他のプロジェクト文書類を一覧にしている。図4-4にあるプロジェクトマネジメント計画書とプロジェクト文書のコンテンツは必ずしもすべてを網羅しているものではない。すべてのプロジェクトには独自のプロジェクト文書があり、プロジェクトマネジメント計画書は個々のプロジェクトのニーズに合わせてテーラリングされる。図4-4はプロジェクトマネジメント計画書とプロジェクト文書を比較したものである。

プロジェクトマネジメント計画書	プロジェクト文書	
変更マネジメント計画書	アクティビティ属性	プロジェクト要員配置
コミュニケーション・マネジメント計画書	アクティビティ・コスト見積り	プロジェクト作業記述書
コンフィグレーション・マネジメント計画書	アクティビティ・期間見積り	品質チェックリスト
コスト・ベースライン	アクティビティ・リスト	品質コントロール測定結果
コスト・マネジメント計画書	アクティビティ資源要求事項	品質尺度
人的資源マネジメント計画書	合意書、協定書	要求事項文書
プロセス改善計画書	見積り根拠	要求事項トレーサビリティ・マトリックス
調達マネジメント計画書	変更ログ	資源ブレークダウン・ストラクチャー
スコープ・ベースライン ・プロジェクト・スコープ記述書 ・WBS ・WBS辞書	変更要求	資源カレンダー
品質マネジメント計画書	予測 ・コスト予測 ・スケジュール予測	リスク登録簿
要求事項マネジメント計画書	課題ログ	スケジュール・データ
リスク・マネジメント計画書	マイルストーン・リスト	納入候補のプロポーザル
スケジュール・ベースライン	調達文書	発注先選定基準
スケジュール・マネジメント計画書	調達作業範囲記述書	ステークホルダー登録簿
スコープ・マネジメント計画書	プロジェクト・カレンダー	チームのパフォーマンス評価
ステークホルダー・マネジメント計画書	プロジェクト憲章 プロジェクト資金要求事項 プロジェクト・スケジュール プロジェクト・スケジュール・ネットワーク図	作業パフォーマンス・データ 作業パフォーマンス情報 作業パフォーマンス報告書

図4-4 プロジェクトマネジメント計画書とプロジェクト文書の違い
(出典:PMBOK® ガイド 第5版 78頁)

第5章 スコープ計画

この章のトピック
☞ プロジェクト・スコープ・マネジメント
☞ スコープ・マネジメント計画
☞ 要求事項収集
☞ スコープ定義
☞ WBS 作成

プロジェクト・スコープ・マネジメント

　プロジェクト・スコープ・マネジメントは、プロジェクトを成功のうちに完了するために必要なすべての作業を含み、かつ必要な作業のみを含むことを確実にするために必要なプロセスからなる。
　スコープには2つのタイプがある。プロダクト・スコープとプロジェクト・スコープである。

> **プロダクト・スコープ：** プロダクト、サービス、または所産を特徴づける特性や機能
> **プロジェクト・スコープ：** 規定された特性や機能をもつプロダクト、サービス、または所産を生み出すために実施する作業

　例えば、組織のためのプロジェクトマネジメントのトレーニング用のカリキュラムを設定するというプロジェクトであれば、プロダクト・スコープは実際の講座の内容であろう。プロジェクト・スコープには、スケジュール、予算、資源プールなどのようなすべてのプロジェクトマネジメント文書、ならびにテキストの編集、講座のリハーサル等が含まれるであろう。プロジェクト・スコープはプロダクト・スコープを生み出すことができるが、プロジェクト・スコープは実際の最終目的となるものではない。
　すべては、スコープから始まる。要求事項、スコープ記述書、ワーク・ブレークダウン・ストラクチャー（WBS）等を用いてスコープを明確にすると、アクティビティと資源、コスト見積り、リスク、調達ニーズその他の定義付けを始めることができる。スコープが変われば、通常1つあるいはそれ以上のプロジェクト・プロセスも変更あるいは更新が行われる。

スコープ・マネジメント計画

　スコープ・マネジメント計画はプロジェクト・スコープの定義、妥当性確認、およびコントロールする方法を文書化したスコープ・マネジメント計画書を作成するプロセスである。スコープ・クリープと要求事項のコントロールの喪失が、プロジェクトをコントロールできなくなる2つの主要な原因である。プロジェクトとプロダクトのスコープや要求事項をいかにマネジメントするかということを決めるために時間をかけることにより、プロジェクトの計画と実行の期間中に起きる混乱とコンフリクトを緩和することができる。

　スコープ・マネジメント計画書は、システム・エンジニアリング、バリュー・エンジニアリングなどのスコープ記述書を定義するために使用するツールと技法と取り組み方を特定するものである。スコープ・マネジメント計画書は、WBSのテンプレートの有無やスコープを検証するために使う技法を特定する。スコープ・マネジメント計画書では、段階的詳細化、スコープ・クリープ、スコープ変更、スコープのニーズ等に対し予算やスケジュールとのバランスをとることにおける差異についても対処すべきである。もし要求事項マネジメント計画書を別途に作成しないのなら、要求事項を計画するための情報はスコープ・マネジメント計画書に組み入れる。

　第4章で述べたように、プロジェクトマネジメント計画書は、すべての知識エリアの最初の計画プロセスへのインプットである。その結果としてできる補助のマネジメント計画書は、今度はプロジェクトマネジメント計画書へのインプットとなる。この結果、プロジェクトマネジメント計画書とそのすべての補助文書が洗練され、段階的に詳細化される。図5-3はプロジェクトマネジメント計画書がスコープ・マネジメント計画書作成へのインプットとなる様子を示しており、スコープ・マネジメント計画書はまたプロジェクトマネジメント計画書を洗練するためのインプットとなる。

インプット

プロジェクト憲章には、プロジェクトの記述と総括的な要求事項がある。それらは、スコープのプロセスをもっともよくマネジメントする方法を決める上で必要な、プロジェクト・スコープに関する最初の情報を提供する。プロジェクトの最初のフェーズでは、**プロジェクトマネジメント計画書**はプロジェクトの枠組みを少し色づけしたものにすぎないし、総括的な情報しか記述されていない。しかし、それをインプットとすることにより、補助のマネジメント計画書を作成する一貫した方法が得られる。

インプット	ツールと技法	アウトプット
.1 プロジェクトマネジメント計画書 .2 プロジェクト憲章 .3 組織体の環境要因 .4 組織のプロセス資産	.1 専門家の判断 .2 会議	.1 スコープ・マネジメント計画書 .2 要求事項マネジメント計画書

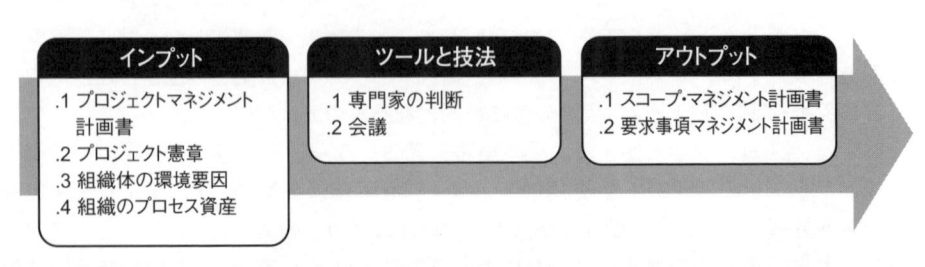

図5-1　スコープ・マネジメント計画のインプット、ツールと技法、アウトプット
（出典：PMBOK® ガイド　第5版　107頁）

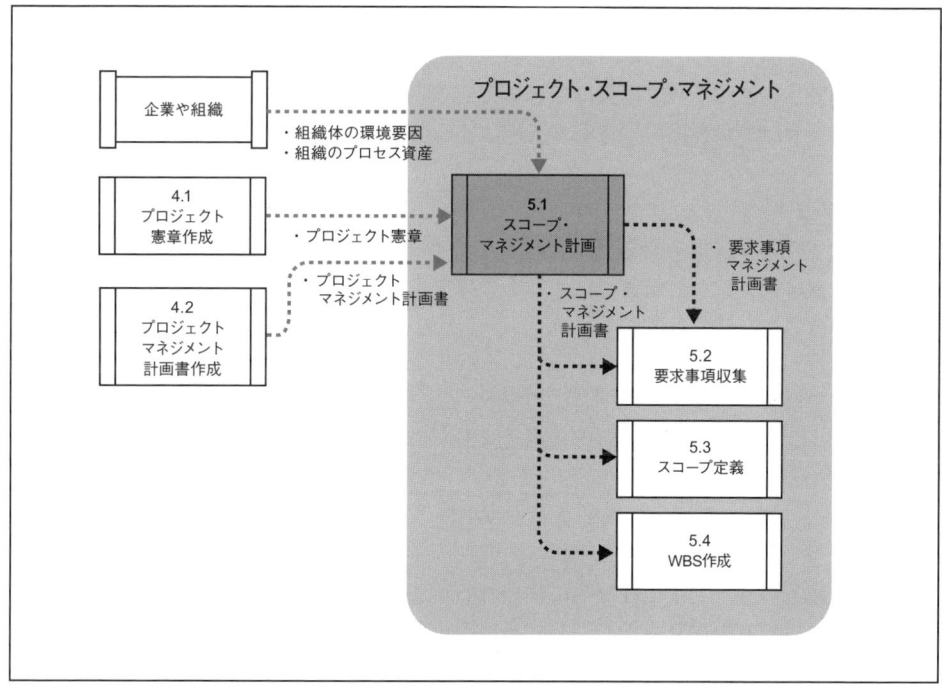

図 5-2　スコープ・マネジメント計画のデータ・フロー図
（出典：PMBOK® ガイド　第 5 版　107 頁）

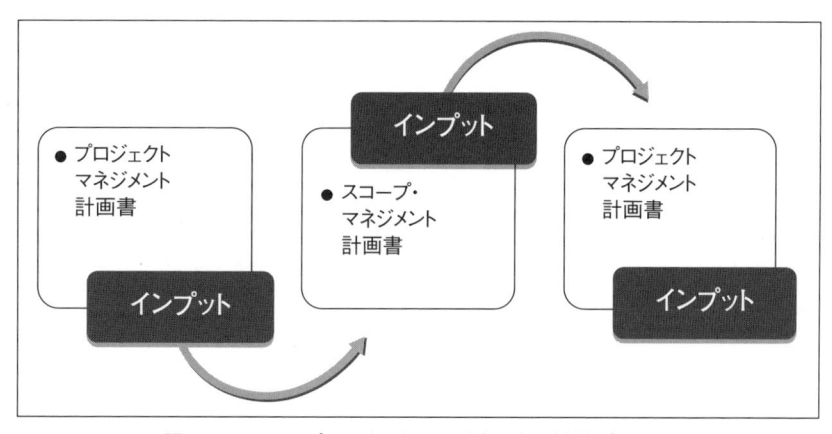

図 5-3　スコープ・マネジメント計画書の洗練プロセス

　このプロセスに影響を与える**組織体の環境要因**には、企業文化、企業基盤、市場状況などがある。**組織のプロセス資産**には過去の類似プロジェクトからの情報、テンプレート、方針書、手順書などがある。

ツールと技法
　専門家の判断を提供してくれる当該分野専門家やその他のステークホルダーとの会議は、スコープを詳細化し、体系化する最善の方法を検討することに役立つ。さらに、スコープ・クリープ、段階的詳細化、スコープ変更をマネジメントする方法等を検討すべきである。そうすれば、プロジェクトの実行をはじめたときに明確なガイドラインを持って

いることになる。

会議を重ねていくなかで、要求事項を収集し、マネジメントすることになるチーム・メンバーを組織し、どうすれば確実にすべての要求事項を収集し、体系立った方法でそれらの保守とコントロールを実行できるかを検討することができる。

アウトプット

スコープ・マネジメント計画書はプロジェクトマネジメント計画書の構成要素である。スコープ・マネジメント計画書には、以下の様なスコープに関するプロセスをマネジメントするプロセスが記述されている。

- プロダクト分析手法やプロジェクト・スコープを明確化するためのファシリテーション型ワークショップの使用を含むプロジェクト・スコープ記述書の作成への取組み方
- WBS辞書に盛り込む情報を含むWBSとWBS辞書を作成するためのガイドライン
- 成果物の検証と妥当性確認に使われる手法
- スコープ変更をマネジメントする取組みおよびスコープ・クリープを避けるための方法

スコープ・マネジメント計画書： プロジェクトマネジメント計画書またはプログラムマネジメント計画書の構成要素のひとつ。スコープの定義、作成、監視、コントロール、および検証の方法を記述したもの。

要求事項マネジメント計画書： 要求事項の分析、文書化、マネジメントのやり方を文書化した、プロジェクトマネジメント計画書またはプログラムマネジメント計画書の構成要素のひとつ。

要求事項マネジメント計画書には、要求事項を継続してコントロールする指針を記述する。この計画書には要求事項をマネジメントするために使用される以下のようなさまざまな技法を記述する。

- 要求事項を収集する手法
- 要求事項をコントロールするためのコンフィギュレーション・マネジメント技法
- 要求事項を分類する方法
- 要求事項の優先順位付け
- 文書化し、追跡し、突き止めるための項目を含む、要求事項のトレーサビィティ構造を構築する方法についての情報
- 要求事項の変更を要請する手順と変更を承認できる権限のレベル

要求事項マネジメント計画書のコンテンツ
要求事項収集手段
コンフィギュレーション・マネジメント
要求事項のカテゴリー
優先順位
トレーサビリティ
検証
変更管理

要求事項収集

　要求事項収集は、プロジェクト目標に合致させるために、ステークホルダーのニーズや要求事項を決定し、文書化し、マネジメントするプロセスである。プロジェクトの要求事項とは、プロジェクトまたはプロダクトに対するニーズあるいは期待である。要求事項の見逃し、要求事項の変更、また要求事項が不明確であったり定義されていなかったりすることがあれば、それはプロジェクトが困難に陥ったり、失敗したりする主な原因となる。とりわけ、複雑なプロジェクトや発展段階の新技術を扱うプロジェクトでは、要求事項はプロジェクトの全期間にわたり段階的に詳細化される。図5-4に要求事項収集プロセスのインプット、ツールと技法、アウトプットを示す。図5-5は、要求事項収集プロセスのデータ・フロー図である。

　要求事項にはプロダクト要求事項とプロジェクト要求事項がある。プロダクト要求事項は機能要求事項と非機能要求事項に分解できる。非機能要求事項はさらに、信頼性、セキュリティ、パフォーマンスなどに分けられる。

　図5-6は要求事項を分解した方法を示している。図にあるように要求事項を分類しておくと、要求事項を特定し、マネジメントし、コントロールすることが容易になる。

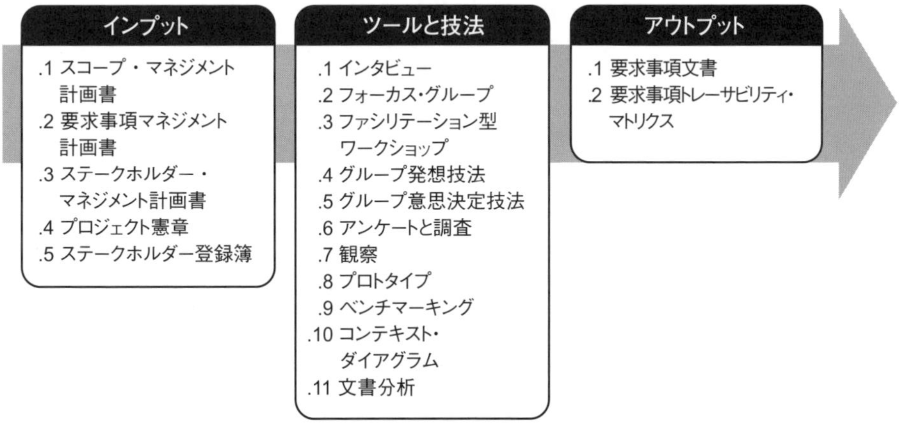

インプット	ツールと技法	アウトプット
.1 スコープ・マネジメント計画書 .2 要求事項マネジメント計画書 .3 ステークホルダー・マネジメント計画書 .4 プロジェクト憲章 .5 ステークホルダー登録簿	.1 インタビュー .2 フォーカス・グループ .3 ファシリテーション型ワークショップ .4 グループ発想技法 .5 グループ意思決定技法 .6 アンケートと調査 .7 観察 .8 プロトタイプ .9 ベンチマーキング .10 コンテキスト・ダイアグラム .11 文書分析	.1 要求事項文書 .2 要求事項トレーサビリティ・マトリクス

図5-4　要求事項収集のインプット、ツールと技法、アウトプット
（出典：PMBOK® ガイド　第5版　111頁）

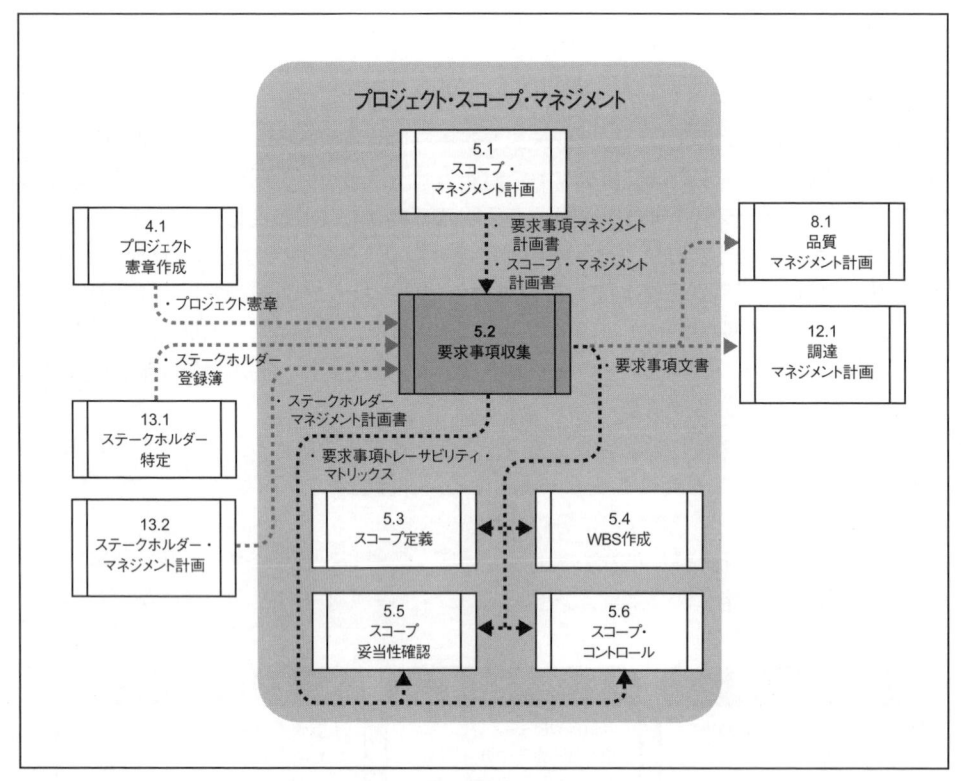

図5-5　要求事項収集のデータ・フロー図
（出典：PMBOK® ガイド　第5版　111頁）

インプット

　要求事項の収集に当たっては、参照すべき補助のマネジメント計画書がいくつかある。**スコープ・マネジメンント計画書**と**要求事項マネジメント計画書**にはプロダクトとプロジェクトのスコープおよび詳細な要求事項をプロジェクトの全期間を通して特定し、定義し、マネジメントする方法に関する情報が記述されている。

　ステークホルダー・マネジメント計画書には、いくつかに分類されたステークホルダーの関心事や、要求事項収集プロセスへの関わり方の度合いなどが特定されている。例えば、エンド・ユーザーは機能要求事項をもっているが一方、組織の各部署には、セキュリティや保守といった非機能要求事項があるといった場合である。

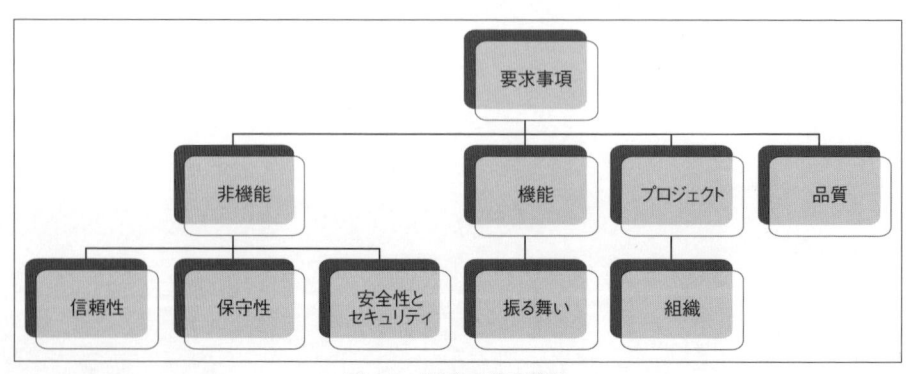

図5-6　要求事項の種類

プロジェクト憲章には、要求事項の特定と文書化に取り掛かるために必要な総括的情報がある。プロジェクトとプロダクトの双方の要求事項を憲章に見出せる。プロジェクトの要求事項には、プロジェクトの取組み方、確定した受渡日、あらかじめ特定されたベンダーや技術、その他の情報がある。プロダクトの要求事項には、パフォーマンス、セキュリティ、大きさ、信頼性、技術情報などがある。

ステークホルダー登録簿では、要求事項収集のために考慮に入れるべきステークホルダーを特定している。すべての要求事項は、ステークホルダーの要望やニーズに由来する。

ツールと技法

ステークホルダーからの要求事項の収集に利用が可能な技法はいろいろある。体系だったものもあれば、非公式なものもある。

要求事項の収集に最もよく使用されるのは、プロダクト、サービス、所産等について行うの顧客またはエンド・ユーザーへの**インタビュー**である。インタビューには、公式なもの、非公式な1対1のもの、あるいは複数の聞き手と話し手で行うものがある。

フォーカス・グループはインタビューに類似しているが、フォーカス・グループには事前に資格の認定を受けているか、選抜されている者、ステークホルダーのグループ、あるいは当該分野の専門家が参加する。フォーカス・グループは一般に、訓練されたファシリテーターがリードする。ファシリテーターは通常、フィードバックを要求する具体的な質問や相互のやり取りと議論を生じさせる質問を用意している。フォーカス・グループにより、最終のプロダクト、サービス、所産等についての考え方、期待や思い入れなどに関してより質の高い情報が得られる。

ファシリテーション型ワークショップは、訓練を受けたファシリテーターの指導の下に行われる系統だったワークショップあるいはミーティングであり、多数のステークホルダーを一堂に集めて、要求事項について定義、優先順位付け、合意などを行うものである。一般的な2つのファシリテーション型ワークショップのタイプとして、品質機能展開（QFD）および共同アプリケーション開発（JAD）がある。

QFD は新製品開発に用いられる。設計プロセスにおいて、顧客の声（VOC）を考察することを目的としている。一般に、ワークショップには複数のマーケット・セグメントからのステークホルダーおよび製品のエンジニアと設計者を含める。目標とする成果は、顧客の要望とニーズを捉え、それをエンジニアリング、設計および製造のプロセスに正確に反映した製品である。

JAD セッションは、ソフトウェア開発ライフサイクルにおいて見られる。セッションには、システムの利用者としての「知識労働者」、およびシステムの構築と保守に従事する IT スペシャリストを含める。IT スペシャリストと知識労働者が協力し、プロセスの早い段階で誤解や不一致を克服することを意図している。ファシリテーション型ワークショップの所要期間は、数日から複雑なプロジェクトでは何週間にも及ぶ。

グループ発想技法の多くは、デルファイ法を除き、非公式である。要求事項収集のため、デルファイ法を用いる場合、ファシリテーターは匿名のステークホルダーのグループに一連の質問を投げかける。彼らの回答は整理され、当該グループに送り返される。そして、当該グループは改めて情報全体を見ることにより、自己のインプットを見直すのである。要求事項について、当該グループにて一定レベルのコンセンサスが得られるまでこれが数回繰り返される。

非公式なグループ発想技法には、ブレーンストーミング、ノミナル・グループ技法、親和図、マインド・マップ法、多基準決定分析等がある。ブレーンストーミングは読者のほとんどになじみがあると思うのでここでは論じない。

- ノミナル・グループ技法は、ブレーンストーミングにより生成された情報の優先順位付けに使われる。参加者は、個人的な尺度で、重要と考えるアイデアに投票するかあるいは評価付けを行う。そして、票が集計され順位付けされる。
- 親和図は、ブレーンストーミングから情報を引き出し、要求事項に親和する情報をグループ化し、さらなるレビューと分析に使用する。図 5-7 は新しい地域の育児センターにおける活動の親和図である。ブレーンストーミングのアイデアが 4 つの塊に分類されている。
- マインド・マップ法は、参加者各個人よりアイデアを引き出し、個人のニーズに基づいた要求事項間の論理的一貫性と相違を示す地図を描く。図 5-8 のマインド・マップは、同じく、地域の育児センターの情報をマインド・マップ法で表したものである。
- 多基準決定分析は、いくつかの基準に重みを付け、要求事項に優先順位を付けたり採否を決めたりする定量的な手段である。表 5-1 と表 5-2 は、育児センターのカリキュラム購買のための多基準評価マトリックスである。ステークホルダーが評価する基準が 3 つある。表 5-1 は 1 から 10 までの尺度で示された消費者による評価、コスト、製品の寿命の基準である。

1. さまざまな選択肢を格付けするために使用する基準を特定する。
2. 全体の合計が 100 パーセントとなるように、基準の相対的な重み付けの値を決定する。
3. 格付け数値を決定する。この例では 1 から 5 までの数値を用い、5 が最高格付け値である。
4. それぞれの格付けの値を割り当てる手段を決定する。
5. それぞれの基準とそれに重みを付けたマトリックスを作成する。
6. その格付け方式を使って、それぞれの案を評価する。
7. それぞれの案の全体値を合計し、最高格付けの選択肢を決定する。

芸術	カリキュラム	遊び場	屋内活動
● 音楽	● 文字	● 広場	● ゲーム
○ 聴くこと	● 数字	● 砂箱	● グループ活動
○ 作曲	● 物語	● ジャングル・ジム	● 個人活動
● 視覚		● ブランコ	
○ 絵画		● すべり台	
○ 色使い		● シーソー	
● 工芸			

図 5-7　育児所の活動の親和図

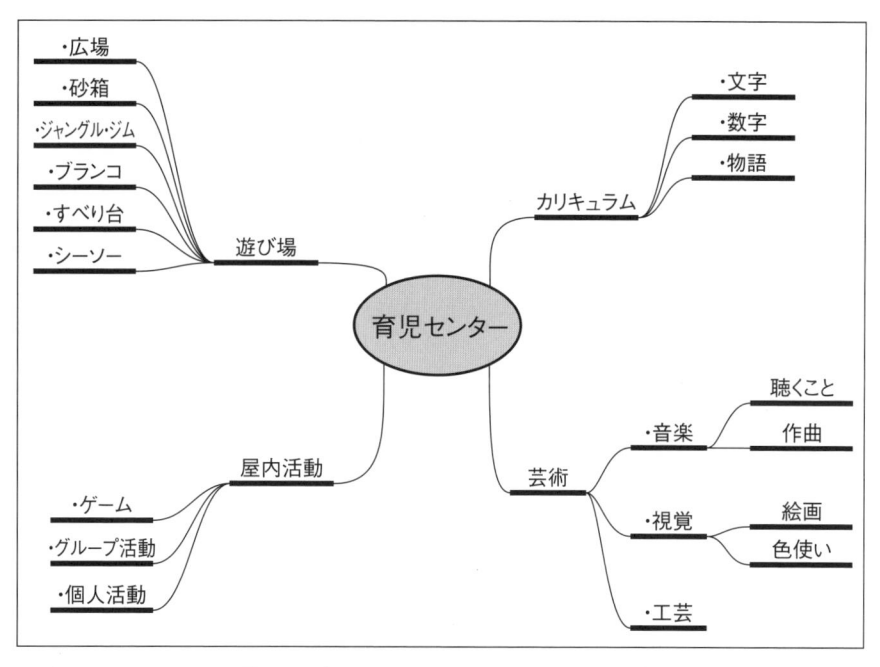

図 5-8　育児センター活動のマインドマップ

　表 5-1 は、ステークホルダーが「育児センターのカリキュラムのパッケージ製品を買う」という要求事項を満足する選択肢を評価する方法を示している。

表 5-1　多基準決定分析の重み付け基準

	消費者評価	コスト	耐用年数
5	9～10	最低コスト	7年超
4	7～8	最低コストより5%以内の増	6～7年
3	5～6	最低コストより10%以内の増	5～6年
2	3～4	最低コストより20%以内の増	4～5年
1	1～2	最低コストより20%超の増	4年未満

表 5-2　等級付けされた多基準決定分析

	重み	ウィズ・キッズ社	ラーニング・キット社	スカラティック・オリンピック社
消費者評価	40%	3	4	5
コスト	35%	4	5	4
耐用年数	25%	2	3	5
合計	100%	3.1	4.1	**4.65**

　表 5-2 は 3 つのカリキュラムのパッケージ製品を基準に照らして評価する方法を示す。この例では、チームは最高点をとったスカラティック・オリンピック社の製品を選択する。

　場合によっては、グループ発想技法、ワークショップ、インタビュー等から収集された情報を編集した後、プロジェクトに含める要求事項を特定するために票決される。用いられるグループ意思決定技法には、満場一致（全員合意方式）、多数決、相対多数（最大の

ブロックが決定権を持つ)、ある個人がグループの決定を下す方式（独裁制）等がある。

アンケートと調査は、定量的または定性的データ収集に用いることができる。数多くの回答者から定量的データを収集する時には、この方法は非常に効果的である。今日、利用可能な自動化された調査ツールを使えば、イエスかノーの質問、あるいは数字の尺度によって評価を依頼する質問がかなり簡単にできる。回答が直ちに入手でき、プロジェクトの要求事項の優先順位付けの一助となる。

観察は、人々が作業あるいはプロセスをどのように実行するかを特定することに使える。これは、プロセス改善プロジェクトにおいて現状のプロセスをマッピングする際、あるいはシックス・シグマ・タイプのプロジェクトにおいて、エラーまたは冗長性が発生する場所を調べる上で効果がある。

プロトタイプは、ステークホルダーが自己の要求事項がどのように最終プロダクトに反映されるかを見る上で役に立つ。プロトタイプの例を単純なものから複雑なものへと並べると以下の通りである。

- 住宅ビルのモデル
- 精油所の10分の1のモデル
- 機能を限定した製品。たとえば、望まれる最終製品のいくつかの機能を備え、望まれるルック・アンド・フィールをもったウエブサイト
- 生産開始前にレビューやテストができるような状態にある、一つの完全に機能する部品

ベンチマークはプロセスと業務について業界における最良の実務慣行を特定し、組織の現状の実務慣行を最良の実務慣行と比較することである。比較はその組織内部で行ってもよいし、外部でもよい。ベンチマークは、プロセスや品質への要求事項について求めている最終結果を確立するために用いられる。

コンテキスト・ダイアグラムはユーザー、データ、およびプロセスやシステムの間の関連性を示したものである。そのプロセスやシステムへのインプットを提供したり、あるいは受け取ったりする人またはシステムのことをアクターと呼ぶ。図5-9は育児センターの入所システムのコンテキスト・ダイアグラムである。両親は、入所させたい子供の個人情報を提供する。国の機関は、資金を提供する代わりに人口統計情報を得る。センターの職員は、子供の年齢と人数に関する情報を得る。行政機関はセンターのマネジメントに関する情報を得る。

ドキュメント分析は、これまでにあげた技法の多くと比べて、要求事項を収集するやり方としては比較的簡単である。これは単にプロジェクト憲章、さまざまな契約、技術的な仕様、提案、ビジネス・プランその他の手に入る情報から、すべての情報をレビューするということにすぎない。ドキュメント分析から得られたデータはプロジェクトの要求事項を作成するために使用される。

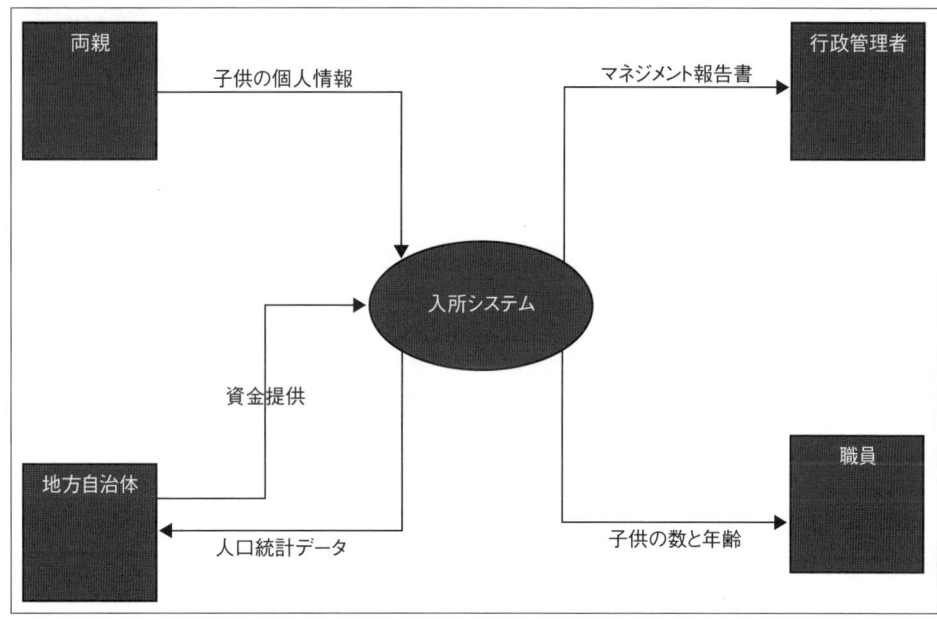

図5-9　育児センターのコンテキスト・ダイアグラム

アウトプット

　要求事項文書の作成に必要な情報の量は、プロジェクトの複雑さのレベルに依って決まる。多くのインターフェースと複数のシステムとの相互作用を持つ複雑なプロジェクトには、一層充分な文書の作成が必要となる。より簡単で、既存プロジェクトに類似したものは、それほどの文書を必要としない。要求事項は、文書やスプレッド・シート、データ・ベース等に記録する。文書の量や媒体に関わらず、すべての要求事項は明確で、曖昧さがなく、その要求が実際にあることを証明できる手法があり、内部的に矛盾がないことが必要である。

　要求事項トレーサビリティ・マトリックスは、プロジェクトのライフサイクルを通じて要求のさまざまな側面を追跡するために使用される。例えば、ユーザーの要求事項を追跡して技術上の要求事項を導き出したい場合があるだろう。会議を主催するプロジェクトであれば、出席のオンライン登録というビジネス上の要求事項が出てくるだろう。それに関する技術上の要求事項は以下のものがある。

- ユーザー情報を収集するデータ・ベース
- クレジット・カードのオンライン決済
- 個人や口座データを保護する安全なシステム環境
- 出席登録確定メッセージ自動送付のための手段

　これらの要求事項はさらに、それぞれの画面項目に関する要求事項を含む細かい仕様までたどり着くかもしれない。例えばその項目は数字を入力するのか、あるいは文字入力なのか、ひとつの項目に入力できる文字数はいくつまでなのか、情報をある特殊な形式で入力しなければならないか、などである。

　要求事項トレーサビリティ・マトリックスには、それぞれの要求事項に関するさらに細かい属性を含めることができる。それらは例えば以下の様なものである。

- 識別番号
- 発生元
- 優先順位
- バージョン
- 状態
- 複雑さ
- 受入基準

要求事項文書のコンテンツ
ステークホルダーとその要求事項
プロジェクトの要求事項
プロダクトの要求事項
機能要求事項
非機能要求事項
分類
優先順位
受入基準

要求事項トレーサビリティ・マトリックスの利点は、仕様や要求事項を変更したいと思ったとき、技術的要求事項やビジネス上の要求事項に対する変更の影響度を追跡して、その影響度の大きさを決定することが比較的容易なことである。また、マトリックスを使って、ある要求事項が満たされた時点を決定したり、ある要求事項に関する進捗を追跡したりすることができる。その他の追跡できる情報として、要求事項がプロジェクトの目的や目標にどの様に関係しているか、あるいは要求事項と WBS 要素やテスト・シナリオとの関連性などがある。

要求事項文書や要求事項トレーサビリティ・マトリックスの例は付図 -1 と付図 -2 を参照されたい。

要求事項文書

プロジェクト名：＿＿＿＿＿＿＿＿　作成日：＿＿＿＿＿＿＿＿

ID	要求事項	ステークホルダー	区分	優先順位	受入基準	確認方法

付図 -1　要求事項文書

要求事項とトレーサビリティ・マトリックス

プロジェクト名：＿＿＿＿＿＿＿＿　作成日：＿＿＿＿＿＿＿＿

要求事項情報					関連トレーサビリティ			
ID	要求事項	優先順位	区分	情報源	目標	WBS 要素 成果物	尺度	妥当性

付図 -2　要求事項トレーサビリティ・マトリックス

スコープ定義

スコープ定義は、プロジェクトおよびプロダクトに関する詳細な記述書を作成するプロセスである。プロジェクト憲章、ステークホルダー情報、要求事項文書等ができれば、さらに充実したプロジェクト・スコープの定義を開始できる。これを行うために使用する文書が、

スコープ記述書である。この文書により、以下のような質問に答えることができる。

- 最終プロダクトの作成に必要な構成部品と中間成果物は何か。
- 最終プロダクトを納入するためにどのような選択肢があるか。
- 最小の投資で顧客に最大の価値を提供できるものは何か。
- ステークホルダーは、プロダクトをさらに改良するために折込むべきアイデアを持っているか。
- このプロダクトがより大きなプログラムやシステムの部分である場合、それらとどのように調和させるか。システム・エンジニアリングに関して問題となる点があるか。
- どの程度の水準であれば十分と認められるか。個々の構成部品およびそれらの部品からなるプロダクトとしての受入基準は何か。
- 前提条件、制約条件、除外条件は何か。

図 5-10 にスコープ定義プロセスのインプット、ツールと技法、アウトプットを示す。図 5-11 はスコープ定義プロセスのデータ・フロー図である。

本当に優れたスコープ記述書の作成に要する時間と作業は相当大きくなることがあるが、それを行う価値は十分にある。スコープ記述書は、WBS および WBS 辞書と相まって、プロジェクトのベースラインを構成する重要な文書である。スコープ記述書の作成方法について見てみよう。

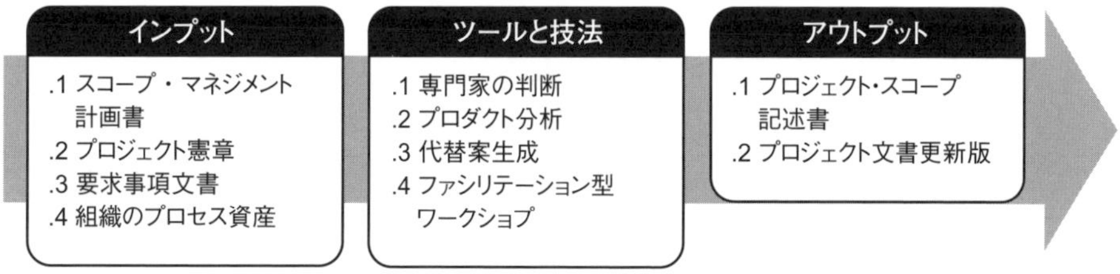

インプット	ツールと技法	アウトプット
.1 スコープ・マネジメント計画書 .2 プロジェクト憲章 .3 要求事項文書 .4 組織のプロセス資産	.1 専門家の判断 .2 プロダクト分析 .3 代替案生成 .4 ファシリテーション型ワークショップ	.1 プロジェクト・スコープ記述書 .2 プロジェクト文書更新版

図 5-10　スコープ定義のインプット、ツールと技法、アウトプット
（出典：PMBOK® ガイド　第 5 版　120 頁）

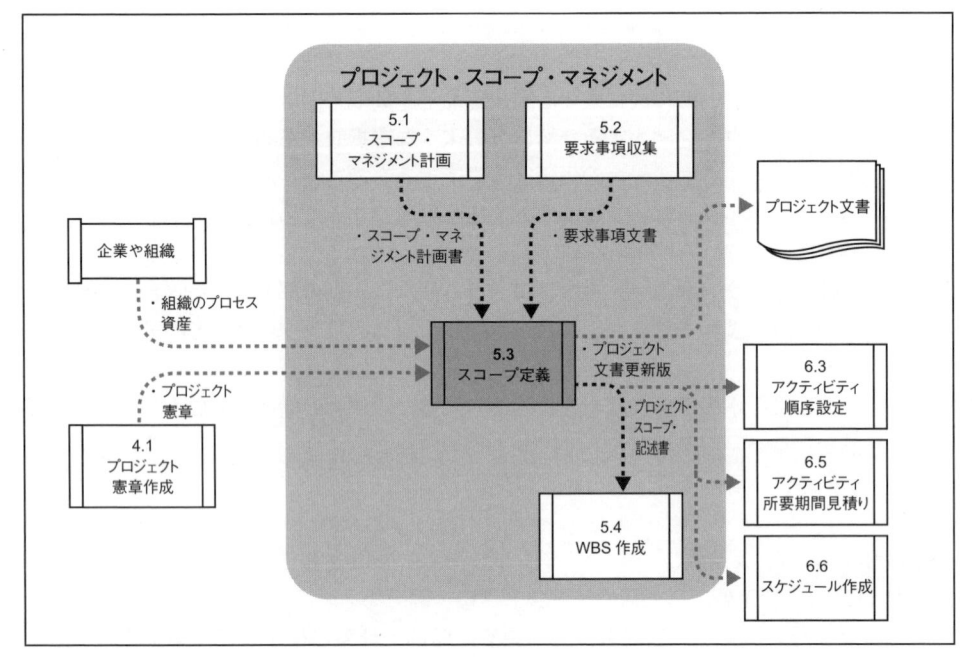

図 5-11　スコープ定義のデータ・フロー図
（出典：PMBOK® ガイド　第 5 版　120 頁）

インプット

　スコープ記述書は、プロダクトの作成とプロジェクトの実施に必要な仕事の概要を記述するものである。**スコープ・マネジメント計画書**には、プロダクトとプロジェクトの詳細なスコープを定義するために使われる技法に関するガイドが記されている。プロジェクト憲章に書かれた情報は総括的なプロジェクトの記述と達成目標である。これは、情報を段階的に詳細化し、スコープ記述書に仕上げていくための出発点である。総括的なプロジェクトの記述から始め、プロダクトの生産に必要な個々の成果物と構成部品を特定する。成果物を特定するにつれて、トレーニング、契約締結、文書化などのような関連するプロジェクトの仕事の理解が深まっていく。

> **テーラリング**
>
> 　プロダクト分析の結果は、3 から 5 の構成部品からなる非常に簡単なものになるかもしれない。大きく複雑なプロジェクトでは、多くのレベルからなるプロダクトの要素分解、あるいはかなりの量のシステム・エンジニアリング文書になろう。

　要求事項文書は、プロジェクト憲章よりもプロジェクトの要求事項をより細かく定義している。技術上の要求事項、ビジネス上の要求事項、セキュリティと安全の要求事項、さまざまなステークホルダーの要求事項等について深く掘り下げて考えることができる。これらすべてのニーズを理解するにつれて、プロジェクト・マネジャーとそのチームは、ステークホルダーのニーズを満たしかつプロジェクト憲章に規定した達成目標を実現する選択肢や代替案を思いつくことができる。

　過去の類似プロジェクト、様式、テンプレート、手順などの**組織のプロセス資産**によって、より有利にプロジェクトを開始できる。過去のプロジェクトからの情報を自分のプロ

ジェクトへ利用することは非常に望ましいことであり、立上げの時間をかなり節約できる。教訓もまた忘れてはならない。間違いを繰り返すことほど、恥ずかしいことはない。

ツールと技法

スコープをより詳細に定義するには、多くの人からのインプットが必要である。以下はその例である。

- プロジェクト・チームのメンバー
- 当該分野専門家
- コンサルタント
- エンド・ユーザー
- 顧客
- 法務部門

これは、**専門家の判断**と呼ばれる。専門家は要求事項を作成した人々と同じ人でもよいし、異なった人でもよい。プロダクト分析を実施するには自身の専門能力と専門家の判断を活用する。

一般に利用される分析には、プロダクトをその構成する部分に分解するものがある。これはプロダクト・ブレークダウン・ストラクチャーとも呼ばれる。システム構築のプロジェクトでは、このプロセスは、システム分析あるいはシステム・エンジニアリングと呼ばれる。価値工学および価値分析のようなプロダクトの開発技法は、最小コストあるいは最小作業工数で最大価値を得られる手法としてたびたび利用される。どのようなものであっても、プロダクト分析を行うことで最終プロダクトを構成する構成部品の理解が促進される。

プロダクト分析は、代替案生成技法と組み合わせて適用されることが多い。これには、ブレーンストーミング、水平思考、代替案を生み出すその他の手法がある。時には、ブレーンストーミング・セッション、共同アプリケーション開発（JAD）セッション、要求事項収集プロセスに記述されているその他の技法など、**ファシリテーション型ワークショップ**が使われる。

アウトプット

プロジェクト・スコープ記述書は、プロジェクト・スコープを効果的にマネジメントする上で重要な文書の１つである。それには、プロダクトとプロダクトの構成部品の詳細を含める。また、構成部品（適切な場合）やプロダクト全体の受入基準も定義する。

プロジェクトの成果物もまた、この文書にて定義される。この文書では、テストと妥当性確認の文書、トレーニング教材、プロジェクトマネジメント文書なども規定する。

前提条件とは、真実、現実、確実であるとみなされているものである。しかし証拠や確認があるわけではない。スコープ記述書に前提条件を書き込むことは優れた実務慣行であるが、しばしばプロジェクト・マネジャーは別途に前提条件のログを書くこ

スコープ記述書のコンテンツ
プロダクト・スコープ記述書
プロダクト受入基準
プロジェクトの成果物
プロジェクトからの除外事項
プロジェクトの制約条件
プロジェクトの前提条件

とがある。大規模プロジェクトでは、前提条件は大幅に増えて数ページにもわたることがある。この場合には、ログが使用されていること、および読者がそのログを参照するように注記しておくとよい。

　前提条件のログを常時更新することは優れた実務慣行である。それを基に、前提条件が妥当か、それらの証拠が出てきたので終結してよいか、妥当でないか等を判定する。前提条件が妥当でなかったり真実でなかったりという事実が明らかになった場合、課題ログやリスクのログへ移動する。前提条件のログは、表計算ソフトあるいは表の形で記録される。前提条件、妥当性確認の責任者、妥当性確認の期限、状況（未着手、未決、解決済み）、関連する追加情報等を文書にする。前提条件のログは付図-3 を参照されたい。

前提条件と制約条件のログ

プロジェクト名：＿＿＿＿＿＿＿＿＿＿＿　　作成日：＿＿＿＿＿＿

ID	分類	前提条件／制約条件	責任部署	締切日	アクション	状況	コメント

付図-3　前提条件と制約条件のログ

　プロジェクトの除外事項と制約条件は、プロジェクトに境界線を設けるものである。スコープ記述書に除外項目を文書化することは極めて重要である。明示的に除外しなければ、ステークホルダーの中には、それがスコープに入っていると思い込むかもしれない。よって、プロジェクトに含まれないものをリストアップして、頭痛の種を事前に防止すると安心できる。

　制約条件は、選択肢を制限する基準あるいは要求事項であることに留意する。制約条件には、定められた予算、特定の規範・規制・方針の順守、設定された終了日などがある。

　チーム・メンバーが彼ら自身を制約する限界を理解できるように、制約条件を文書化することは理にかなっている。制約条件と要求事項が一部で重複することに問題はない。時には、要求事項は制約条件となる。それらを双方の場所に文書化するかどうかはプロジェクト・マネジャー次第である。

　プロジェクト・スコープ記述書を作成することは、要求事項文書、要求事項トレーサビリティ・マトリックスおよびステークホルダー登録簿のようなプロジェクト文書の更新につながる。

WBS 作成

　WBS 作成は、プロジェクトの成果物およびプロジェクトの作業をより細かく、マネジメントしやすい構成要素に分解するプロセスである。ワーク・ブレークダウン・ストラクチャーは、プロジェクト・スコープの土台である。それは、スコープ記述書の情報をもとに、スコープを十分に定義し、組織化したものである。それは、アウトラインや組織図に類似している。最上位はプロジェクトそのものである。その下の階層（場合によってはインデントされた列）からプロジェクトの詳細レベルへの分解を始め、すべての成果物が個別の成果物になるまで要素分解する。

WBSは、他のいくつかの計画プロセスへのインプットとなる。それはまた、プロジェクトのマネジメントとコントロールにも使用される。スコープ定義のセクションで述べたように、スコープ記述書は、WBSおよびそれに付随するWBS辞書とともにプロジェクトのスコープ・ベースラインとなる。図5-12はWBS作成プロセスのインプット、ツールと技法、アウトプットを示す。図5-13はWBS作成プロセスのデータ・フロー図である。

インプット
.1 スコープ・マネジメント計画書
.2 プロジェクト・スコープ記述書
.3 要求事項文書
.4 組織体の環境要因
.5 組織のプロセス資産

ツールと技法
.1 要素分解
.2 専門家の判断

アウトプット
.1 スコープ・ベースライン
.2 プロジェクト文書更新版

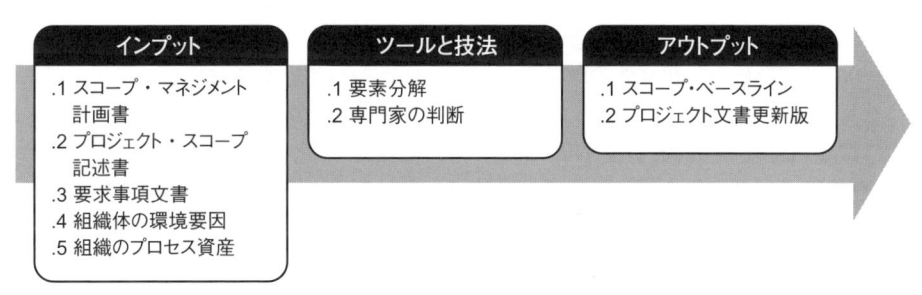

図5-12　WBS作成のインプット、ツールと技法、アウトプット
（出典：PMBOK® ガイド　第5版　125頁）

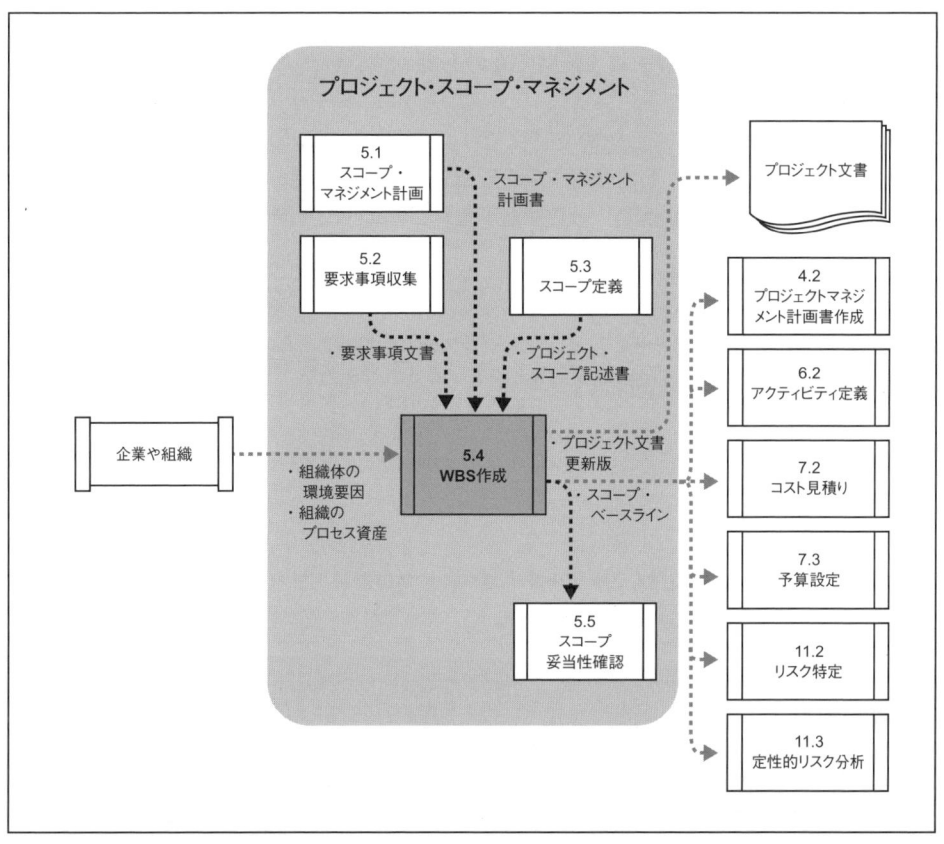

図5-13　WBS作成のデータ・フロー図（出典：PMBOK® ガイド　第5版　126頁）

インプット
　スコープ・マネジメント計画書には、WBSを作成するためのガイドラインが書かれている。スコープ・マネジメント計画書は、WBSテンプレートやWBS番号システムを使

うための指針についても記述されている。スコープ・マネジメント計画書はWBS辞書に掲載する情報についての指針も与える。

プロジェクト・スコープ記述書の中にあるプロジェクト・スコープの記述およびプロダクトの成果物は、WBSの作成を始める出発点として適当なものである。大概、プロダクトの成果物より始め、それを要素分解して個々の部分に分ける。

要求事項文書は、WBSの下位階層の要素を書き出すことに役立つ情報を提示し、さらにWBS辞書の作成に必要な情報を提供する。

WBSに影響を与える**組織体の環境要因**には、特定の開発の方法論やライフサイクルのような業界標準等がある。似通ったタイプのプロジェクトを行う組織は、たいがい、**組織のプロセス資産**の一部としてWBSテンプレートをもっている。過去のプロジェクトのWBSを使用するのはプロセスの時間を短縮する良い手段である。似通ったプロジェクトのWBSを使って作業を始め、当該プロジェクトのニーズに合致するようにテーラリングすればよい。

ツールと技法

要素分解とは、上位の要素をより細かく、詳細な要素に細分化することである。要素分解は、最下位の要素成果物に到達した時点に至って止まる。この意味するところは、レベル5またはそれ以上に分解される階層のものもあれば、レベル3止まりの階層のものもあるということである。

多くの場合、WBSの作成を始めた時点では、最下位レベルの成果物はわからない。このようなとき、可能な限り下位のレベルまで要素分解しておき、後に立ち戻って、ローリング・ウェーブ計画法に従って、そこから下位レベルのWBS要素をさらに付け加える。

WBS

何カ月もの作業を要する新規コンピューターシステムを構築している場合、そのWBSは「テスト」と呼ばれるレベル2のWBS要素をもっていることであろう。テストは遠い将来のことなので、それはそのままでよい。テストの時期が近づくに従い、テストを以下のような数種の異なるタイプに分解する。

1. テスト
   a. 単体テスト
   b. システム・テスト
   c. 統合テスト

さらにテストの時期が近付くとテストする具体的な単体が特定されるので、「単体テスト」をそれ以上に要素分解していく。

成果物のみ！

WBSは、プロジェクトの成果物やプロダクトの定義にのみ使用される。プロダクトの作成に必要なアクティビティはスケジュールにて特定される。

WBS作成が難しいと思う理由の1つは、どのように構造化していくかという方法を考え出すことにある。多くの場合最上位から始めて、下方に向かって分解してゆく。しかし、チームによっては、最下層の成果物から始めて、親和図のようにボトム・アップによりWBSを作成する方が簡単である場合もある。インプットの個所にて、スコープ記述書の記述にある成果物を使って構造化することができると述べた。もちろんその他の選択肢

もある。そのような一般的な方法として以下のものがある。

- ライフサイクル・フェーズによる方法
- サブプロジェクトによる方法。特に、サブコントラクターがプロジェクトの主要な構成要素を実施している場合
- 地域別の方法（複数のサイトがある場合）
- システムや成果物の種別による方法

　チーム・メンバーの中にいる専門家や当該分野の**専門家の判断**を使用すれば、WBS のすべての成果物を特定したり、WBS を体系化する最良の方法を決めたりする上で役に立つ。

アウトプット
　スコープ・ベースラインはスコープ記述書、WBS、WBS 辞書等の認可されたものである。スコープ・ベースラインはプロジェクトのスコープをマネジメントし、コントロールすることに使用するものである。この文書により、対象がスコープに中にあるか、外にあるかを決める。時には、段階的詳細化とスコープ・クリープが人によって誤解されることがある。したがって、スコープ・ベースラインの文書はできるだけ詳細で、分かりやすくしておくことが賢明である。

　WBS は、プロジェクトのすべてのスコープを体系化し、特定しているものである。したがって、プロダクトの業務とプロジェクトの業務を明確にしておくことが重要である。WBS のレベル 2 には、通常「プロジェクトマネジメント」がある。それ以上の要素分解をしないでおいてもよいし、スケジュール、予算、状況報告書等の成果物をレベル 3 として加えてもよい。「プロジェクトマネジメント」は、WBS においてアクティビティに基づく要素をリストアップすることが必要な唯一の区分である。

　以下は、「プロジェクトマネジメント」に含まれる一般的な要素である。

- リスク・マネジメント
- ステークホルダー・マネジメント
- コミュニケーション
- 状況報告
- コンフリクト・マネジメント
- 会議
- 交渉
- 計画
- 監視・コントロール
- マネジメント

　WBS を最終決定する前に、状況の収集と報告を行うべき WBS のレベルを特定する必要がある。大規模プロジェクトについては、ワーク・パッケージと呼ばれる WBS の最下位レベルにおける成果物の 1 つ 1 つについて状況報告などは行わない。最下位レベルより上にあって、コントロールとプロジェクトの状況が理解できるレベルで、作業責任者の細かなマネジメントを要しないレベルを見いだす。このレベルは、コントロール・アカウントと呼ばれる。

> **コントロール・アカウント：** スコープ、予算、実コスト、スケジュールなど等を統合し、かつ、パフォーマンス測定を行うためにアーンド・バリューと比較するマネジメント上のコントロールを行うポイント
>
> **ワーク・パッケージ：** ワーク・ブレークダウン・ストラクチャーの最下位のレベルに定義する作業。この作業にかかるコストと所要期間を見積り、マネジメントする。

もう1つの良い実務慣行は、WBS に、数値によるコード番号を付けるシステムを採用することである。その実例として PMBOK® ガイドより引用した図 5-14 を見てみよう。図には成果物、ワーク・パッケージ、WBS 番号システム等が表示されている。

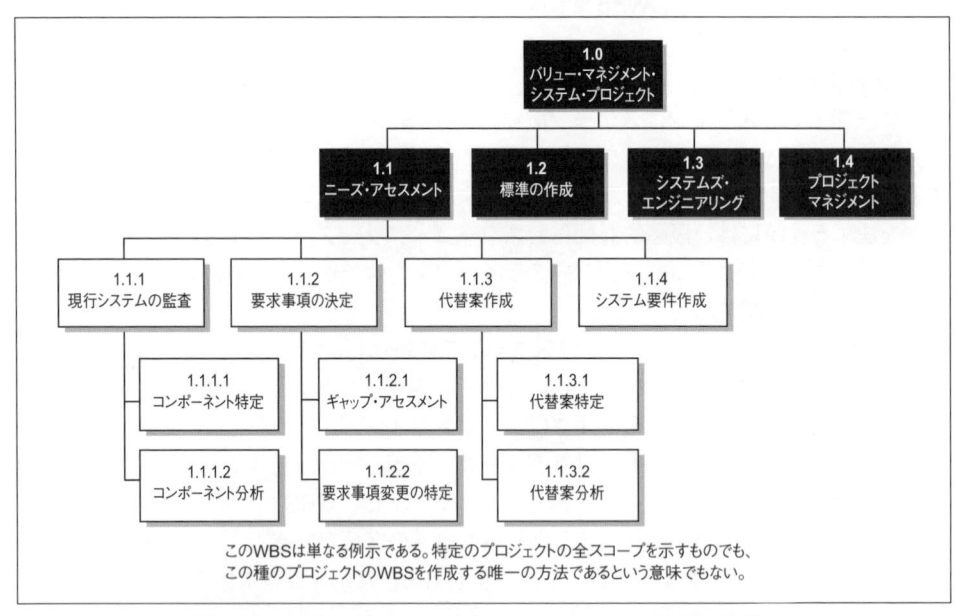

図 5-14　WBS のワーク・パッケージ・レベルへの要素分解例
（出典：PMBOK® ガイド　第 5 版　129 頁）

WBS 辞書は、WBS の各要素を詳細に記述することで WBS を補助する文書である。WBS 辞書は段階的に詳細化する必要がある。なぜなら、その最初の記述は WBS の要素の名前にすぎない。しかし、より多くの情報が判明するに従い、資源、コスト見積り、先行情報、後続情報、追加データ等を書き入れる。プロジェクトのニーズに合うように WBS 辞書に書き入れる情報をテーラリングする。

プロジェクト文書更新版には、要求事項文書やスコープ記述書の更新版を含める。さらに、WBS に書き入れを完了した仕事に基づいて、外部から購買する必要のある品目を特定する。これを基に、調達を計画することに進める。

WBS 辞書の例は付図 -4 を参照されたい。

WBS 辞書のコンテンツ
会計識別子
業務の記述
業務に説明責任をもつ組織あるいは人
スケジュール・マイルストーンのリスト
マイルストーン関連アクティビティ
必要な資源
コスト見積書
品質要求事項
受入基準
技術的参照事項
契約情報

WBS 辞書

プロジェクト名：＿＿＿＿＿＿＿＿　　作成日：＿＿＿＿＿＿

ワーク・パッケージ名：								会計コード：	
成果物の記述									
マイルストーン： 1. 2. 3.							締切日：		
	資源	労務			資材				コスト合計
ID	アクティビティ	時間	レート	合計	単位	コスト	合計		
品質要求事項									
受入基準									
技術情報									
契約情報									

付図 -4　WBS 辞書

第6章　スケジュール計画

この章のトピック
- プロジェクト・タイム・マネジメント
- スケジュール・マネジメント計画
- アクティビティ定義
- アクティビティ順序設定
- アクティビティ資源見積り
- アクティビティ所要期間見積り
- スケジュール作成

プロジェクト・タイム・マネジメント

　プロジェクト・タイム・マネジメントは、プロジェクトを所定の時期に完了させるために必要なプロセスからなる。

　プロジェクト・スケジュールは、プロジェクト・マネジャーが作成する最も重要な文書の１つである。プロジェクトで最もありふれた質問の１つは、「それはいつ、完成するか」である。スケジュールがあれば、この質問に答えやすい。しかし現実に合った回答をするには、スケジュールは正確かつ適切でなければならない。優れたスケジュールを作成することは、そのために必要な情報の収集に時間をかけても、プロジェクト全体として割が合う。小規模プロジェクトにおいては、タイム・マネジメントの計画プロセスはまとまった１つのプロセスとして実行する。アクティビティが75から100程度のプロジェクト、あるいはそれ以下のプロジェクトでは、計画プロセスを個々に実行する心配をしなくてもよい。しかしプロジェクトの規模が大きくなるにつれて、個々のプロセスに注意を払い、手

スケジュールの構成要素

　スケジューリング・ツールとは、スケジュール作成に使用される手動あるいは自動化されたツールである。ツールとしてポストイット、ワープロのアプリケーション、スプレッド・シート、スケジュール作成に特化したソフトウェア等が利用できる。

　スケジュール・データとは、アクティビティ、その順序、資源、所要期間見積り、カレンダー、制約条件、マイルストーンなどに関する情報を指す。

　スケジューリング方法論はたとえば、クリティカル・パス法、あるいはクリティカル・チェーン法にてスケジュールを作成する際に用いられる一連のルールや前提条件等である。

　スケジューリング方法論、スケジューリング・ツール、スケジュール・データ等を組み合わせればスケジュール・モデルができる。しかしながら、モデルの善し悪しはスケジュールに投入するデータ次第であるということを念頭に置いて欲しい。

持ちの情報が適切で正確であることを確かめる必要が出てくる。

「ゴミを入れればゴミしか出てこない」という表現は、特にスケジュール作成のために書かれたようなものである。事実、スケジュールの専門家は、スケジュールのことをスケジュール・モデルと呼ぶ。それは、スケジュール・ツールのすべてのデータが正確であったときにはじめて、起こり得る状況を描き出すことができるモデルである。くれぐれも、モデルを現実のものと思い込む間違いを犯さないように。

スケジュール・マネジメント計画

　スケジュール・マネジメント計画は、プロジェクト・スケジュールを計画し、策定し、マネジメントし、実行し、およびコントロールするための方針、手順および文書化を確立するプロセスである。スケジュールをどのようにマネジメントするかを計画する場合、チームは、スケジュールを構築しマネジメントするために使う技法とともに、プロジェクトをマネジメントするために使うスケジューリング方法論とスケジューリング・ツールを検討するために時間をかける。

　図6-1にはスケジュール・マネジメント計画プロセスのインプット、ツールと技法、アウトプットを示す。図6-2はスケジュール・マネジメント計画プロセスのデータ・フロー図である。

インプット

　プロジェクトの開始時には、**プロジェクトマネジメント計画書**は単なる枠組みであり、総括的な情報が記述されているにすぎない。しかしながら、そのプロジェクトマネジメント計画書をインプットとすることにより、補助のマネジメント計画書を作成するための一貫した手法とすることができる。プロジェクトが進捗するにつれ、プロジェクトマネジメント計画書にはスコープのベースラインやその他の確実で詳細な情報が書き込まれ、その情報はスケジュール・マネジメント計画書を繰り返し洗練するために使用される。プロジェクト憲章には認可のための要求事項が記述されており、それは計画としてスケジュールに入れる必要がある。

インプット	ツールと技法	アウトプット
.1 プロジェクトマネジメント計画書 .2 プロジェクト憲章 .3 組織体の環境要因 .4 組織のプロセス資産	.1 専門家の判断 .2 分析技法 .3 会議	.1 スケジュール・マネジメント計画書

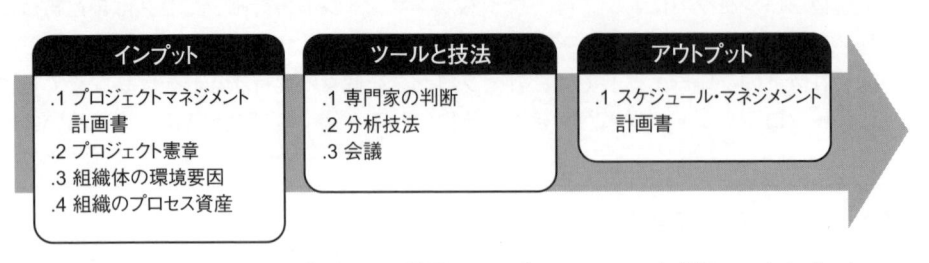

図6-1　スケジュール・マネジメント計画のインプット、ツールと技法、アウトプット
（出典：PMBOK® ガイド　第5版　145頁）

スケジュール・マネジメント計画　53

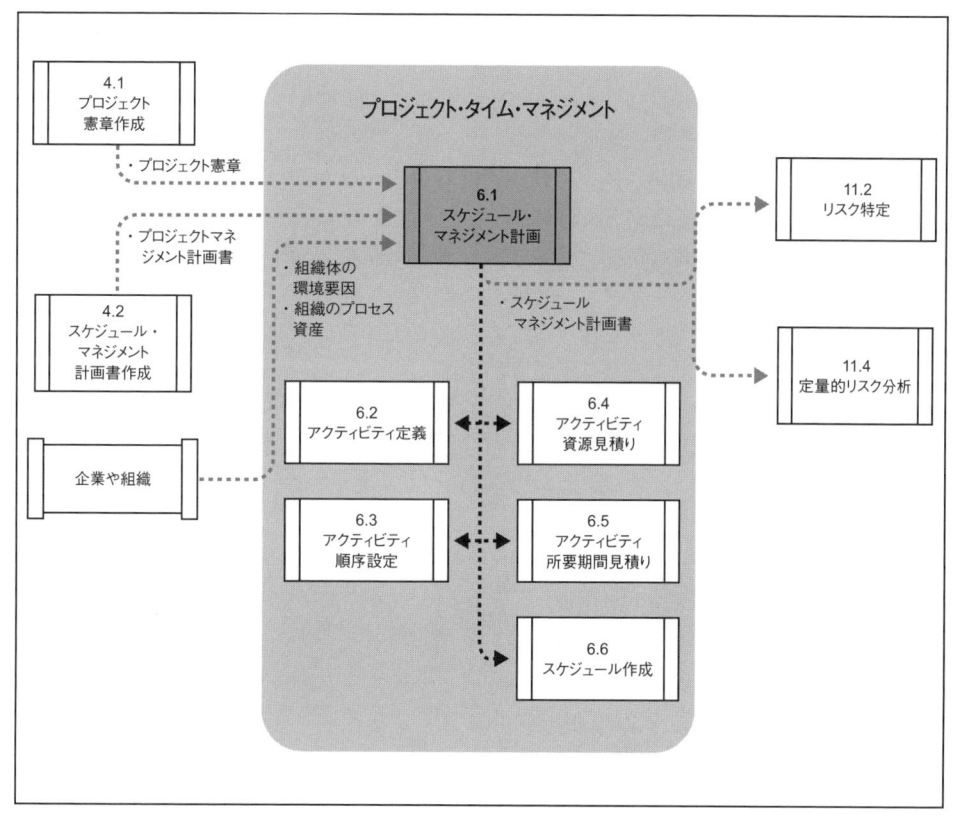

図6-2　スケジュール・マネジメント計画のデータ・フロー図
（出典：PMBOK® ガイド　第5版　145頁）

　このプロセスに影響を与える**組織体の環境要因**は、企業文化や企業のインフラストラクチャー、資源の可用性、生産性データの公開情報、その組織特有の作業認可システム等がある。
　このプロセスで使用される**組織のプロセス資産**は、過去の類似プロジェクトからの情報、テンプレート、方針書、手順書などがある。スケジューリング、変更管理、リスク・マネジメントについての方針書や手順書はとりわけ役に立つ。スケジューリング・ソフトウェアはスケジュール作成、監視やコントロール、進捗報告に役立つ組織のプロセス資産である。

ツールと技法
　さまざまなステークホルダーとの会議により、もっとも適切なスケジューリング・ツールや方法論に関する**専門家の判断**を得ることができる。これらの**会議**では、**分析技法**を応用して、アクティビティを順序付けする最良の手法、適用する見積り手法、資源を最適化する技法、スケジュールを短縮する選択肢等について検討し、選択する。

アウトプット
　スケジュール・マネジメント計画書はプロジェクトマネジメント計画書の一部である。それはスケジューリング・プロセスをマネジメントするためのプロセスを記述している。以下にそのプロセスを示す。

- スケジュール・モデルを作成するために使用されるスケジューリング方法論とスケジューリング・ツール
- 正確さのレベル（プロジェクトが進捗するにつれて高まる）
- 測定単位（時間、日、週）
- コントロールの閾値、例えば使用可能なフロートとバッファーの量に基づいて、予防あるいは是正活動を行う時点
- スケジュール差異（SV）やスケジュール効率指数（SPI）などの測定方法
- ネットワーク・ダイヤグラムを書くためのガイドライン
- 資源の利用や所要期間見積りのための見積り手法
- スケジュール状況報告書提出頻度と書式

> **スケジュール・マネジメント計画書：** プロジェクトマネジメント計画書の構成要素のひとつ。スケジュールの作成、監視、およびコントロールに必要な基準とアクティビティを規定するもの。

　スケジュール・マネジメント計画書は、スケジュールの変更についても定義すべきである。例えば、あるアクティビティが3日遅れて開始されたものの、3週間のフロートがあるとすれば、これを変更と考えるであろうか。アクティビティを早めに着手する場合、これを変更として記述するだろうか。あるアクティビティに使う資源が変わった場合はどうであろうか。計画策定時にこのようなアクティビティを特定しておけば、将来行うスケジュールの監視とコントロールの役に立つ。

アクティビティ定義

　アクティビティ定義は、プロジェクト成果物を生成するために遂行すべき具体的な行動を特定し、文書化するプロセスである。「実行すべき具体的な活動」と定義していることに注意すること。このことは、アクティビティは活動あるいは動詞形であることを物語っている。スコープを作成したとき、ワーク・ブレークダウン・ストラクチャー（WBS）ではその要素として名詞形の成果物が表示されていた。ここは、これらの成果物を基に、その生成に必要な作業を定義する場である。

　図6-3 はアクティビティ定義プロセスのインプット、ツールと技法、アウトプットを示す。図6-4 はアクティビティ定義プロセスのデータ・フロー図である。

インプット	ツールと技法	アウトプット
.1 スケジュール・マネジメント計画書 .2 スコープ・ベースライン .3 組織体の環境要因 .4 組織のプロセス資産	.1 要素分解 .2 ローリング・ウェーブ計画法 .3 専門家の判断	.1 アクティビティ・リスト .2 アクティビティ属性 .3 マイルストーン・リスト

図6-3　アクティビティ定義のインプット、ツールと技法、アウトプット
（出典：PMBOK® ガイド　第5版　149頁）

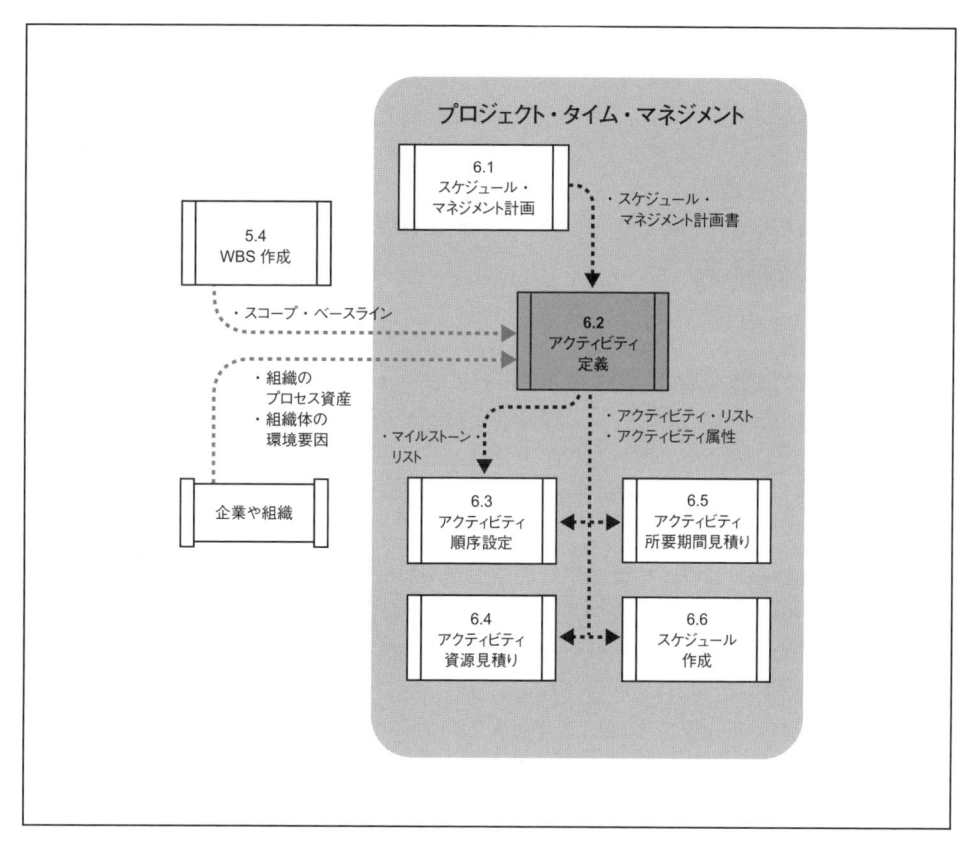

図 6-4　アクティビティ定義のデータ・フロー図
（出典：PMBOK® ガイド　第 5 版　150 頁）

インプット

スケジュール・マネジメント計画書には、スケジュールをどの程度詳細に書くかについての情報を記述する。また、ローリング・ウェーブ計画法の利用法についても決める。これは将来実施する仕事をどの程度詳細に要素分解するかに影響する。例えば、スケジュール・マネジメント計画書には、90 日後に作成する仕事はアクティビティにまで分解し、90 から 180 日後に実施する仕事はワーク・パッケージまで分解すると記述しておく。

スコープ・ベースラインは、プロジェクト・スコープ記述書、WBS、WBS 辞書から構成されている。スコープ記述書には、アクティビティを定義するときに参照すべきプロジェクトの前提条件と制約条件の情報が入っている。例えば、特定の成果物は外部のベンダーから調達するという前提条件があるとする。この場合には、ベンダーの特定、入札書類作成、発注先選定委員会の立上げ、契約の発注とマネジメント等に必要な行為をアクティビティに反映すべきである。スコープ記述書の制約条件には、具体的な開発プロセス、検証手順、プロジェクト・アクティビティにおいて考慮しなければならない規制等が特定されている。

WBS には、ワーク・パッケージがある。ワーク・パッケージは、WBS の成果物からスケジュール・アクティビティへ移行するポイントである。各ワーク・パッケージは、そのワーク・パッケージを完遂するために必要なアクティビティに要素分解される

プロジェクトの開始時には、WBS 辞書にはあまり情報はないであろう。しかしプロジェクトの進捗につれて、WBS 辞書の情報はプロジェクトのアクティビティを段階的に

詳細化することに役立つ。

スケジューリング・ツール、スケジューリング方法論、スケジューリングに関わる成熟度と知識のレベルは、アクティビティの定義と記録の方法に影響する**組織体の環境要因**である。

組織のプロセス資産には、過去のアクティビティ・リストとスケジュール、方針、手順、ならびにスケジュール作成のテンプレートおよびプロジェクト・アクティビティの特定に役立つ教訓等がある。

ツールと技法

このプロセスの**要素分解**はWBS作成プロセスに記述されている要素分解と同じようなものである。違いは、アウトプットがワーク・パッケージではなく、アクティビティ・リストであることである。ここで行うワーク・パッケージをアクティビティにブレークダウンするやり方は、成果物をワーク・パッケージにブレークダウンすることと基本的に同じである。

ここでは特に**ローリング・ウェーブ計画法**が技法として用いられる。その理由は、大規模プロジェクトの場合には数年先の将来に要求されるすべてのアクティビティの特定は不可能であり、この技法を用いる必要があるからである。これは、計画の作成が単にプロジェクト開始時だけに行われるわけでなく、プロジェクトの全期間にわたり行われることの好例である。ローリング・ウェーブ計画法をアクティビティ定義に用いる場合、経験則としては、少なくとも60から90日先までのアクティビティを定義する。

性質が似たプロジェクトに取り組む場合、テンプレートを使用することは時間の節約やアクティビティの見落としを確実に防止するための優れたやり方である。

ほとんどのプロジェクトでは、そのアクティビティを定義する上で、**専門家の判断**は不可欠である。チーム・メンバー、当該分野の専門家、作業に従事する要員および過去に類似作業を経験した要員は、成果物の生成に必要なすべての作業の特定を確実に行う上で貴重な助けとなる。

アウトプット

プロジェクトを完了するために必要なすべてのアクティビティの一覧に加えて、**アクティビティ・リスト**には、WBS作成時に使用されているコード体系を延長した数値による識別子が付けられる。ソフトウェア・プログラムではたいていの場合、自動的にこれを実行してくれる。

アクティビティ属性とは、アクティビティの詳細な情報である。情報の一部は、アクティビティの定義時に書き込むことができるが、その他の情報はその後に行われるスケジュール作成のプロセスにおいて定義する。収集と記録が必要な属性は、プロジェクトのニーズに合うようにテーラリングすべきである。プロジェクトによっては、アクティビティ定義以外のタイム・マネジメント・プロセスに必要なアクティビティ属性の情報で十分であり、それ以上の

アクティビティ属性
アクティビティ識別子またはコード
アクティビティ名
アクティビティ記述
先行アクティビティと後続アクティビティ
論理的順序関係
リードとラグ
指定日
制約条件
前提条件
必要な資源とスキル水準
地理や作業を行う場所
作業の種別

情報を必要としないものもある。

📝 **マイルストーン：** プロジェクト、プログラムまたはポートフォリオにおいて重要な意味をもつ時点やイベント。

マイルストーン・リストでは、プロジェクトのすべての主要なマイルストーンを特定する。それらのマイルストーンには、各ライフサイクル・フェーズの始点と終点、主要な成果物の完了、一定のベンチマークやテストの合格、承認の取得等の時点である。場合によっては、マイルストーンは、契約上、あるいは規制のために設定される。例えば、顧客はすべての主要な成果物の承認を要求するかもしれない。

その様な承認の取得は主要なマイルストーンである。建設プロジェクトにおける専有許可の取得はマイルストーンの一例である。要求事項定義フェーズの完了のようなマイルストーンは、むしろ特殊なプロジェクトに向いたものであり、それをマイルストーンとして分類するか否かは場合による。

> ほとんどのスケジューリング・ソフトウェアは、所要期間の枠に"0"を入力すると自動的にイベントをマイルストーンに変換する。

チームでアクティビティを定義すると、プロジェクトマネジメント計画書更新を必要とする新たな要求事項、リスク、コストその他の情報を特定することがよく生じる。

アクティビティ属性の様式の例は付図-5を参照されたい。

```
┌─────────────────────────────────────────────┐
│              アクティビティ属性              │
│                                             │
│ プロジェクト名：_____  作成日：_____   │
│ ┌─────┬──────────────────────────────────┐ │
│ │ ID  │ アクティビティ                   │ │
│ ├─────┴──────────────────────────────────┤ │
│ │ 作業の記述                             │ │
│ │                                        │ │
│ ├──────────┬─────┬─────┬──────┬─────┬───┤ │
│ │先行       │相関 │リード│後続  │相関 │リード│ │
│ │アクティビティ│関係 │やラグ│アクティビティ│関係│やラグ│ │
│ ├──────────┴─────┴─────┴──────┴─────┴───┤ │
│ │必要資源の数と種類│スキル要求事項│その他必要資源│ │
│ ├─────────────────────────────────────┤ │
│ │作業の種別                            │ │
│ ├─────────────────────────────────────┤ │
│ │作業場所やパフォーマンス              │ │
│ ├─────────────────────────────────────┤ │
│ │指定日やその他の制約条件              │ │
│ ├─────────────────────────────────────┤ │
│ │前提条件                              │ │
└─────────────────────────────────────────────┘
```

付図-5　アクティビティ属性

アクティビティ順序設定

アクティビティ順序設定は、プロジェクト・アクティビティ間の関係を特定し、文書化するプロセスである。ワーク・パッケージの生成に必要なすべてのアクティビティを特定したら、それらを順序立てて配置する。人々は、たいがいスケジュールのソフトウェアに情報を入力する前に、アクティビティ間のおおまかな関連や依存関係の割り出しを手作業で行う。詳細な順序設定を行う前に、プロジェクトの大きな区分のレベルやマイルストーンのレベルにて手作業にて行う。図 6-5 はアクティビティ順序設定プロセスのインプット、ツールと技法、アウトプットを示す。図 6-6 はアクティビティ順序設定プロセスのデータ・フロー図である。

インプット

スケジュール・マネジメント計画書に記述してあるスケジューリング方法論が、アクティビティを順序化する方法、およびそれを使ってネットワーク図を作成する方法に影響する。**アクティビティ・リスト**には、順序設定の対象であるアクティビティが定められている。アクティビティに関わる情報を生成し、それを**アクティビティ属性**の様式に記録した時点では、先行アクティビティと後続アクティビティが何であるかという情報も入力していることだろう。その情報をここで使用する。

インプット	ツールと技法	アウトプット
.1 スケジュール・マネジメント計画書 .2 アクティビティ・リスト .3 アクティビティ属性 .4 マイルストーン・リスト .5 プロジェクト・スコープ記述書 .6 組織体の環境要因 .7 組織のプロセス資産	.1 プレシデンス・ダイアグラム法（PDM） .2 依存関係の決定 .3 リードとラグ	.1 プロジェクト・スケジュール・ネットワーク図 .2 プロジェクト文書更新版

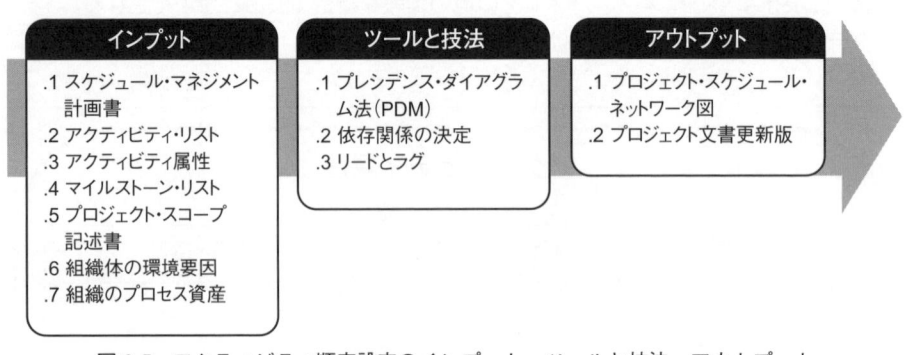

図 6-5　アクティビティ順序設定のインプット、ツールと技法、アウトプット
（出典：PMBOK® ガイド　第 5 版　153 頁）

作業の順序設定を行う場合、アクティビティ・レベル、マイルストーン・レベル、あるいはその双方のレベルで行う。プロジェクト・マネジャーの多くは、マイルストーン・リストにあるマイルストーンの順序設定を行うことで、プロジェクトの総括的な全体像を提示するとともに、スケジュールと対比した実際の状況を報告することにマイルストーンを使用する。その上で、詳細レベルのアクティビティ・リストを用いて、日々の作業のマネジメントに役立てる。

プロジェクト・スコープ記述書にはプロジェクトの成果物の情報が含まれる。その情報により特定のアクティビティを実行する順序が決められる。これは、プロジェクト・スコープ記述書の前提条件あるいは制約条件の個所にも記述されている。

プロジェクトマネジメント情報システム、スケジューリング・ツール、業界標準等の**組織体の環境要因**はアクティビティの順序設定を行う方法に影響を与える。過去のプロジェクト、ネットワーク図のテンプレート、教訓等の情報はすべて**組織のプロセス資産**であり、アクティビティ順序設定に関わる作業工数を短縮するために、これらの情報を利用する。

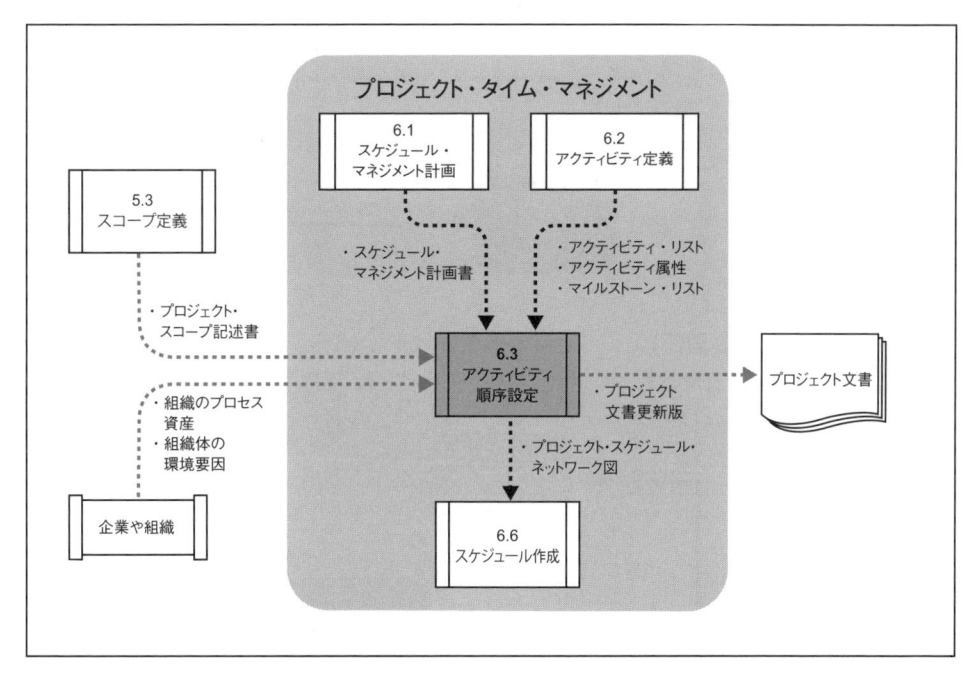

図6-6 アクティビティ順序設定のデータ・フロー図
（出典：PMBOK® ガイド 第5版 154頁）

ツールと技法

プレシデンス・ダイアグラム法（PDM） は、アクティビティの結合に用いられる技法である。アクティビティはノードと呼ばれるボックスで表され、ボックスは矢印で相互に結ばれる。これはまた、アクティビティ・オン・ノード（AON）とも呼ばれる図示の方法である。PDMにて表示するアクティビティ相互の依存関係にはいろいろな種類がある。

先行アクティビティ： スケジュールにおいて、依存するアクティビティに論理的に先行するアクティビティ

後続アクティビティ： スケジュール上、別のアクティビティの後に、論理的につながる依存的アクティビティ

終了-開始関係（FS関係）： これは、最もよく使用される種類の依存関係である。終了-開始関係は、後続アクティビティを開始する前に、先行アクティビティを終了しなければならないことを示す。以下のように表示する。

終了-終了関係（FF関係）： これは、後続アクティビティを終了するには、先行アクティビティが終了しなければならないことを示す。以下のように表示する。

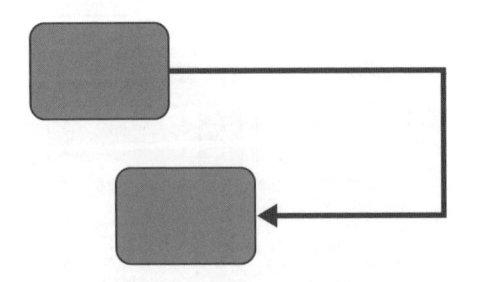

開始―開始関係（SS 関係）： これは、後続アクティビティを開始する前に、先行アクティビティが開始されなければならないことを示す。以下のように表示する。

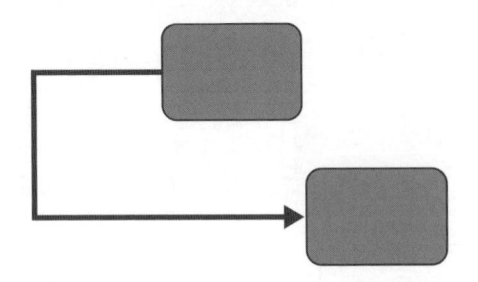

開始―終了関係（SF 関係）： これは使用頻度が最も低い関係である。先行アクティビティが終了する前に、後続アクティビティが開始されなければならないことを示す。以下のように表示する。

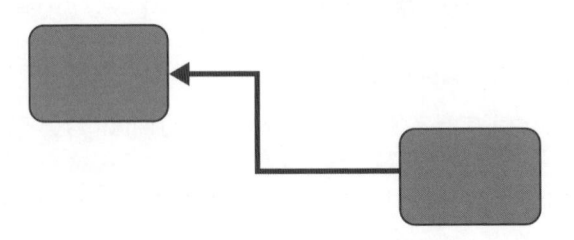

　上述の依存関係の種類には、必須な順序関係、優先的順序関係、あるいは外部要因に基づくものがある。これは「**依存関係の決定**」と呼ばれる。PMBOK® ガイドでは、4 種類の依存関係を記述している。

　強制依存関係： 強制依存関係は、実施されている作業の性質に基づくものである。ハード・ロジックとも呼ばれる。例えば、まだ書かれていないコンテンツの編集はできない。よって、書くことと編集の間には強制的依存関係がある。

　任意依存関係： このタイプの依存関係は、ベストプラクティスや優先することの好ましさに基づく。例えば、デザイン作業の開始前に要求事項を完全に収集し終えるにこしたことはない。しかしながら、すべての要求事項が完全になる前にデザイン作業の一部を開始することができる。したがって、それは任意依存関係である。スケジュールを短縮するときには、任意依存関係に着目して順序を変更し、ファスト・トラッキングを行う機会を見つければよい。

　外部依存関係： このタイプの依存関係は、プロジェクトの外部の要因に基づくものである。それには、プロジェクト間での引渡し、外部の資源の引き渡し、外部から受ける承認あるいは認可などが挙げられる。例えば、入居する前に居住許可を必要とする。引っ越

しの準備はすべて終わっても、許可が出るまでは新しい場所へ引っ越すことはできない。

内部依存関係： このタイプの依存関係はチームがコントロールできない内部の関係性に基づくものである。例えば、ある器具を他のチームが使うようなスケジュールになっていたとすると、そのチームが作業を完了するまでその器具を使うことはできない。もうひとつの内部依存関係は、要員に関わる制限である。例えば、もしひとりの人間が同時に2つのアクティビティを行っていて、どちらを先に終えてもよいとすると、どちらのアクティビティが先行アクティビティでどちらが後続アクティビティかは、その人に任されることになる。

リードと**ラグ**を適用すれば、アクティビティの間に遅延あるいは期間短縮を強いることでアクティビティ間の依存関係の修正ができる。例えば、書き始めてから10日後から編集を開始したくなるかもしれない。このラグの時間差はSS+10Dと表示される。言い換えれば、編集の開始は執筆の開始に依存しており、書き始めて10日後まで開始を待つ必要がある。

別の例としては、すべてのプログラミングが完了する10日前に、テスト計画書の作成を始めることがある。このリードは、FS-10Dと表示される。

> **ラグ：** 関係する先行アクティビティに対し、後続アクティビティの開始を遅らせる必要のある時間
> **リード：** 関係する先行アクティビティに対して、後続アクティビティの開始を前倒しできる時間

複数の類似した成果物の構成要素をもつようなプロジェクトに取り組む場合、順序設定作業を効率化するために、スケジュール・ネットワークのテンプレートを作成したいと考えるであろう。例えば、20ページのウェブサイトを作成している場合、おそらく各ページには同じタイプの成果物があるであろう。このようなコンテンツ開発では、各ページに繰り返し使用が可能な「サブネットワーク」あるいは「フラグメント」のネットワーク図を作成する。互いに類似したプロジェクトに取り組む場合、初めはすべてのプロジェクトのネットワークに対応した一般的なテンプレートを使用し、その後に、当該プロジェクトのニーズに合うように修正する。

リードとラグ
ラグは、常に「＋」符号を付けて表示される。
リードは、常に「－」符号を付けて表示される

アウトプット

プロジェクト・スケジュール・ネットワーク図（単にネットワーク図としても知られる）は、全プロジェクトのアクティビティとその互いの関係を視覚的に表示したものである。それは、要約マイルストーン・レベルでも、プロジェクト全体についても可能である。それは、すべてのアクティビティ間の関係およびその種類を表示する。ネットワーク図の例を図6-7に示す。

プロジェクト文書更新版には、アクティビティ・リスト、マイルストーン、アクティビティ属性、リスク登録簿等がある。

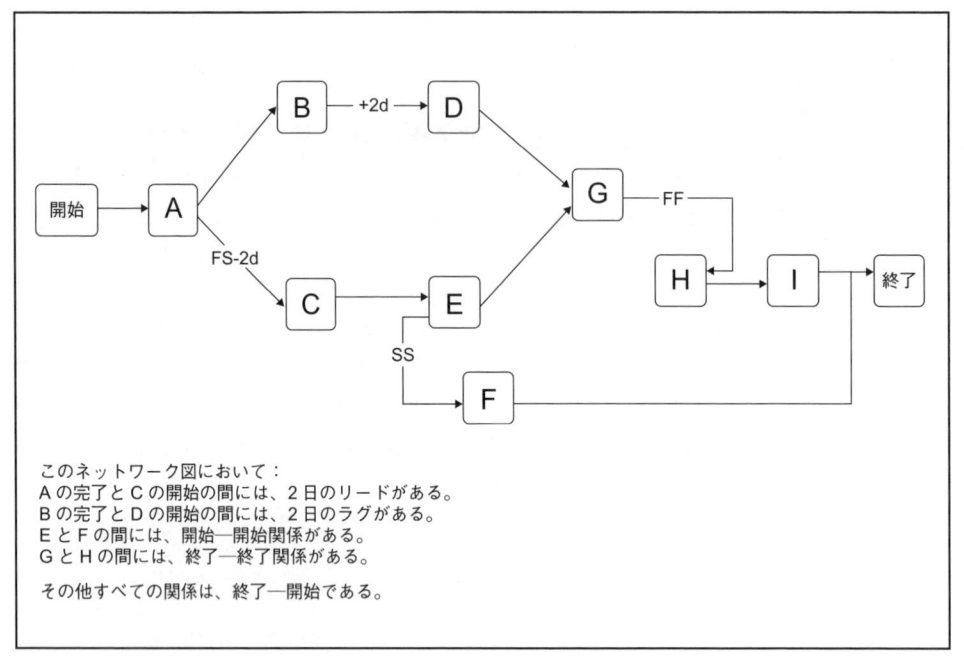

```
                    B ──+2d── D
                   ↗            ↘
  開始 ──→ A                      G ──FF──┐
                   ↘            ↗         ↓
                FS-2d           │         H ←── I ──→ 終了
                    C ──→ E ────┘         ↑
                          │ SS            │
                          └──→ F ─────────┘
```

このネットワーク図において：
AとCの開始の間には、2日のリードがある。
BとDの開始の間には、2日のラグがある。
EとFの間には、開始―開始関係がある。
GとHの間には、終了―終了関係がある。

その他すべての関係は、終了―開始である。

図6-7　ネットワーク図
（出典：Snyder, A　プロジェクト・マネジャー様式集、John Wiley and Sons 2013）

アクティビティ資源見積り

　アクティビティ資源見積りは、各アクティビティを遂行するために必要な物資、人的資源、機材、消耗品などの種類と量を見積もるプロセス。資源に関する情報は、スケジュール、コスト見積り、調達計画、要員計画等の作成に役立つ。図6-8はアクティビティ資源見積りプロセスのインプット、ツールと技法、アウトプットを示す。図6-9はアクティビティ資源見積りプロセスのデータ・フロー図である。

インプット
　スケジュール・マネジメント計画書には、資源の見積り手法、ライフサイクルの特定のフェーズにおける正確さの程度、および時間、日、週あるいは計測の単位についてのガイドラインが記述されている。
　アクティビティ・リストには資源を必要とするすべてのアクティビティが特定されている。**アクティビティ属性**の情報には、必要な要員とスキル・レベル、実行の場所、前提条件と制約条件等のようなアクティビティの詳細がある。
　資源カレンダーに含まれている情報には、特定の機器の入手可能時期、あるいは主要な従業員がプロジェクトに参加できる時期などがある。前もってこれらの情報を特定していれば、主要な要員が他のプロジェクトに振り向けられた場合、再計画を行う上で役に立つ。図6-10に示すように、資源カレンダー、資源見積り、人的資源マネジメント計画書は繰り返しの関係にある。資源カレンダーは**資源要求事項**を見積もるプロセスのインプットとなり、そのプロセスが今度は人的資源マネジメント計画書を更新する。人的資源マネジメント計画書は資源カレンダーの改定の原因となり、資源カレンダーは資源見積りを洗練する原因となる。このようにして最適な解決策が合意に至る。

インプット	ツールと技法	アウトプット
.1 スケジュール・マネジメント計画書 .2 アクティビティ・リスト .3 アクティビティ属性 .4 資源カレンダー .5 リスク登録簿 .6 アクティビティ・コスト見積り .7 組織体の環境要因 .8 組織のプロセス資産	.1 専門家の判断 .2 代替案分析 .3 公開見積りデータ .4 ボトムアップ見積り .5 プロジェクトマネジメント・ソフトウェア	.1 アクティビティ資源要求事項 .2 資源ブレークダウン・ストラクチャー .3 プロジェクト文書更新版

図 6-8　アクティビティ資源見積りのインプット、ツールと技法、アウトプット
（出典：PMBOK® 第5版　161頁）

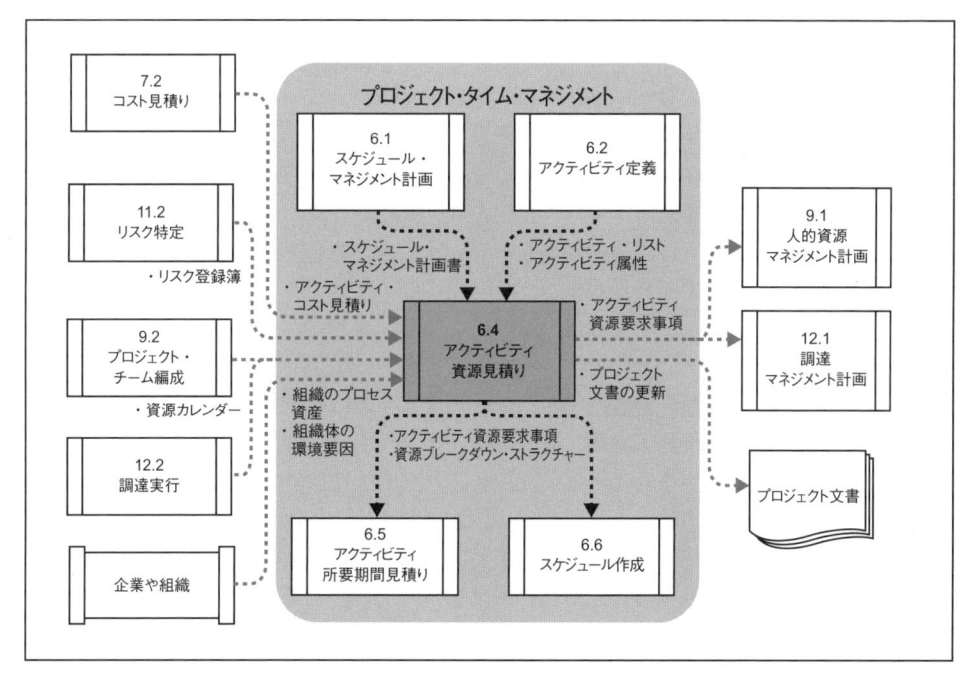

図 6-9　アクティビティ資源見積りのデータ・フロー図
（出典：PMBOK® 第5版　161頁）

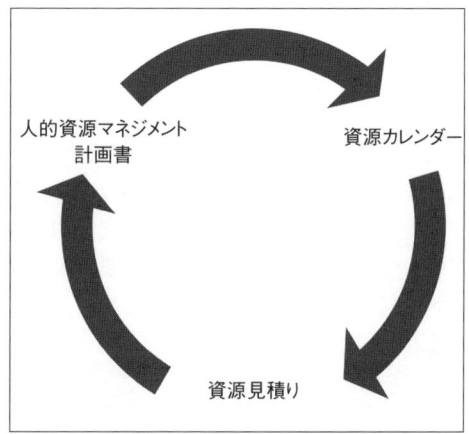

図 6-10　資源見積りの繰り返し

アクティビティ・コスト見積りには資源のコストが記述されている。内部の資源を使用するか外部から調達するか、リースで取得するか購買するか、どのスキル・レベルの要員を使用するか等はすべてコストに影響する。プロジェクト・マネジャーは、資源に対する要求事項と、それらの要求事項を満たすための種々のコストについて妥協点を見出さなければならない。コストと資源について繰り返し検討することを通じて、資源に対する要求事項とアクティビティ・コスト見積りとの正しいバランスを見つけることができる。

リスク登録簿には、要員のスキル、可用性、稼働率等に関するリスクの情報がある。資源に対する要求事項と資源の見積りを作成しているときは、資源に関するあらゆるリスクを考慮しなければならない。

資源の可用性は、考慮しなければならない**組織体の環境要因**である。例えば、組織には教室は2つしかないが、新規のプロジェクトのために200名のトレーニングを行わなければならない場合、組織外の施設を調べるか、トレーニングの期間を延長する。スキルセットについても同じことがいえる。ほとんどの組織では、主要資源あるいはある特定のスキルセットの可用性に限りがあるために、それがプロジェクトのネックを引き起こす分野がある。これはプロジェクトを制約する要因である。

組織のプロセス資産には、プロジェクト・マネジャーが物資を発注することができるサプライヤーとの契約がある。組織には、たいがい、プロジェクトの完結に必要な物資、機器、スキルをもった要員等の調達の仕事をしているとき、労務を容易に外注するためのガイドとなる方針をもっていることが多い。

ツールと技法

チーム・メンバー、当該分野専門家、コンサルタント等は**専門家の判断**を提供する。それは、物資の種類と量、機器の種類、必要なスキルセット、プロジェクト作業の完了に必要なその他の資源等を決定することに役立つ。これらの人達は作業を完了させるための**代替案分析**を行うときにも力になってくれる。例えば、次のようなことを決定する。専門レベルの高い人を高い時給で利用し、作業を早く完了させるのがよいか、あるいは初心者レベルの人を低いコストで利用し、より長い期間をかけて終らせるべきか。

少し調査すれば、ある種類の成果物に必要な材料の量とコストの決定に役立つ**公開見積りデータ**を見つけることができるかもしれない。これは、建設分野では普通に利用されている。

過去のプロジェクトに関する情報があまりない場合、作業の完了に必要な資源の詳細な量と種類を決めるために、ワーク・パッケージとアクティビティのレベルにおいて**ボトムアップ見積り**を行う必要があるだろう。この方法による見積りはより難しく、時間もかかるが、結局は他のどの見積りより正確である。しかしながら、ボトムアップ見積りを行うには、仕事をかなりのところまで十分に定義する必要がある。この種の見積りを行うには、通常、見積りの作成に使った前提条件とともに見積りの根拠の文書も要求される。

スケジューリング・ソフトウェアやスプレッド・シートなどのような**プロジェクトマネジメント・ソフトウェア**は、必要とする資源の体系化に役立つ。量、コスト、可用性についての情報、ならびに資源に対する要求事項を取りまとめることに必要なその他の情報もソフトウェアに含められる。

アウトプット

インプットの節で述べたように、アクティビティ資源要求事項は、計画プロセスを経るに従ってより詳細化される。最初に資源の見積りを始めるときは、必要なリソースの種類を知っているだけで、資源の数、必要なスキル・セット、専門性のレベル、特別な認証等については分かっていない。スケジュールとコストの見積りをベースラインとする準備が整うまでには、ワーク・パッケージごとの資源の種類と量を特定し、種類別に資源の集約ができるようになっているべきである。さらに、資源に対する要求事項の決定に用いられた見積り根拠と前提条件に関する十分な文書を持っているべきである。

最初は資源の区分ごとに、次いで種類とグレードについて、**資源ブレークダウン・ストラクチャー**を作成することは役に立つ。それぞれの項目ごとに必要とする数量を表示すればよい。資源ブレークダウン・ストラクチャーの例は付図 -6 を参照されたい。

```
            資源ブレークダウン・ストラクチャー

   プロジェクト名：_____     作成日：_____
   2.  プロジェクト
       2.1.  要員
             2.1.1.  役割 1 の人数
                     2.1.1.1.  レベル 1 の人数
                     2.1.1.2.  レベル 2 の人数
                     2.1.1.3.  レベル 3 の人数
             2.1.2.  役割 2 の人数
       2.2.  機器
             2.2.1.  タイプ 1 の数量
             2.2.2.  タイプ 2 の数量
       2.3.  資材
             2.3.1.  資材 1 の数量
                     2.3.1.1.  グレード 1 の数量
                     2.3.1.2.  グレード 2 の数量
       2.4.  補給品
             2.4.1.  補給品 1 の数量
             2.4.2.  補給品 2 の数量
       2.5.  作業場所
             2.5.1.  作業場所 1
             2.5.2.  作業場所 2
```

付図 -6　資源ブレークダウン・ストラクチャー

少なくともアクティビティ属性や WBS 辞書のような**プロジェクト文書は更新**すべきである。アクティビティ・リスト、資源カレンダー、リスク登録簿等の情報も見直す必要が出てくる。

見積り

ほとんどのスポンサーと顧客は、厳しい見積りを望む傾向がある。彼らはプロジェクトをできるだけ早く終わらせたいと願う。見積りが過度に強気なものであれば、プロジェクトは遅れた時点から開始したことになり、その遅れを取り戻すことができなくなる。見積りが、強気であればあるほど、スケジュールが超過するリスクが高まり、恐らく予算も超過するだろう。

アクティビティ所要期間見積り

　アクティビティ所要期間見積りは、想定した資源をもって個々のアクティビティを完了するために必要な作業期間を見積もるプロセスである。アクティビティ所要期間見積りは、作業を完了するのに要する実際の作業時間（作業工数）および開始から終了までに必要な作業日数（所要期間）を決めることである。見積りは、計画サイクルを通して段階的に詳細化される。プロジェクトの初期段階では詳細がまだほとんど明瞭になっていないので、見積りの変動幅が広い上に信頼度が極めて低い。しかし、計画の作成が進み、要求事項がよく理解され、詳細な設計情報が得られるにつれて、変動幅がより絞り込まれるとともに信頼の水準も高まり、見積りが正確になる。

> **見積りの洗練**
> 　しっかりした要求事項、汎用的な技術、経験のあるチームなどを備えるプロジェクトでは、プロセスに取り掛かる初期においても良い見積りを行うことができ、従って見積りは比較的正確であるのであまり洗練する必要はないだろう。逆に、新しい技術および進むに従って明確になるようなスコープと要求事項があるプロジェクトでは、見積りを何回も繰り返す必要があるだろう。このようなプロジェクトでは、見積りには幅が広く、プロジェクトの進展とともに変化することが起こる。

　図6-11はアクティビティ所要期間見積りプロセスのインプット、ツールと技法、アウトプットを示す。図6-12はアクティビティ所要期間見積りプロセスのデータ・フロー図である。

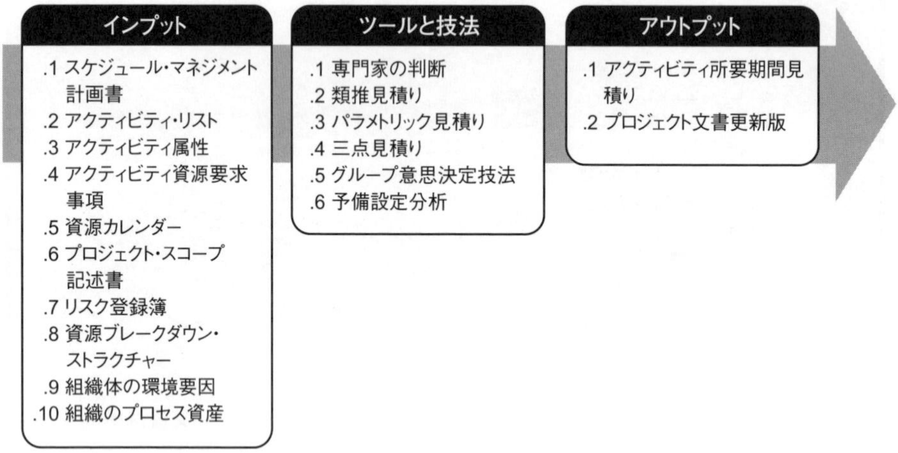

インプット
- .1 スケジュール・マネジメント計画書
- .2 アクティビティ・リスト
- .3 アクティビティ属性
- .4 アクティビティ資源要求事項
- .5 資源カレンダー
- .6 プロジェクト・スコープ記述書
- .7 リスク登録簿
- .8 資源ブレークダウン・ストラクチャー
- .9 組織体の環境要因
- .10 組織のプロセス資産

ツールと技法
- .1 専門家の判断
- .2 類推見積り
- .3 パラメトリック見積り
- .4 三点見積り
- .5 グループ意思決定技法
- .6 予備設定分析

アウトプット
- .1 アクティビティ所要期間見積り
- .2 プロジェクト文書更新版

図6-11　アクティビティ所要期間見積りのインプット、ツールと技法、アウトプット
（出典：PMBOK® 第5版　166頁）

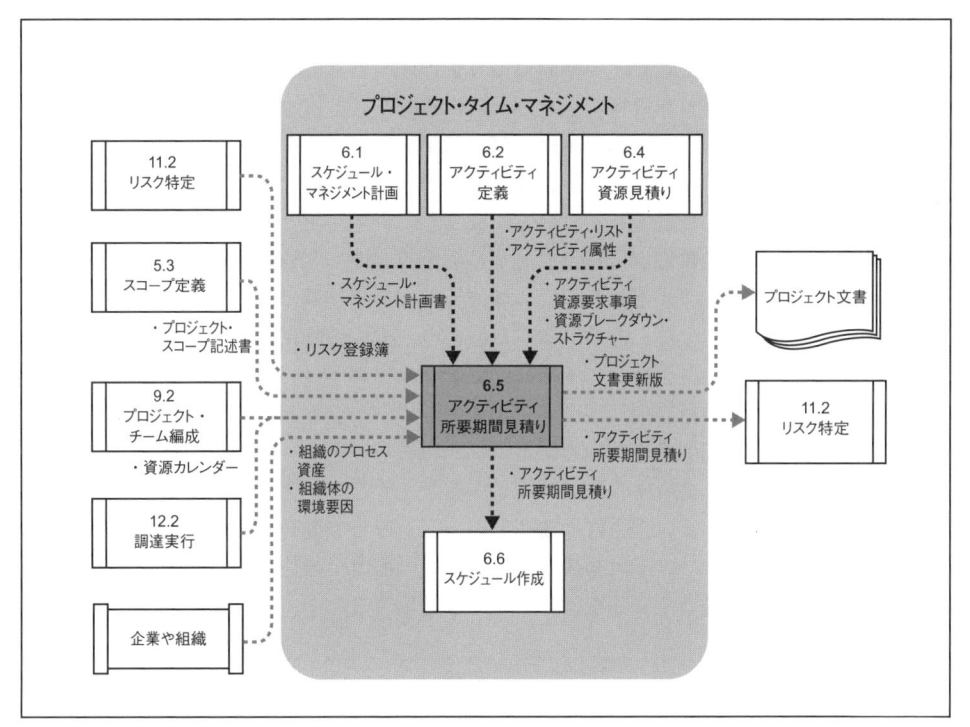

図 6-12　アクティビティ所要期間見積りのデータ・フロー図
（出典：PMBOK® 第5版　166頁）

インプット

スケジュール・マネジメント計画書には、所要期間見積りに必要な見積り技法と正確さの水準についての指示が記載されている。**アクティビティ・リスト**および**アクティビティ属性**は、アクティビティの完了に必要な作業を記述したものである。**アクティビティ資源要求事項**は、資源の種類、スキルの水準、機器の種類等の情報、さらに計画プロセスの進捗に伴い得られる、これら見積りの根拠に関する情報を示したものである。

　資源カレンダーは、各資源が利用できる時期についての情報である。資源カレンダーは、ある要員は週10時間のみ利用可能であるとか、ある機器は修理までの50時間だけ使用可能であるとかを表示している。資源に対する要求事項と資源の可用性の両者の組合せが、所要期間見積りの重要な決定要因である。

　プロジェクト・スコープ記述書には、考慮すべき前提条件や制約条件が記述されている。所要期間見積りの作成時に考慮する必要があるものとして環境条件や契約上の要求事項がある。

　リスク登録簿には、アクティビティの作業工数や所要期間に影響を与える資源の可用性、スキルセット、不確かな要求事項、その他の情報等に伴うリスクが記述されている。**資源ブレークダウン・ストラクチャー**は、プロジェクトに用いる計画の資源の数量と種類に関する情報を提供する。

　組織体の環境要因には、見積りのためのデータ・ベース、独立したコストの見積り実施部門、公開見積りデータ等がある。**組織のプロセス資産**には、終わったプロジェクトの過去の情報や教訓がある。過去の類似プロジェクトの当初の見積りと実際に要した所要期間を比較することは役に立つ。この比較により、同じ間違いを繰り返す可能性を低下させる。

ツールと技法

専門家の判断は、信頼できる所要期間見積りを作成する上で重要な要素である。実際に作業を行う要員から見積りを取得できればそれにこしたことはない。過去に多くの類似プロジェクトの実績があるならば、彼らの見積りはかなり正確であろう。最先端の仕事では、当該分野専門家、コンサルタント、調査等に頼らなければならない。このような状況では、見積りはより広い変動幅をもつことになろう。

類推見積りは、過去の類似プロジェクトからの情報を使って見積りを作成する。類推見積りは、通常詳細さのレベルが最も低い、プロジェクトの初期において実行される。類推見積りは、プロジェクト全体、あるいはプロジェクトの成果物に対して適用される。類推見積りの作成には、プロジェクトの所要期間に影響するパラメーターを特定した後、そのパラメーターを使って現行プロジェクトと過去のプロジェクトと比較する。その上で、過去のプロジェクトとの類似点や相違点に基づいた見積りを行う。

類推見積りは、2つの成果物の外観は似ているが、その実、全く異なっている場合には誤りを起こす可能性がある。例えば、すべてのソフトウェア開発は同じようなものであると仮定することはできない。それらのプロジェクトは事実上相似しているものでなければならず、単に外観が似通っているだけのものには適用できない。

> **類推見積りによる時間の見積り**
> 技術文書のマニュアルを作成しなければならないとしよう。ページ数は約100ページである。昨年、類似プロジェクトを実行したが、そのページ数は150であった。昨年のプロジェクトは、240時間かかった。150は100の1.5倍なので、240時間を1.5で除してこのプロジェクトの所要期間の見積りを得る。このようにして、このプロジェクトは160時間かかると見積もる。

パラメトリック見積りは、所要期間の決定に数学的関係を用いる。これは、作業の性質が反復的なものである場合に適用できる。何か1つのことをするのにかかる作業工数を特定し、その工数に作成しているユニット数を掛け合わせるのである。

> **パラメトリック見積りによる時間の見積り**
> 50,000平方フィートの床張りをする場合で、1,000フィート当たり6時間かかるとの過去の情報があるとすると、6 × 50 = 300時間と決定できる。

パラメトリック見積りには、複数のパラメーターを設けることができるので、この種類の見積りの作成には、ソフトウェアが役に立つ。この種の見積りは製造業において、あるいは定量化できる反復作業がある場合に、最も有用である。ただし作業は測定が可能なものでなければならない。

三点見積りは、プロジェクトにおける不確実性とリスクを説明することに使われる。多くの場合、アクティビティの所要期間は、多くの異なる要素が同時に発生したことを前提にしているが、ご承知のように、これは必ずしも常に生じるものではない。プロジェクト作業に内在する不確実性を説明するために、最良の場合、最も起こりそうな場合、最悪の場合等といったシナリオに基づいた見積りをする。その上で、これらの数値の平均を取り、幅をもった見積書を作成することができる。

三点見積りを修正するよく知られた方法の一つは、最も起こりそうな見積りに最良の場

合や最悪の場合のシナリオによる重みをつけることである。多くの人は以下の公式を使っている。

これはパート（PERT）見積りと呼ばれることがある。その結果として「所要期間の期待値」が得られる。

$$\frac{最良の場合 + 4 \times 最も起こりそうな場合 + 最悪の場合}{6}$$

三点見積りによる時間の見積り

チーム・メートと検証のためのテストに要する時間について話をしていると仮定しよう。彼は言う、「最初からすべてが順調にいくとすれば 20 時間かかるはずだ。しかし、最初からうまくいくものではない。実際、私はこの種のテストに 50 時間までかかったことを目撃している。私はおおよそ 26 時間かかると思う」。これらの数字をもとに PERT 見積りの方程式を使えば、以下の数式になる。

$$\frac{20 + 4 \times 26 + 50}{6}$$

よって、所要期間の期待値は 29 時間となる。

グループ意思決定技法はデルファイ法あるいはそれを変形したものである。デルファイ法は、特に作業の種類が、あまり見積り根拠がなかったり最先端のものであったりする場合、あるいは、仕事が担当組織にとって新しい種類のものである場合、相対的により正確な見積りをすることができる。過去のデータがあまりない成果物に対しては、プロジェクト・マネジャーは見積りを補佐してくれる要員を特定する。この要員は、当該分野の専門家、チーム・メンバー、コンサルタント、その状況での最良の資源であるすべての人等である。プロジェクト・マネジャーは、その人たちにスコープの記述、リスク、資源の可用性等のプロジェクトに関する情報を伝達する。

グループの要員は個々に、自分たちの見積りのために使用した前提条件の根拠を示したうえで、見積りを提示する。プロジェクト・マネジャーはそのさまざまな見積りの収集と体系化を行い、見積りの広がり、前提条件、見積り根拠をグループに配布し、収集した情報を基に自分の見積りをレビューし、見直すように依頼する。一般に、2 回目の見積りは一回目の見積りより拡散が小さくなる。プロジェクト・マネジャーは、専門家たちが合意に達するか、あるいは見積りが安定するまで、これを 3 回以上繰り返す。この時点でプロジェクト・マネジャーは、平均値をとるか、あるいは収集した情報に基づいてひとつの見積りを選定する。

本当のデルファイ法では、見積りを提供する人々は匿名のままとする。言い換えれば、他に見積りをしている人が誰なのかを、誰も知らないということである。これによって、個人が見積りを検討して進めているときに、「知名度」や「地位権力」の影響を最小にする。

この技法を変形して、プロジェクト・マネジャーは、最初の見積りを匿名で行なわせ、その後、参加している人々を一同に集めて見積りや前提条件を議論させ、一緒に合意に達するように働きかけることもできる。

アクティビティ所要期間を決める時、期限通りに確実に納入するためにスケジュール予

備を考える。これが、**予備設定分析**の例である。多くのプロジェクト・マネジャーは予備を見込み、チームがターゲットとしている目標の期日にそれを追加する。これが、顧客に成果物の引き渡しを約束した期日である。予備を決める1つの方法は、最も起こりそうな所要期間と所要期間の期待値の差を調べ、その差を予期せぬ事態やリスクへの対応のために取っておくことである。これは水増しとは違う。遂行できると考えた所要期間を計算し、かつ不確実性を織り込んだ責任ある見積りである。

アウトプット

アクティビティ所要期間見積りは、作業工数と所要期間で表される。作業時間数を所要期間に転換するには、作業工数を資源の数とその可用性で割る。所要期間見積りには、見積りの変動幅、見積りの信頼度、見積りの根拠等を添付する。

作業工数： スケジュール・アクティビティまたは WBS 要素を完了するのに必要な労務単位の数値。通常、時間数、日数、あるいは週数で表す。

所要期間： スケジュール・アクティビティや WBS 要素を完了するために必要な総作業期間（祝日や休日を含まない）。通常は作業日数や作業週数で表す。

作業工数の所要期間への転換

プロジェクト・チーム・メンバーが、あるアクティビティの完了に 100 時間の作業工数がかかるという場合で、週当たり 30 時間利用可能な要員が 2 人いるならば、かかる所要期間は何日だろうか。

$$\frac{100 \text{時間}}{(2 \times 30)} = 1.67 \text{人・週} \quad \text{または} \quad 8.35 \text{人・日}$$

プロジェクト文書更新版には、アクティビティ属性および所要期間見積りの作成に使われる前提条件を入れる。

アクティビティ所要期間見積り様式の例は付図-7を参照されたい。

アクティビティ所要期間見積り

プロジェクト名：＿＿＿＿＿＿＿＿＿＿　　作成日：＿＿＿＿＿＿＿＿＿＿

WBS ID	アクティビティの記述	作業時間	所要期間見積り

付図-7　アクティビティ所要期間見積り

スケジュール作成

　スケジュール作成は、プロジェクト・スケジュール・モデルを作成するために、アクティビティ順序、所要期間、資源要求事項、およびスケジュールの制約条件などを分析するプロセスである。このプロセスは、これまで説明してきた4つのプロセスを取りまとめたものである。すべてのスケジュール・データはスケジュール・ツールに入れて統合し、プロジェクト・スケジュールが初めて目に見える形となる。だいたい、この最初に作ったスケジュールは満足のいくものではない。よって、一連の双方向での見直しとやり取りが始まる。利用可能な資源、見積りの所要期間、スケジュール・リスク、その他のプロジェクト・データ等に対してプロジェクトに求められる引き渡し期日とのバランスが図られ、合意が得られるスケジュールになる。スケジュールが合意されれば、それはベースラインになる。スケジュールの再計画とマネジメントのプロセスは、プロジェクトの全期間にわたり続けられる。

　図6-13にスケジュール作成プロセスのインプット、ツールと技法、アウトプットを示す。図6-14はスケジュール作成プロセスのデータ・フロー図である。

インプット	ツールと技法	アウトプット
.1 スケジュール・マネジメント計画書 .2 アクティビティ・リスト .3 アクティビティ属性 .4 プロジェクト・スケジュール・ネットワーク図 .5 アクティビティ資源要求事項 .6 資源カレンダー .7 アクティビティ所要期間見積り .8 プロジェクト・スコープ記述書 .9 リスク登録簿 .10 プロジェクト要員任命 .11 資源ブレークダウン・ストラクチャー .12 組織体の環境要因 .13 組織のプロセス資産	.1 スケジュール・ネットワーク分析 .2 クリティカル・パス法 .3 クリティカル・チェーン法 .4 資源最適化技法 .5 モデリング技法 .6 リードとラグ .7 スケジュール短縮 .8 スケジューリング・ツール	.1 スケジュール・ベースライン .2 プロジェクト・スケジュール .3 スケジュール・データ .4 プロジェクト・カレンダー .5 プロジェクトマネジメント計画書更新版 .6 プロジェクト文書更新版

図6-13　スケジュール作成のインプット、ツールと技法、アウトプット
（出典：PMBOK® 第5版　173頁）

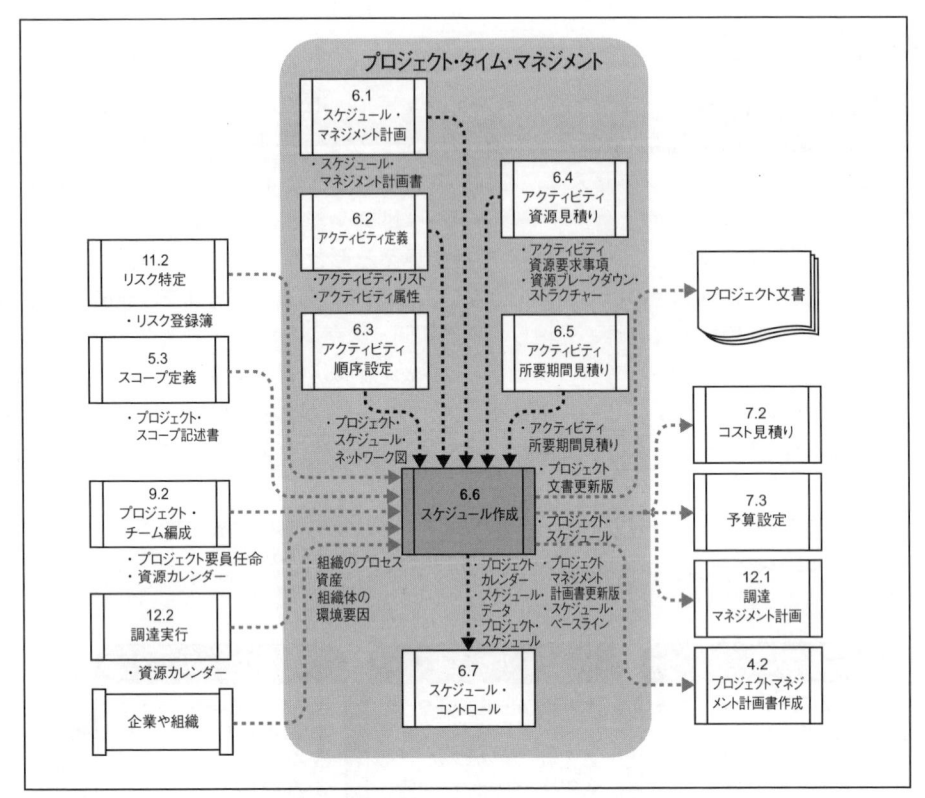

図6-14 スケジュール作成のデータ・フロー図
（出典：PMBOK® ガイド 第5版 173頁）

インプット

　これまでに行ったスケジュール計画のプロセスから得られた主要なアウトプットが、スケジュール作成に用いられる。これらのアウトプットには以下のものがある。すなわち、**スケジュール・マネジメント計画書**、**アクティビティ・リスト**、**アクティビティ属性**、**プロジェクト・スケジュール・ネットワーク図**、**アクティビティ資源要求事項**、**アクティビティ所要期間見積り**等である。**プロジェクト要員任命**と**資源カレンダー**にはプロジェクトに配置された要員と彼らをいつ使用できるかの記述がある。**資源ブレークダウン・ストラクチャー**は、使用可能な資源の種類と数量に関わる情報を提供して、資源の利用を平準化するためのwhat-ifシナリオ分析を補助する。

　プロジェクト・スコープ記述書には、作業を内製するか外注するかといった前提条件を含む。また、中間と最終の納入期日のような制約条件も含まれる。**リスク登録簿**は、スケジュール作成に影響を与える資源に関するスケジュール・リスク、マイルストーン、納入期日、その他リスク要因等についての情報を提供する。

　スケジューリング・ツールは、スケジュールの入力の仕方を決めている**組織体の環境要因**である。スケジューリングの方針や手順、および過去のプロジェクトのプロジェクト・スケジュールと教訓などは**組織のプロセス資産**であり、スケジュールの作成に役立つ。

ツールと技法

　スケジュール・ネットワーク分析は特定の技法ではなく、スケジュールのレビュー、さまざまな技法の適用方法の提示、満足のいくスケジュールに至る最善のアプローチの決定

等を対象とした包括的な用語である。通常、組織が使用するスケジューリング・ツールを用いて行われる。

今日では、実行可能なスケジュールの算定に、さまざまなスケジューリングの方法論が用いられている。もっとも広範に使われている方法は**クリティカル・パス法**と呼ばれる。この方法では、アクティビティを実施する時間の範囲を決定する。すなわち、各アクティビティについて、最早開始日と最早終了日および最遅開始日と最遅終了日を決める。これらは、各アクティビティを開始できる期日の範囲を表している。

最早日と最遅日の数字の差はフロートと呼ばれる。それは、あるアクティビティがその最早開始日または最早終了日から遅れてもよいが、プロジェクトの締切日、あるいは強制マイルストーン日のようなスケジュールの制約条件に影響を及ぼさないような期間を表す。フロートのあるアクティビティにはスケジューリング上の柔軟性がある。しかし、将来実施するアクティビティは、そのフロート内での開始、終了日を変動させることによって影響される可能性があることに注意しておかなければならない。資源に関する問題を発生させないように、同じパス上にある他のアクティビティへの影響を理解しておく必要がある。フロートのないアクティビティはクリティカル・パス上にある。通常のクリティカル・パスにはフロートが 0 であるが、それは最小値のフロートをもったパスであるいう意味でもある。これは、マイナスのフロートもあり得ることを意味する。このような状況に至ったら、スケジュールを短縮する方法を見つけ出さなければならない。さもなければ、プロジェクトは遅延する。

別の種類のフロートは、フリー・フロートと呼ばれる。フリー・フロートは、先行タスクの最早終了日と後続タスクの最早開始日との差の日数である。これは、1 つに収束する複数のパスがある場合に発生する。クリティカルでないパスの最終アクティビティに、フリー・フロートがある。フリー・フロートとは、あるアクティビティが遅れても、すぐ次のアクティビティに影響を及ばさない期間のことである。フリー・フロートのあるアクティビティにはもっとも柔軟性がある。フリー・フロートの時間内に開始すれば、スケジュール内のその他のアクティビティにスケジュール上の影響を与えないからである。

最早開始日（ES）： クリティカル・パス法において、スケジュール・アクティビティの未完了部分を最も早く開始できるとした時点。スケジュール・ネットワーク・ロジック、データ日付、およびスケジュール上の制約条件を考慮する。

最早終了日（EF）： クリティカル・パス法において、スケジュール・アクティビティ（またはプロジェクト）の未完了部分を最も早く完了できるとした時点。スケジュール・ネットワーク・ロジック、データ日付、およびスケジュール上の制約条件を考慮する。

最遅開始日（LS）： クリティカル・パス法において、スケジュール・アクティビティの未完了部分を最も遅く開始できるとした時点。スケジュール・ネットワーク・ロジック、データ日付、およびスケジュール上の制約条件を考慮する。

最遅終了日（LF）： クリティカル・パス法において、スケジュール・アクティビティの未完了部分を最も遅く完了できるとした時点。スケジュール・ネットワーク・ロジック、データ日付、およびスケジュール上の制約条件を考慮する。

トータル・フロート： プロジェクトの終了日を遅らせたり、スケジュールの制約条件を逸脱することなく、最早開始日からスケジュール・アクティビティの開始を遅らせることができる期間

フリー・フロート： どの後続アクティビティの最早開始日も遅らせることなく、またはス

ケジュールの制約条件に反することなく、あるスケジュール・アクティビティを遅らせることができる期間。

> **クリティカル・パスの計算**
> 　図6-15から6-18までは、所要期間が与えられたネットワーク図、往路パス、復路パス、トータル・フロートとフリー・フロートのあるクリティカル・パスの図である。

　クリティカル・チェーン法は、通常よりさらに強気な見積りを用いるが、バッファーを使ってネットワークを防護する方法である。資源を組み込んだスケジュールは、プロジェクトの最長のパスをクリティカル・チェーン（クリティカル・パスに対して）として示す。クリティカル・チェーンは、チェーンの終端にプロジェクト・バッファーを配置してスケジュールを防護する。経路の途中でクリティカル・チェーンに流れ込むパスには、クリティカル・チェーンに悪影響を及ばさないようにフィーディング・バッファーが使用される。アクティビティに対して強気な所要期間見積りを行うので、バッファーはプロジェクトを防護する機能を果たす。

　クリティカル・チェーン法には他にも付随した前提条件がある。すべての要員はタスクに専任で取り組むことになっている。要員は同時に2つ以上のプロジェクトで働くことを想定しておらず、プロジェクト作業にのみ専念しなければならない。資源はプロジェクトにおけるボトルネックとみなされている。よって、すべての努力はその資源を使い切ることに振り向けられる。ここで「振り向ける」という意味は、資源をプロジェクトのために全面的に活用し、他の作業に振り向けられることがないようにするということである。

　クリティカル・チェーン法では、所要期間見積りは水増しされることや余裕のある数字を与えられることはない。所要期間見積りは、50パーセントの信頼度とすべきである。これは、アクティビティが予定通りに完了する確率は50パーセントであり、50パーセントの確率で完了しないことを意味する。バッファーは、強気の見積りのリスクを吸収するためにある。クリティカル・チェーンは、プロジェクトがより早くスケジュールのパイプラインを通過するように、資源を最適化することにすべての焦点が絞られている。

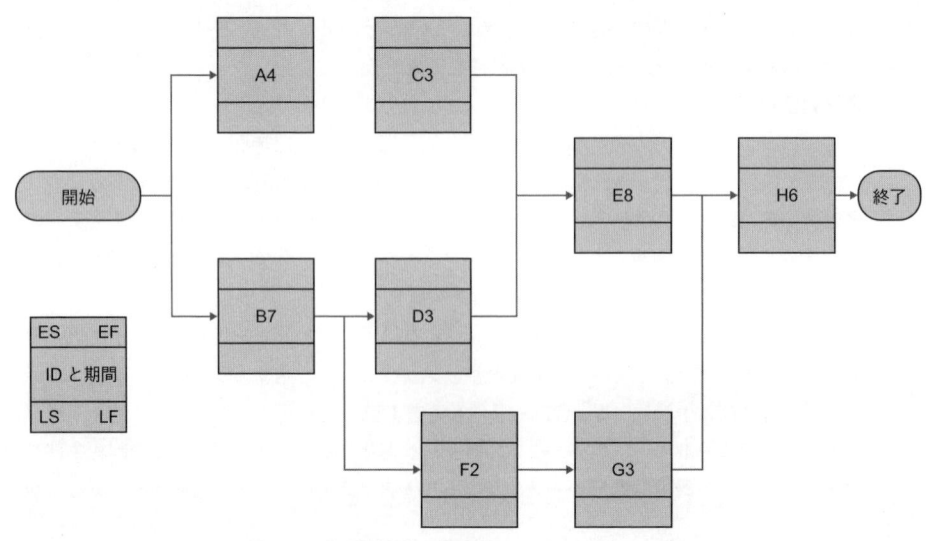

図6-15　所要期間が与えられたネットワーク図

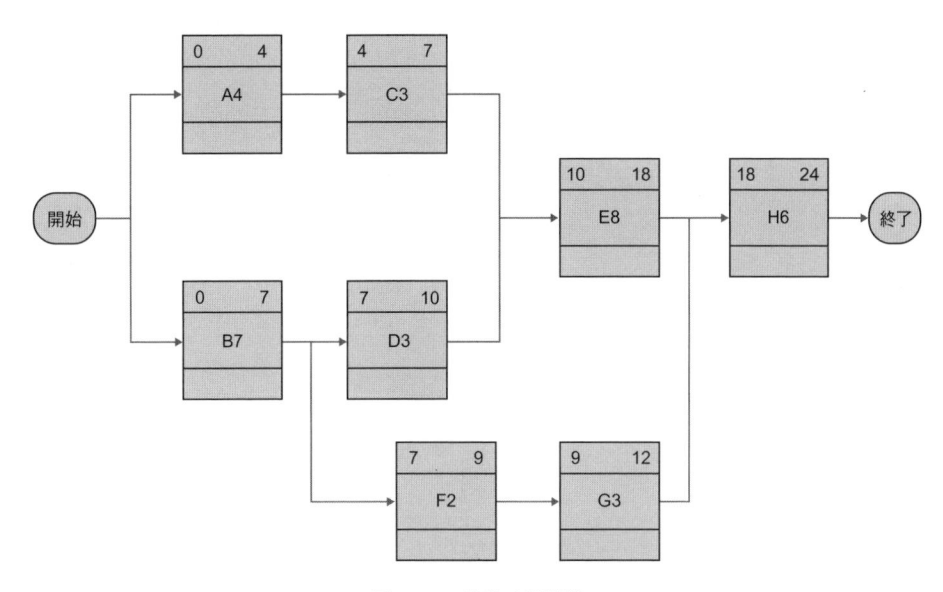

図 6-16　往路時間計算

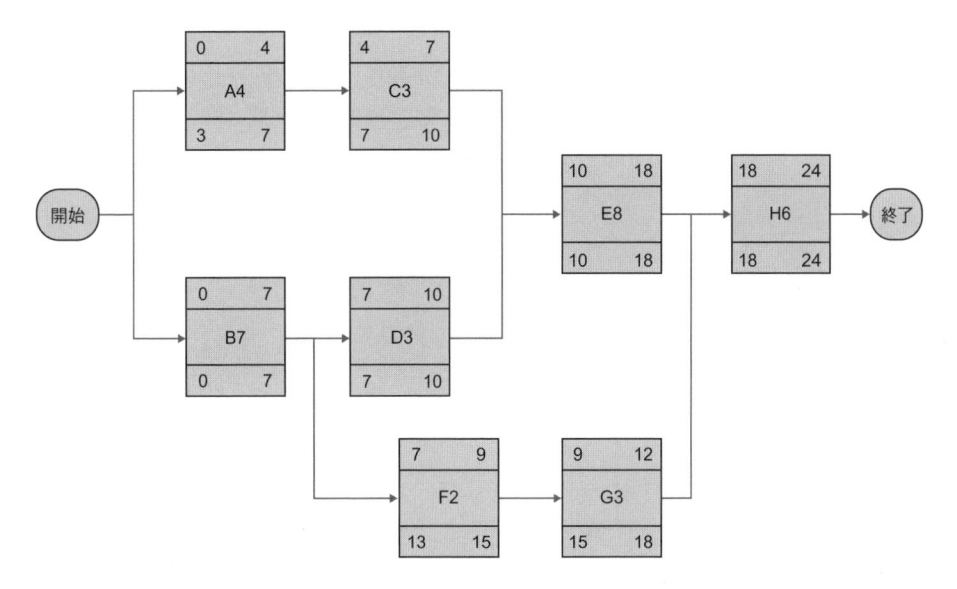

図 6-17　復路時間計算

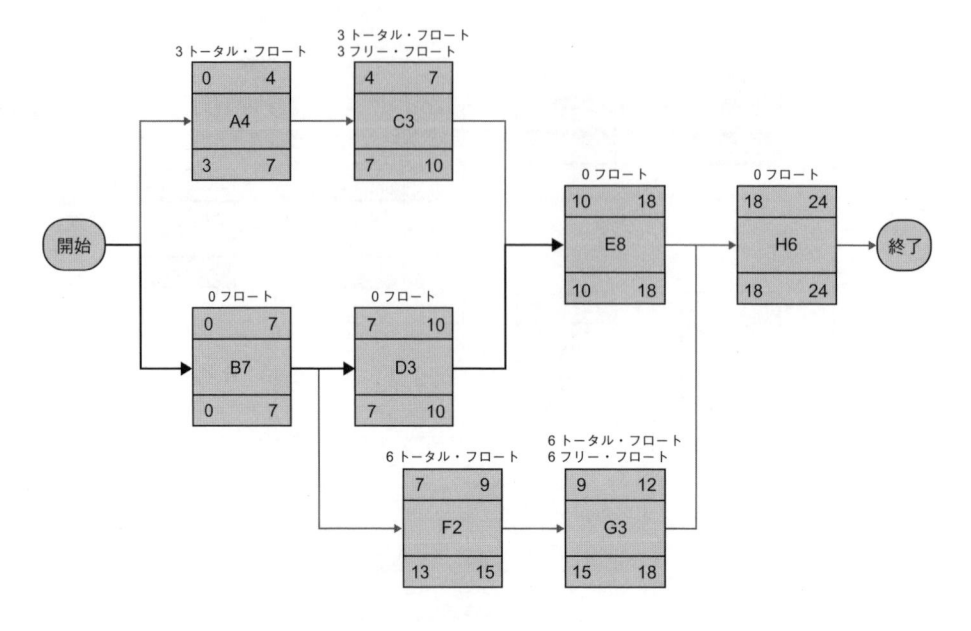

図 6-18　フロートを特定したクリティカル・パス

図 6-19 と 6-20 でクリティカル・パス法とクリティカル・チェーン法を比較している。クリティカル・パス法ではアクティビティの時間が長く、バッファーがないことに注意されたい。クリティカル・チェーン法ではアクティビティの所要期間は強気に見積もられているがチェーンの最後にバッファーがある。

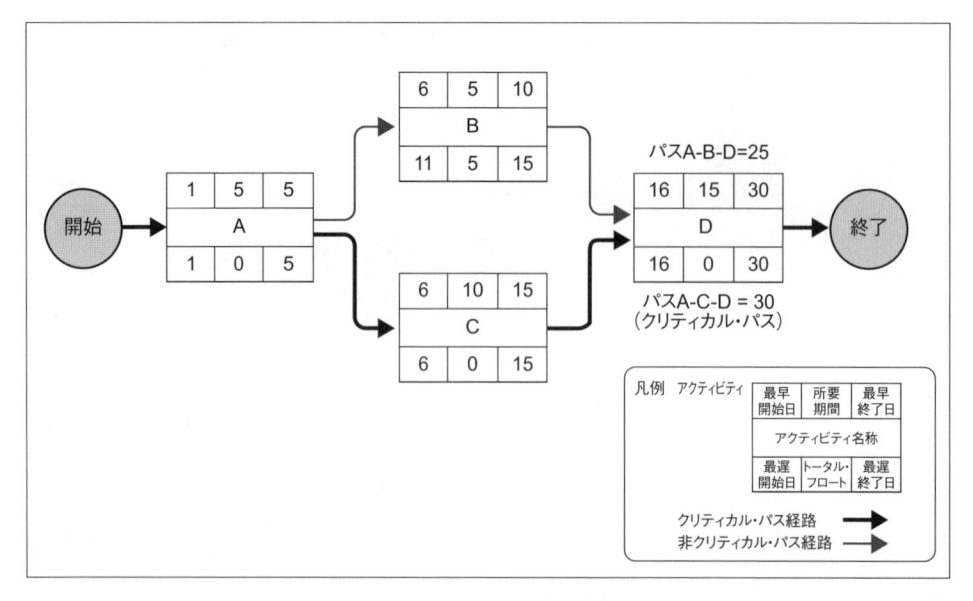

図 6-19　クリティカル・パス法の例

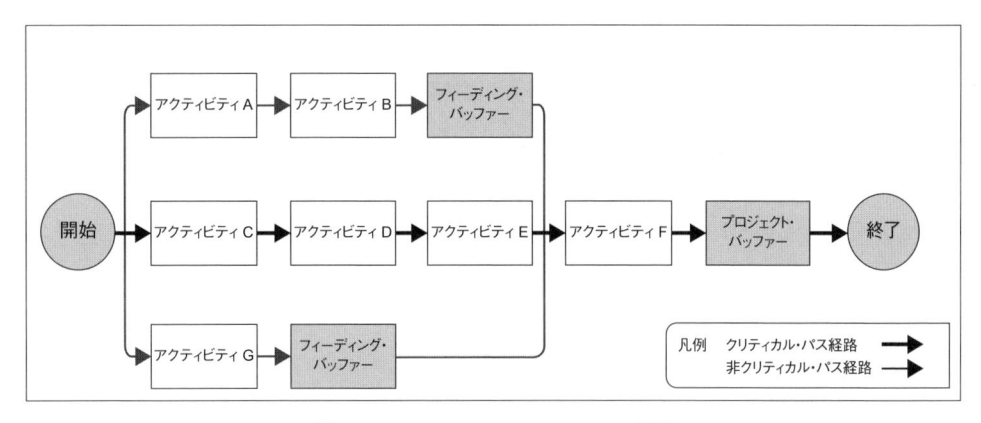

図 6-20　クリティカル・チェイン経路

　一般に、クリティカル・パスの最初の計算は資源の制約条件を考えずに行う。次に、資源の制約をその可用性とともに取り込んだとき、クリティカル・パスに変化が起こる。この時点で**資源最適化技法**を適用する。例えば、資源が実際に稼働できる期間を考慮しなければならない。もしその資源が同時に複数のプロジェクトで稼働する場合、その可用性は制限される。ある場合、同一要員が同時にいくつかのアクティビティで作業する計画になっていることに気づく。作業を所要期間内に終了するために複数のタスクにその要員がフルタイムで従事する必要がある場合、要員を追加するかすべてのアクティビティを完了するようにスケジュールを延伸するなどにより、スケジュールを修正しなければならない。

　現在利用できる資源に合わせて、開始日と完了日を調節することを資源平準化と呼ぶ。しかし、もし所要期間が作業工数の量に基づいて決められていないのなら、すべての作業を完了するための資源の能力を決めるように資源を調整する必要がある。もしその資源が過度に使用されているのなら、追加資源の投入、アクティビティの優先順位付け、あるいはスケジュールを延伸する等を行う必要がある。

　もうひとつの資源最適化技法は、資源平滑化である。資源平滑化は、最早・最遅開始日、最早・最遅終了日の範囲内で、その日付を変更せずに、ほとんどの作業が完了するように、アクティビティを調整することである。資源平滑化は、ある週に 60 時間の作業がスケジュールされ、その次の週には 20 時間の作業というような山、谷を回避するために用いられる。

　モデリング技法には、what-if シナリオやモンテカルロ・シミュレーションなどがある。what-if シナリオ分析では、不確実な事象、あるいはアクティビティのさまざまな所要期間に基づいて、多くのスケジュールを作成する。事象について複数のスケジュールを作成するために、リスク登録簿を参照して、スケジュール遅延を引き起こすひとつの事象が起こることを想定してもよい。その事象と事象への対応が、全体のスケジュールに与える影響を分析することができる。

　モンテカルロ分析は、アクティビティの所要期間に関連した不確実性の影響を調べるのに使用される。アクティビティ所要期間見積りのプロセスにおいて、三点見積りを考察したことを思い出してほしい。それらの見積りは、シミュレーション・ソフトウェアに入力され、最良のケースと最悪のケースのシナリオの範囲内のランダムな所要期間を仮定して、プロジェクトを何千回も反復して実行する。

　資源平衡シナリオは、資源の利用を最適化するためにどのように what-if シナリオ分析

> **資源平衡シナリオ**
>
> 　当初のスケジュールでは、3週間かかる予定の成果物に対して、要員をどのように割り当てるかの問題を抱えている。その成果物にはフルタイムで働ける3人の要員が割り当てられている。要員はジェイク、マーティン、ティナである。当初の要員利用図を図6-21に示す。

を使うかを示すものである。

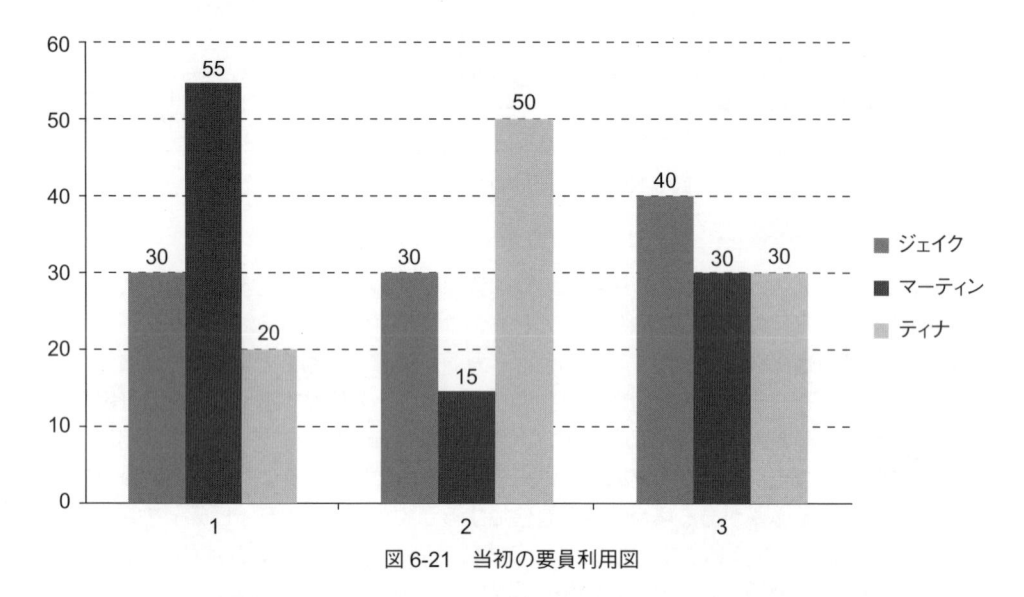

図 6-21　当初の要員利用図

　マーティンは第1週、ティナは第2週に過大な負荷が掛かっていることが分かる。もし3週間後に納期となるその成果物以外に出荷に関する制約条件がないとすれば、3週間を通して負荷を平準化することによって要員配置を最適化できる。
　結果としての要員利用図は図6-22のようになる。

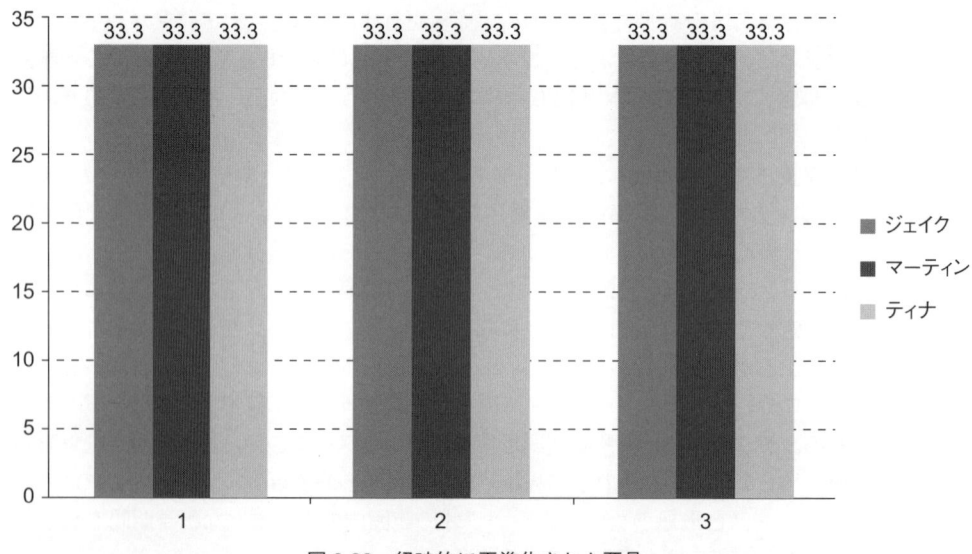

図 6-22　経時的に平準化された要員

もうひとつの選択肢は、資源それぞれの作業を平準化することである。しかし、これを行うためには、要員が同等なスキルセットをもっており、かつ仕事の立ち上げや仕事の移行のための時間が過大にならないようにする必要がある。図6-23は3人の要員に対して第1週に作業を均等に割り当てた様子を示す。

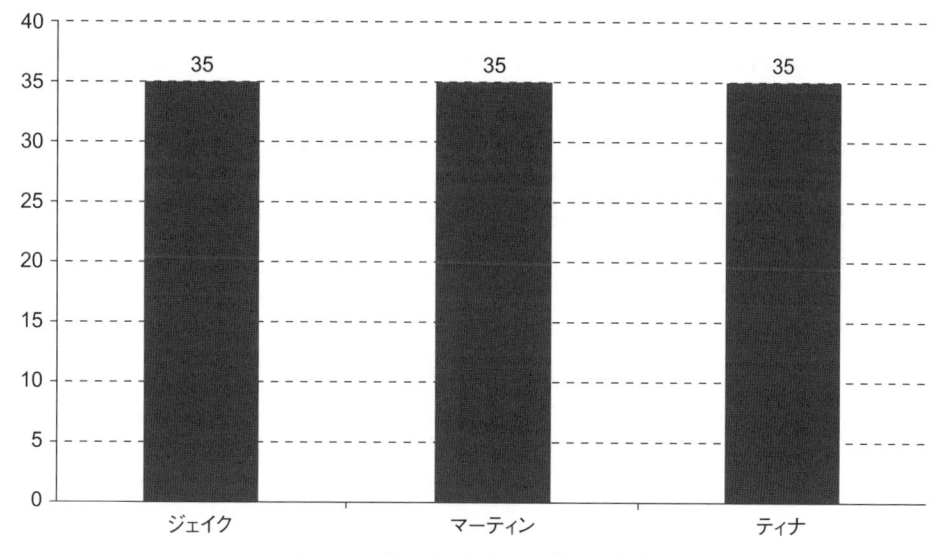

図6-23　第1週：要員毎に均した作業

　アクティビティ順序設定プロセスにおいて、リードとラグを説明した。満足できるスケジュールを作成する努力をしようとすると、アクティビティ間の関係を変更したり、スケジュールを調整するためにリードとラグを適用したりする。

　前記すべてのデータは、スケジュール・モデルを作成するために**スケジューリング・ツール**に入力される。スケジュールを考える場合、たいていは、顧客が望むよりは期間が長くなる。品質の低下やスコープの縮小をすることなく、**スケジュールを短縮**する方法として、クラッシングとファスト・トラッキングがある。クラッシングには、資源の追加、超過勤務、臨時シフト、スケジュール前倒しのための出荷促進等がある。通常、それにはコストがかかるので、スケジュールの最終決定の前に、予算への影響を評価する。

　ファスト・トラッキングは、アクティビティを重複させること、すなわち、通常は連続して行うアクティビティを並行して実施することである。これには、終了－開始関係を、リードのある終了－開始関係かラグのある終了－終了関係へ、あるいはラグのある開始－開始関係へと変更する。ファスト・トラッキングを行うに当たり、資源の過負荷に注意する必要がある。この方法は、プロジェクトのリスクを増大させる可能性があるので、スケジュールの最終決定の前に、修正したネットワークを再度評価し、増大したリスクを見つける必要がある。

クラッシング

　クラッシングを行う場合、クリティカル・パス上のアクティビティに目を向ける。フロートがあるアクティビティをクラッシングするのは効果がない。それから、最小のコストで最大の短縮が得られるアクティビティを決める。

> **固定所要期間**
> すべてのアクティビティをクラッシングすることはできない。それに従事する人数、あるいはどんなに頑張っても、一定の所要期間をもつアクティビティがある。固定所要期間をもつアクティビティの例として、部品が損壊するまでの時間を測定するテストやトレーニング・クラスがある。

アウトプット

スケジュール・ベースラインは、チームが合意し、実行することを決めたスケジュールである。これは通常、計画プロセスの終わり頃に作成される。その頃には、要求事項が十分に定義されており、資源は組み込まれており、さらにプロジェクト・リスクへの対応もスケジュールに組み込まれているからである。それ以降のプロジェクトやプロダクト・スコープへのすべての変更は、これから作成されるスケジュール・ベースラインに反映する必要がある。

プロジェクト・スケジュールは、アクティビティの計画開始日と計画終了日を示す。これは、変動幅をもった最早開始日・最早終了日および最遅開始日・最遅終了日を示すクリティカル・パス分析とは異なることに注意しよう。また、最遅開始可能日・最遅終了可能日を使ってスケジュールするクリティカル・チェーンとも異なる。プロジェクト・スケジュールはそれらの情報を考慮した上で、計画開始日と計画終了日をもった計画を作成する。複雑で大規模なプロジェクトについては、異なる種類のスケジュールがあることは珍しくない。

例えば次のようなものがある。

- 目標スケジュール：目標開始日と目標終了日を示すもの。これは、計画開始日と計画終了日よりも一層強気なものとなろう。
- ベスト・ケースとワースト・ケースのスケジュール：これらは、すべてうまくいった場合あるいは何事もうまくいかなかった場合のアクティビティの実行順序を示す。
- マイルストーン・スケジュール：これは、プロジェクト・フェーズや主要な成果物と重大なイベント、あるいは両者の開始日と終了日を示す。
- プロジェクト・ロジックを強調した所要期間を考慮したネットワーク図：これは、特にクリティカル・パスのために作成される。
- 修正ガント・チャート：所要期間およびそれらの関係を示すネットワーク・ロジックを示したバーを表示する。

スケジュール・データは、プロジェクト・スケジュールとベースライン・スケジュールの作成のためにスケジュール・ツールに入力するすべてのデータである。アクティビティ属性から多くの情報を取り込んでおり、また予備日、目標日のような代替日、ベスト・ケースとワースト・ケースの期日、資源ヒストグラムなどが含まれる。

スケジュールを最終決定しベースラインとして定めたら、就業日（休日や週末とは別に）とシフトを示す**プロジェクト・カレンダー**を作成する。例えば、複数のベンダーと協業するプロジェクトに携わっていて、特にそのベンダーが海外企業である場合など、カレンダーに特定ベンダーとその従業員は冬季の休日として2週間の非就業日があることを記す。

プロジェクトマネジメント計画書更新版には、スケジュール・マネジメント計画書、あ

るいはプロジェクトに応じてその他の計画書を含める。更新する必要があるプロジェクト文書は多々ある。
　以下にその例を示すが、決してこれだけに限定されるものではない。

- アクティビティ属性
- リスク登録簿
- 資源要求事項
- 所要期間見積リ
- コスト見積リ
- プロジェクト・カレンダー

> **ベースライン作成**
> 　ベースラインは、詳細スケジュールより一段上位のレベルのものにする。マイルストーン・レベルであっても良い。ベースラインは組織との約束である。ベースラインの日付通りにアクティビティが開始あるいは終了しなかった都度、その理由を説明したくはなかろう。一方では、主要マイルストーンを確実に達成したいと望むであろう。

第7章　コスト計画

この章のトピック
- プロジェクト・コスト・マネジメント
- コスト・マネジメント計画
- コスト見積り
- 予算設定

プロジェクト・コスト・マネジメント

　プロジェクト・コスト・マネジメントは、プロジェクトを承認済みの予算内で完了するための、計画、見積り、予算化、資金調達、財源確保、マネジメント、およびコントロールのプロセスからなる。これによりプロジェクトを認可された予算内で完了することが可能になる。

　前の第6章で取り上げたプロジェクト・スケジュールと共に、プロジェクト予算はプロジェクトにおける最も重要な文書の1つである。コストの見積りは、コスト区分およびワーク・ブレークダウン・ストラクチャー要素（WBS要素）に対し作成され、その後、需要資金カーブとコスト・ベースラインの作成のため、プロジェクトのいたるところで利用される。

　コスト・マネジメント・プロセスでは、コスト投入のオプションの分析も行う。すなわち、プロダクトの維持費を低く抑えるためにプロジェクトの開発段階により多くの投資を行うか、先行投資を抑えメンテナンスと維持により多くの資金を投入するかの分析を行う。この両者に対してライフサイクル・コストによる比較を行う。

コスト・マネジメント計画

　コスト・マネジメント計画はプロジェクト・コストを計画し、マネジメントし、支出し、コントロールするための方針、手順、および文書化を確立するプロセスである。プロジェクトのコストをマネジメントする方法を計画する際にチームとして考慮することは、コストの見積り方法、予算に必要な見積りの正確さのレベル、そして予算状況を監視するために使用する測定方法である。図7-1にコスト・マネジメント計画プロセスのインプット、ツールと技法、アウトプットを示す。図7-2はコスト・マネジメント計画プロセスのデータ・フロー図である。

第7章 コスト計画

```
┌─────────────────┬─────────────────┬─────────────────┐
│ インプット       │ ツールと技法     │ アウトプット     │
│ .1 プロジェクト  │ .1 専門家の判断  │ .1 コスト・マネ  │
│    マネジメント  │ .2 分析技法      │    ジメント計画書│
│    計画書        │ .3 会議          │                  │
│ .2 プロジェクト  │                  │                  │
│    憲章          │                  │                  │
│ .3 組織体の環境  │                  │                  │
│    要因          │                  │                  │
│ .4 組織のプロセス│                  │                  │
│    資産          │                  │                  │
└─────────────────┴─────────────────┴─────────────────┘
```

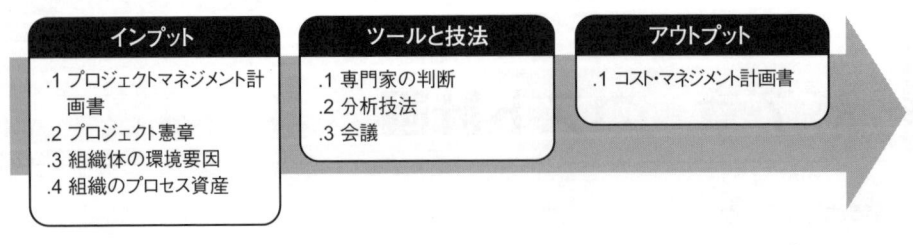

図7-1 コスト・マネジメント計画書のインプット、ツールと技法、アウトプット
(出典：PMBOK® ガイド 第5版 195頁)

プロジェクトの初期には、**プロジェクトマネジメント計画書**は単なる枠組みにすぎず、総括的な情報しか書かれていない。しかし、プロジェクトマネジメント計画書をインプットとして、補助のマネジメント計画書を一貫した方法で作成することができる。プロジェクトが進捗するにつれ、プロジェクトマネジメント計画書はスコープ・ベースライン、スケジュール・ベースライン、その他の一層確実で詳細な情報等が盛り込まれて行き、その情報はコスト・マネジメント計画書を繰り返し洗練するために使用される。

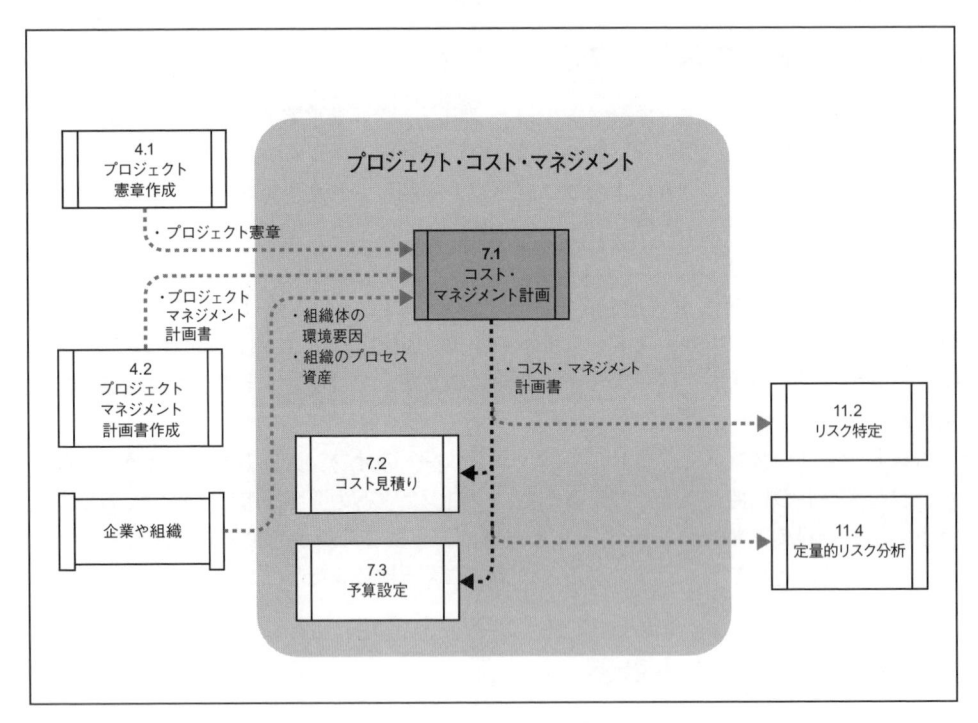

図7-2 コスト・マネジメント計画のデータ・フロー図
(出典：PMBOK® ガイド 第5版 196頁)

プロジェクト憲章には一般的に、総括的な予算が記述されている。これがボトムアップで行われる詳細な一連のコスト見積りとプロジェクト予算を作成する前の時点で使われる。

コスト・マネジメント計画書に影響を与える**組織体の環境要因**には、市場における資源の可用性、公開された資源の価格情報、コストを追跡し、報告するために使用される情報システム等がある。

このプロセスで使用される**組織のプロセス資産**には、既存の類似プロジェクトからの情報、テンプレート、方針や手順などがある。

ツールと技法

コスト・マネジメント計画プロセスにおける**専門家の判断**には、使用する適切な見積り手法、および実行可能なコスト・ネジメントやコントロール技法を決める上で役立つ専門能力がある。専門家は、機器を製作するか、リースで借りるか、購買するかのような選択肢に対して、財源の観点からどうするかを決定する**分析技法**を用いる。分析技法は、プロジェクトやプロジェクトへの取組み方を財政面からみて実行可能かを判断するためによく使用される。一般に用いられる財務的な分析手法には、投資利益率、内部収益率、正味現在価値、割引キャッシュフロー計算などがある。

会議は、そのプロジェクトで使用されるさまざまな見積り、資金繰り、マネジメント手法を議論するために使用される。

アウトプット

コスト・マネジメント計画書はプロジェクトマネジメント計画書の補助の計画書であり、プロジェクトについて、コストの計画策定、監視、マネジメント、コントロール等のやり方を記述したものである。その内容には、以下の項目がある。

精度のレベル： コストの見積りと実績の収集のベースは百ドルベースか千ドルか、あるいは別の基準か。

測定単位： コストの計画と追跡の単位は、時間か、日数か、ドルか、円か、あるいは、別の単位か。

連結： プロジェクトの管理勘定と組織の会計コードとのインターフェースをどうとるか。

管理限界値： 是正処置や予防処置を取るまでに許容される差異の程度はどこまでか。ダッシュ・ボードあるいは標識評価システムを使用している場合、緑色、黄色、赤色が示す領域はなにか。

パフォーマンス測定の規則： パフォーマンスを追跡する方法とそのレベルはどこまでか。アーンド・バリュー・マネジメント技法を使っている場合、50/50、間接作業、加重マイルストーン、その他さまざまな方法を用いる上でのルールは何か。

報告： 進捗報告の頻度、様式および宛先はなにか。この情報は、コミュニケーション・マネジメント計画書の情報と一致していなければならない。

> コスト・マネジメント計画書　プロジェクトマネジメント計画書またはプログラム マネジメント計画書の構成要素のひとつで、コストをどのように計画し、構成し、コントロールするかを記述する。

コスト見積り

コスト見積りは、プロジェクト・アクティビティを完了するために必要な資源の概算金額を算出するプロセスである。見積りは、予測を意味する。見積りは、事実ではない。プロジェクトのスコープがより細かく定義されるにつれてコスト見積りがより正確になり、見積の幅が狭くなっていく。研究開発の要素が多くかつ複雑度が高いプロジェクトでは、

最初の見積りがプラス・マイナス50%の幅をもつことも珍しくない。詳細が定義されるまでには、スケジュールのベースラインを決め、プロジェクトのリスクを組み込む。見積りの変動幅はプラス・マイナス10%へと近づく。

> **コスト見積りはデリケート**
> コスト見積りは、プロジェクトマネジメントにおける最もデリケートなものの1つである。顧客とスポンサーは、的確な意思決定を下すために、プロジェクトの非常に早い時点で、プロジェクトがいくらかかるかを知りたがる。しかしながら多くの場合、プロジェクトの初期に信頼できる見積りを得ることは無理である。このため、正確ではない見積り(真に必要とされるよりも正確さが劣る)が提出され、見積り順守の責任を負わされる。
> さらに、多くの顧客やスポンサーは、見積りを見て独断的に多少のパーセントの削減を要求するであろう。プロジェクトの予算が超過する最もよく見られる光景は、最初に過小評価するか、あるいは十分な財源を手当てしないことである。
> コスト・マネジメント計画書には、見積りのガイドラインのセクションを設ける。ライフサイクルの各フェーズに対し、期待される正確度の範囲を定義する。これは、計画フェーズやそれに続くフェーズが進むにつれて、ステークホルダーが期待することができる正確度のレベルを伝える一助となる。

図7-3にコスト見積りプロセスのインプット、ツールと技法、アウトプットを示す。図7-4はコスト見積りプロセスのデータ・フロー図である。

インプット

コスト・マネジメント計画書には、プロジェクトのコスト見積りを作成するために使用するコスト見積り技法が記述されている。コスト・マネジメント計画書には、プロジェクトのライフサイクルのどの時点にいるかによって期待できる見積りの正確さのレベルも定義される。ライフサイクルの初期に於いては、見積の範囲はより広くなる。詳細な要求事項と完成したリスク・マネジメンント計画書が手に入れば、十分に範囲を狭めた見積りをしていなくてはならない。

インプット	ツールと技法	アウトプット
.1 コスト・マネジメント計画書	.1 専門家の判断	.1 アクティビティ・コスト見積り
.2 人的資源マネジメント計画書	.2 類推見積り	.2 見積りの根拠
.3 スコープ・ベースライン	.3 パラメトリック見積り	.3 プロジェクト文書更新版
.4 プロジェクト・スケジュール	.4 ボトムアップ見積り	
.5 リスク登録簿	.5 三点見積り	
.6 組織体の環境要因	.6 予備設定分析	
.7 組織のプロセス資産	.7 品質コスト	
	.8 プロジェクトマネジメント・ソフトウェア	
	.9 ベンダー入札の分析	
	.10 グループ意志決定技法	

図7-3　コスト見積りのインプット、ツールと技法、アウトプット
(出典：PMBOK® ガイド　第5版　200頁)

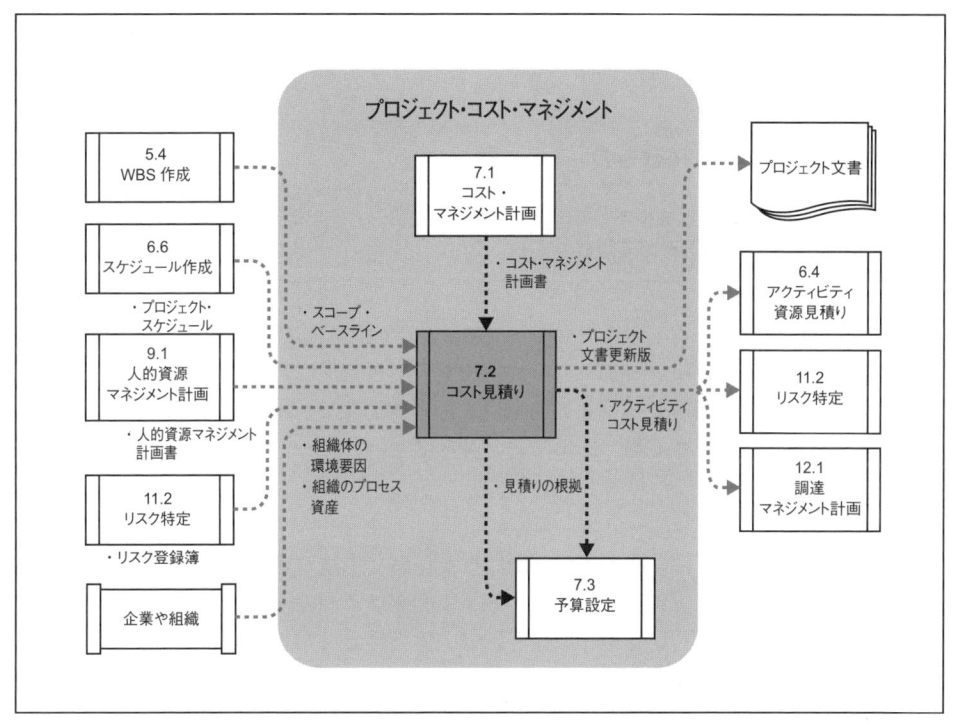

図 7-4　コスト見積りのデータ・フロー図
（出典：PMBOK® ガイド　第 5 版　201 頁）

　プロジェクト・スコープ記述書、WBS、および WBS 辞書よりなる**スコープ・ベースライン**は、プロダクトのスコープおよびプロジェクト作業のすべてを含む。これらの文書において少なくとも以下の情報を記述しておくべきである。

- プロダクト記述書
- プロダクト成果物
- ワーク・パッケージ
- 作業の技術記述書
- 受入れ基準
- 前提条件
- 制約条件

　人的資源マネジメント計画書では、要員、人単価、時にはプロジェクトに必要なトレーニングや資格証明書のような情報を特定する。**プロジェクト・スケジュール**（最終決定済みでも作成途中でもよい）から得る情報には、資源に対する要求事項および資源を必要とする期間が含まれている。この情報は、時間給、日給、あるいは他の単位基準当たりの金額が与えられていれば、コストの集計に役立つ。
　リスク登録簿には、特定されたリスク、リスク対応計画、予備等のリストを記述する。リスクへ対応するコストや予備費はコスト見積りに組み込む必要がある。
　コスト見積りに影響する**組織体の環境要因**には、市場における資源の可用性やスキル・セットがある。原材料の可用性はコストに相当な影響を及ぼす。コスト・データ・ベースもまた、内部で作成されたものであれ、購入したものであれ、料率とコストの情報を入手

する上で有用である。組織に特有なコスト見積りシステムやコスト追跡システムがある場合、コスト見積りの作成や記録を行う上でそれを守る必要がある。

> **コスト見積書に含まれるもの**
> 　組織により、コスト見積書に含めるべき事項について求めるものは異なる。諸経費を含める組織もあれば、間接費を入れる組織もあるし、直接労務費のみとする組織もある。自分のプロジェクトに期待されているものを必ず理解しておくこと。

　コスト見積り方針、手順、ガイドライン等は見積作成時に役立つ**組織のプロセス資産**である。さらに、過去のプロジェクトからの情報や教訓も非常に有益である。対象にした過去のプロジェクトから得られた情報の時間的要因も確認する。8年前に完了したプロジェクトの見積りが、今日でも妥当であることは滅多にない。

ツールと技法

　コスト見積りにおいては、**専門家の判断**は最も正確な見積りを得る上で役に立つ。当該分野専門家は、賃金率、原材料費、作業の完了に必要な資源の種類と量、リスク要因、資源のコストに影響を及ぼし得る他の変数等についての見識をもっている。当該分野専門家は、コスト見積を作成する最良の方法の決定に一役買ってくれるだろうし、以下に述べる技法の適用においても助けになる。

　類推見積りは、過去の類似プロジェクトからの情報を使って見積りを作成する。通常は、詳細度のレベルが最も低いプロジェクト初期に使われる。類推見積りは、プロジェクト全体に対して、あるいはプロジェクトの成果物に対して適用される。類推見積りの作成には、プロジェクト・コストを変動させるパラメーターを特定する。その上で、現在のプロジェクトと過去のプロジェクトを同じパラメーターを使って比較する。そうすれば、過去のプロジェクトとの類似点や相違点に基づいた見積りが作成できるであろう。コストを決める一般的な要因には、プロジェクト規模、複雑度、所要期間、プロダクトの重量、スピード、機能性等がある。

> **コストの類推見積りの例**
> 　新しい駐車場に投資すると仮定する。500台分の駐車スペースをもつ駐車場を計画している。過去に駐車場をいくつか建設したので、比較する過去の情報がある。最新の類似事例では、300台の駐車場に、15,000ドルかかった。今回の所要面積は過去の規模の70%になった。15,000ドルを0.7で割って21,429ドルと見積もった。

　所要期間の類推見積りのときと同じく、2つの成果物の外観だけは似ているが、実際は内容が全く異なる場合には、類推コスト見積りでは誤りを生じる可能性がある。

　パラメトリック見積りは、コスト算出に数学的関係を用いる。これは、作業がその性質上、反復的である場合に有用である。1ユニットの作成にかかるコストを特定し、その作業工数を作成し、その作業工数に作成するユニットの数を掛ければよい。この方法は、一定の測定単位を使ったコストの見積りが可能な場合にのみ適用できる。

　パラメトリック見積りは、複数のパラメーターがあり得るので、この種の見積りの作成にはソフトウェアが役に立つ。

コストのパラメトリック見積りの例
200台のパソコンが必要である。単価が500ドルであるとすれば、合計コストは100,000ドルになる。

覚えておくこと
コスト見積りの作成において見落とされがちな項目に、以下ものがある。
- 旅費
- 証明書
- 発送料と郵送料
- ライセンス
- 規制上の要求事項
- 法的要求事項
- 許可
- 警備費
- インフレ見積り
- 資金コスト

ボトムアップ見積りは、作業の個々の要素について十分に理解している場合に使用される。これは、WBSのワーク・パッケージのレベルで行う。通常、見積りに必要とする情報はWBS辞書に記録されている。ボトムアップ見積りでは、作業工数を求めそれに労務単価を掛ける。それから、必要な機器と装置のコストを算出する。必要な材料を確定し、それに材料単価を掛ける。その他の直接経費とそれぞれの金額を決定する。これらを合計し、間接経費、旅費、一般管理費等のような追加コストを加える。これが、ワーク・パッケージのコストとなる。

すべてのワーク・パッケージにボトムアップ見積りを作成した後、その見積りを集計する。さらに必要なリスク予備あるいは他のコストを算出してプロジェクト・コスト見積書を作成する。明らかに、この種の見積書を作成するには、かなり詳細な情報をもっていなければならない。これは非常に時間のかかるプロセスであるが、最も正確である。

三点見積りは、プロジェクトの不確実性とリスクを明らかにするために用いられる。所要期間の三点見積りと同じように、最良の場合、最も起こりそうな場合、最悪の場合のシナリオに基づいた三点の見積りを作成する。その上で、それらの数値の平均を取り、見積りの変動幅を伴った見積書を作成する。

三点見積りの変形として一般によく用いられる方法の1つは、最良の場合や最悪の場合のシナリオに対し、もっとも起こり得る場合のシナリオに重みを付けて計算する方法である。多くの人は以下の式を使う。

$$\frac{最良の場合 + 4 \times 最も起こり得る場合 + 最悪の場合}{6}$$

この三点見積りは時にはパート見積りと呼ばれる。計算で得られる答えは「期待コスト」である。

予備設定分析を行うには、プロジェクトの複雑度とリスク、ならびにプロダクト・ライフサイクル上のプロジェクトの位置も考慮入れる。予備の数値は、プロジェクトの進捗にしたがって増減する。ライフサイクルのそれぞれのフェーズで使用できる予備の数値を示

> **コストの三点見積りの例**
>
> 　過去のプロジェクトからのコスト情報をレビューし、もっとも安い往復航空料金は 350 ドルであった。最も高い料金は 1,000 ドルであった。最も一般的な切符代は 600 ドルである。この 3 つの数字をパート方程式に入れると次の算式になる。
>
> $$\frac{360 + 4(600) + 1,000}{6}$$
>
> 従って、期待価格は 625 ドルである。

すという方針をもっている会社もある。

　品質コストの分析は、品質計画プロセスの一環として行われ、このプロセスにてそのコストを計上する。その基本は、欠陥防止、品質評価、内部と外部の瑕疵等の品質に投じるコスト等を算出する。コストには、トレーニング、品質保証と品質管理、スクラップ、手直し、部品交換等を含める。

　詳細なコスト見積りを作成するには、見積りのために、ある種の**プロジェクトマネジメント・ソフトウェア**が必要になるであろう。これはスプレッド・シートのような簡単なものでもよいし、統計ツール、シミュレーション・ツール、見積りツール等でもよい。このようなツールは、より確実な見積り作成に役立つのみならず、見積りプロセスを早く進めることにも役立つ。これらは、プロジェクトの後の段階で、コストの監視とコントロールにも使うことができる。

　ベンダー入札の分析は、プロジェクトやプロジェクトの一部を外部から調達する場合に行われる。定額契約の入札はコスト見積りへの組込みが簡単である。しかしながら、実費精算契約、あるいはインセンティブと報奨金を伴う契約では、見積りはより難しくなる。

　以前の節で述べたデルファイ法のような**グループ意志決定技法**は、期間見積りにも、コスト見積りにも適用できる。

アウトプット

　アクティビティ・コスト見積りは、労務費、機器、材料、設備、コンティンジェンシー予備、間接費等のようなコストの種類によって分類できる。それは、項目別の詳細レベルで表示したり、コスト分類によって集約したりして表示される。

　コスト見積りは、用いられた前提条件と**見積りの根拠**を示す文書により裏付けを記述すべきである。文書には、見積りの変勤幅と見積りの信頼度も含むべきである。

> **見積りの根拠と前提条件の例**
>
> 　見積りの根拠の例は、1 時間当たり 75 ドルで 40 時間かけて図面を作成する、というようなことである。
> 　コスト見積りの前提条件の例としては、現有のコードの再利用が可能であるとか、作業が残業なしで通常の勤務時間内に行う、というようなものがある。

　プロジェクト文書更新版には、アクティビティ属性とリスク登録簿の更新も含める。
　コスト見積りワークシートの例は付図 -8 を参照されたい。

コスト見積りワークシート

プロジェクト名：＿＿＿＿＿＿＿＿＿＿＿＿＿　　作成日：＿＿＿＿＿＿＿＿＿＿＿＿＿

パラメトリック見積り					
WBS ID	コスト変数	単位当りコスト	単位数	コスト見積り

類推見積り					
WBS ID	過去のアクティビティ	過去のコスト	当該アクティビティ	乗数	コスト見積り

三点見積り					
WBS ID	楽観的なコスト	最もあり得るコスト	悲観的なコスト	重み付け等式	期待コスト見積り

付図-8　コスト見積りワークシート

予算設定

　プロジェクト・コスト・マネジメントは、プロジェクトを承認済みの予算内で完了するための、計画、見積り、予算化、資金調達、財源確保、マネジメント、およびコントロールのプロセスからなる。コスト・ベースラインとは、プロジェクトの監視とコントロールを行う場合に、プロジェクトのコスト・パフォーマンスを測定する基準となるものである。予算とコスト・ベースラインとは異なる。予算には、コスト・ベースラインに加えて

プロジェクト・スコープやコストへの計画外の変更に対して使われるマネジメント予備を含む。予算は、時間軸におけるプロジェクト・スコープのコストを示したものである。図7-5 に予算設定プロセスのインプット、ツールと技法、アウトプットを示す。図 7-6 は予算設定プロセスのデータ・フロー図である。

インプット

コスト・マネジメント計画書にはプロジェクトのコストをマネジメントし、コントロールするやり方に関する情報が記述されている。**スコープ・ベースライン**は、スコープの技術的な詳細事項と共に資金の制約や制限についての情報を提示する。例えば、複数年にまたがるプロジェクトでは、年度の決まった予算が定められ、当該年度に用意された資金に合わせて作業の内容を調整する必要が生じる。コスト見積りプロセスから出てくる**アクティビティ・コスト見積り**および**見積りの根拠**は、分類された定量的なコスト見積りを示す。

インプット	ツールと技法	アウトプット
.1 コスト・マネジメント計画書 .2 スコープ・ベースライン .3 アクティビティ・コスト見積り .4 見積りの根拠 .5 プロジェクト・スケジュール .6 資源カレンダー .7 リスク登録簿 .8 合意書 .9 組織のプロセス資産	.1 コスト集約 .2 予備設定分析 .3 専門家の判断 .4 過去の関連性 .5 資金限度額による調整	.1 コスト・ベースライン .2 プロジェクト資金要求事項 .3 プロジェクト文書更新版

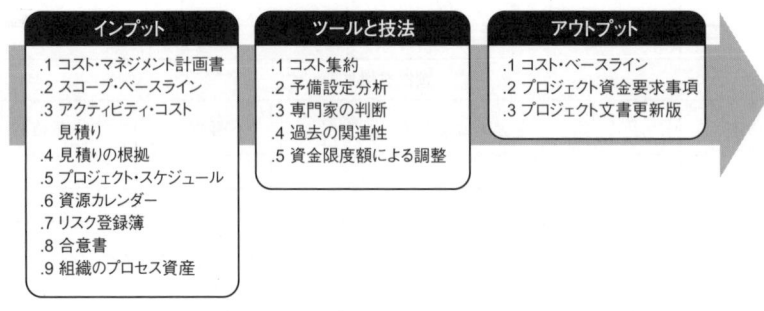

図 7-5　予算設定のインプット、ツールと技法、アウトプット
（出典：PMBOK® ガイド　第 5 版　208 頁）

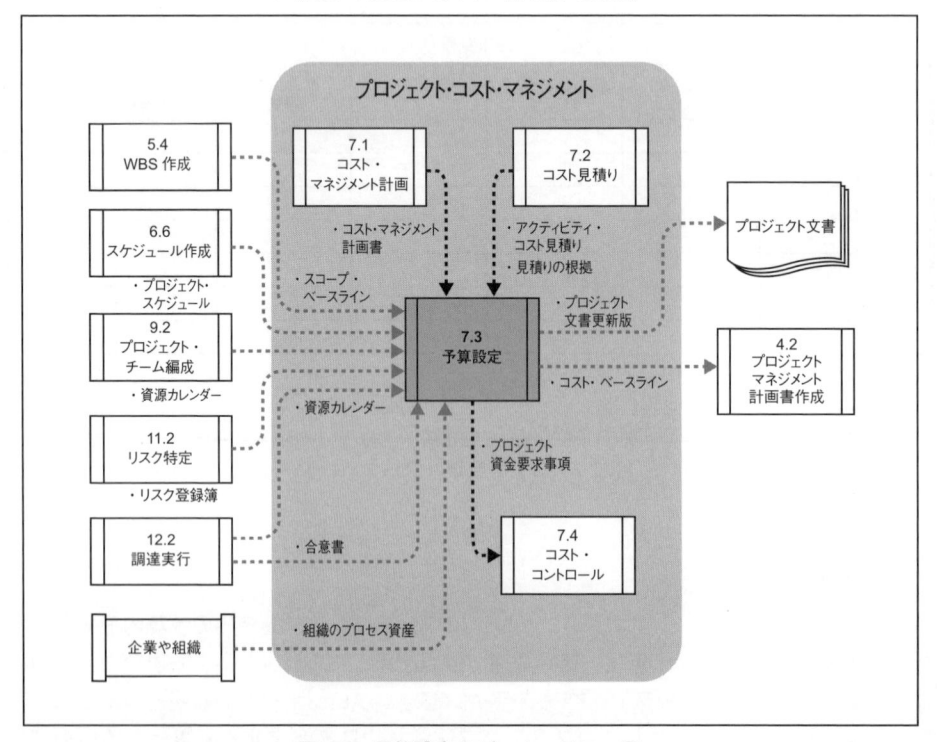

図 7-6　予算設定のデータ・フロー図
（出典：PMBOK® ガイド　第 5 版　209 頁）

プロジェクト・スケジュールや資源カレンダーは、アクティビティと資源が時間の経過に従ってどのように消費されるかを示す。スケジュールや資源カレンダーは、コストを特定の期間、例えば週次、月次、あるいは四半期にて集約するための情報を与える。リスク登録簿には、リスク対応策とコンティンジェンシー予備費の支出予定に関連したコストが記されている。

合意書には、成果物の納入日と代金の決済日に関する情報がある。組織のプロセス資産には、予算に関する手続き、ワークシート、予算管理のソフトウェア、過去のプロジェクト、教訓等がある。

ツールと技法

専門家の判断が必要なものは、予算に関わるスキルに加えてコスト集約、過去の関連性、予備設定分析などである。コスト集約とは、各個別のワーク・パッケージのコストを集計し、プロジェクト全体のコストを算出することである。

プロジェクトの予備設定分析を行う場合、リスク登録簿を参照し、コスト超過のリスクを容認できるレベルに抑えるために必要なコンティンジェンシー金額を決める。例えば、過去のデータを基に、コスト項目の中から最も起こり得るものに基づいてコスト見積りを行い、コスト上昇を考慮してある一定のパーセントを加えれば、その金額でプロジェクト・スコープを達成できる確信が得られるはずである。しかし、不確実性と複雑度の程度を考え、さらに予算超過に対する組織のリスク許容度を知れば、予算超過が起こる確率を下げるために10%のコンティンジェンシー予備を設けると決めることになるだろう。この10%のコンティンジェンシー予備はプロジェクトにて発生するリスク対応にのみに使用されるものであり、水増しではない。使われなければ、組織に戻される。プロジェクト・マネジャーがコンティンジェンシー資金の額を特定するが、資金のコントロールはスポンサーが行うというやり方もある。

マネジメント予備は、スコープであるが予期せぬスコープの作業のためである。これには、ある部品が品質基準を満たさなかった場合や成果物を完成するために必要な作業を含めていなかった場合などがあれば、追加して一連のテストを行ったり問題を解決したりすることなどがある。マネジメント予備は、ベースラインに含まれないが、一方、コンティンジェンシー予備はベースラインの一部である。

過去の関連性は、コスト見積りに使われる類推見積りやパラメトリック見積りに類似している。それは、コスト見積りの確認のためにおおまかなレベルにおいて適用される。例えば、船あるいは建物の1平方メートル当りのコストの情報を参照することがこの例である。

限度額による資金調達は、計画したスコープと利用可能な資金との間で確実に同期させるために使われる。先に述べた通り、ある一定金額の資金が年度に割り当てられる場合がある。当該年度に計画された作業スコープが、利用可能な資金を超えないように対処する必要がある。

アウトプット

コスト・ベースラインは全プロジェクト作業に対して認可を受けた予算であり、それが時系列に割り振られたものである。それには、コンティンジェンシー予備は含まれるが、マネジメント予備は含まない。それは、通常Sカーブとして表示される。コスト・ベースラインは、プロジェクトの進捗にともなう予算の差異の程度を測定するために使用され

る。

　プロジェクト資金要求事項は、一定期間において必要な資金需要を定めたものである。それには、コスト・ベースラインの資金に加えてマネジメント予備のための資金が含まれる。プロジェクトの費用は通常、Sカーブに沿ってかなり滑らかに発生する一方、資金要求は、通常四半期あるいは年1回のように決まった間隔で追加される。

　プロジェクト文書更新版には、少なくともコスト見積り、リスク登録簿、プロジェクト・スケジュール等の更新版を含める。

コスト・ベースライン
　コスト・ベースラインは、時にはコスト・パフォーマンス・ベースラインとも呼ばれる。アーンド・バリュー・マネジメントを使用するときは、パフォーマンス測定ベースラインと呼ばれる。

第8章　品質計画

この章のトピック
☞ プロジェクト品質マネジメント
☞ 品質マネジメント計画

プロジェクト品質マネジメント

　プロジェクト品質マネジメントは、プロジェクトが取り組むべきニーズを満足するために、品質方針、品質目標、品質責任などを決定する母体組織のプロセスや活動を含む。
　プロジェクト品質マネジメントは、プロジェクトにもプロダクトにも適用される。プロダクトのための品質プロセスおよびツールと技法は業界特有であり、プロダクトに固有なものである。一方、プロジェクトのための品質プロセスおよびツールと技法は、ほとんどのプロジェクトに同じように応用できる。プロジェクトの結果が顧客の期待を満足し、かつプロジェクトの目的を確実に達成するために、両方ともプロジェクトに組み込む必要がある。
　PMBOK® ガイドでは、品質マネジメントについて一定の基本的前提条件がある。それは以下の事項である。

- 顧客満足は、プロジェクトの成功を左右する重要な要素である。顧客満足は、要求事項への適合性ならびに使用適合性として言い表される。
- 検査プロセスにてエラーを発見するよりも、品質の計画を立てて欠陥やエラーの発生を予防する方が望ましい。
- デミングとシューハートが定義した計画・実行・確認・処置のサイクルは、品質改善のための原則であるが、品質プロセスにおいて明確に特定されているものではない。
- 品質への投資の多くは組織が対応するものである。品質プロセスと手順、資格認定、TQM、シックス・シグマなどのような特定の品質管理手法は組織が責任をもつべき事項である。これらのプロセスに従うのはプロジェクトの責任である。

　理解すべき重要な品質用語は以下のものである。

- 品質
- 等級
- 精密さ
- 正確さ

これらの定義を考察し、それを説明する例を挙げる。

- **品質：**　一連の固有の特性が要求事項を満足している度合い。
- **等級：**　機能的用途（例：ハンマー）は同じだが、品質に対する要求事項が異なる（例：耐力の異なるハンマーが必要）ものを見分けるために用いる区分または階級。
- **精密さ：**　品質マネジメント・システムにおいて、精密さとは厳密さの尺度をいう。
- **正確さ：**　品質マネジメント・システムで、正確さとは正しさの査定をいう。

品質と等級

　もし、組織のすべての携帯電話を取り替えるとなると、製品の品質と等級に関心をもつことであろう。クラウド・コンピューティング、GPS 測位、インスタント・メッセージ機能、大型画面、澄んだ音のベルと合図音等の最新技術のすべてが搭載された製品 A がある。しかし、使用しているネットワークには多くの通話落ちがあり、タッチパッドが時々うまく反応しないと聞いている。この場合、持っている製品は高級ではあるが、低品質である。

　一方、製品 B は、メール機能、カメラ付きで異なった呼び出し音付きの折り畳み式携帯電話である。しかし、キーパッドが分離されておらず、画面は大きくなく、他の機能も多くない。しかしながら、顧客満足度調査で 1 番の評価を得ており、欠陥部品や通話切れも報告されておらず、取り替えが必要な事例がほとんどない。これは、高品質だが等級が低い製品である。

精密さと正確さ

　あなたの会社が、現地のさまざまな場所にデジタル広告ボードを 20 台設置することにしたと仮定しよう。広告ボードが取り付けられ、すべての広告ボードのデータ入力テストを終えた。その広告ボードは時刻と 3 分ごとの外気温を表示するようプログラムされている。一見すべてが順調である。あなたは 1 週間後にチェックしてみた。そして各設置場所を見てみると、それぞれの気温表示が違っていることに気がついた。全部のボードをチェックするのに要する 10 分間の間に気温がそれほど揺れ動くことはないはずである。広告ボード 10 台をチェックして得た摂氏の温度は、20.0、22.2、24.4、19.4、20.5、26.1、23.9、21.7、18.3、23.9 であった。バラツキが多い。これは表示が精密ではないことを示している。差異が大変多い。その中の 1 つは正確であろうが、それがどれかは分からない。

　次の日、補修サービスの人がやってきて、すべての広告ボードを微調整した。その翌日に温度を確認すると、その時の外気温は 12.2 度とすべての広告ボードで同じ表示であった。外から入ってきたばかりで、半袖を着ており、まだかなりの暑さを感じているにもかかわらず、である。今度は精密さが高くなったが、問題は、正確でないことである。

品質マネジメント計画

　品質マネジメント計画は、プロジェクトおよびその成果物の品質要求事項または品質標準、あるいはその両方を定め、プロジェクトで品質要求事項または品質標準、あるいはその両方を順守するための方法を文書化するプロセスである。明示的にリストで表示されたり暗示されたりしている品質要求事項を特定する機会は多岐に亘る。他のすべての計画プロセスに関わっている間に、品質要求事項を明確にすることが望ましい。スコープと調達のプロセスにおいては、より多くの焦点をプロダクトの品質ニーズに当てるだろう。一方、タイム、コスト、リスク、統合の各プロセスは、プロジェクトの品質ニーズにより集中するだろう。図 8-1 に品質マネジメント計画プロセスのインプット、ツールと技法、アウトプットを示す。図 8-2 は品質マネジメント計画プロセスのデータ・フロー図である。

インプット

プロジェクトマネジメント計画書にはスコープ・ベースライン、コスト・ベースライン、スケジュール・ベースラインがある。スコープ・ベースラインには、成果物とプロジェクトの受入基準をリストにして明確に表示したスコープ記述書がある。また、前提条件や制約条件もある。WBS辞書では、各成果物に関連する技術的な事項を特定している。この情報は、品質尺度、テストのシナリオ、品質マネジメント計画書の項目等を特定する上で役立つ。

コスト・ベースラインおよびスケジュール・ベースラインは、プロジェクト品質の品質尺度と測定値を設定する上で役に立つ。例えば、次のように言えるであろう。つまり、プロジェクト品質とは、時間に関するスケジュール・マイルストーンを90％や95％、さらに言えば100％にて達成することを意味する。あるいは、プロジェクト予算で言えば、プラス・マイナス10％以内に収めることである。

インプット	ツールと技法	アウトプット
.1 プロジェクトマネジメント計画書 .2 ステークホルダー登録簿 .3 リスク登録簿 .4 要求事項文書 .5 組織体の環境要因 .6 組織のプロセス資産	.1 費用便益分析 .2 品質コスト .3 QC七つ道具 .4 ベンチマーキング .5 実験計画法 .6 統計的サンプリング .7 その他の品質計画ツール .8 会議	.1 品質マネジメント計画書 .2 プロセス改善計画書 .3 品質尺度 .4 品質チェックリスト .5 プロジェクト文書更新版

図8-1 品質計画のインプット、ツールと技法、アウトプット
（出典：PMBOK® ガイド 第5版 232頁）

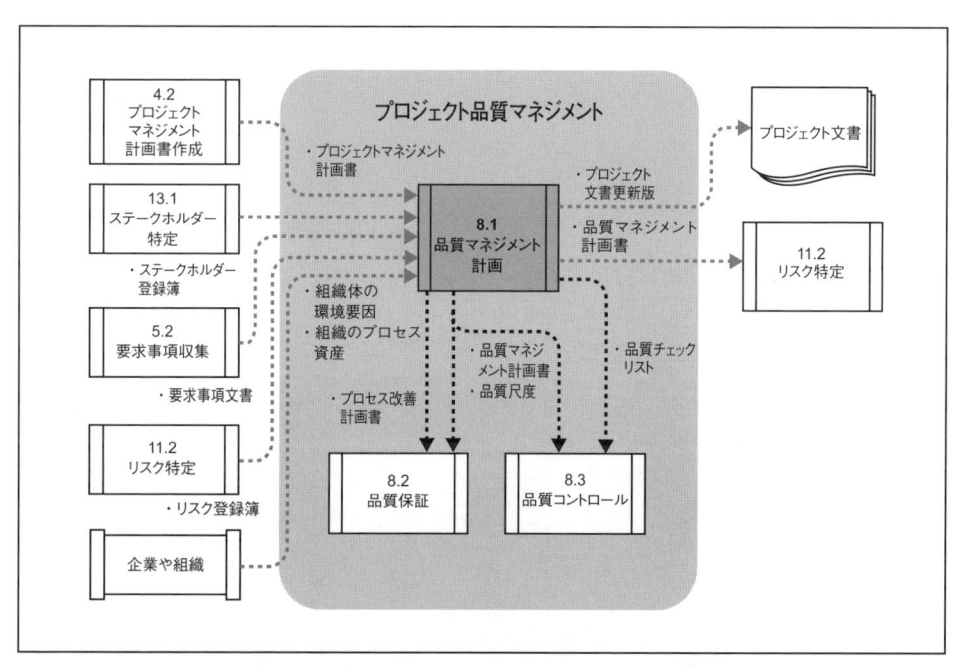

図8-2 品質マネジメント計画のデータ・フロー図
（出典：PMBOK® ガイド 第5版 232頁）

ステークホルダー登録簿には、エンド・ユーザーや顧客のように品質に関心をもつステークホルダー、監督官庁のような品質に影響を及ぼし得るステークホルダー、さらに組織内の品質に関わる機能部門等が記載される。**リスク登録簿**は、成果物とプロジェクト品質に対するリスクの特定に使用する。

要求事項文書には、成果物の受入れのために満足し、テストを受けなければならない、詳細なパフォーマンス尺度、製品の仕様、製品の機能が記述されている。要求事項文書は、確実に要求事項が満たされるように確認するための適正な品質管理の尺度や閾値を特定するために使用される。

法令、規制、標準等はプロジェクトの品質標準に影響を与え、制約する**組織体の環境要因**である。例えば、ある種類の化学品あるいは原材料ではそれを取り扱う方法を決める排出法や規制がある。業界の品質標準は、作業の方法までも統制しないが、市場に出すものの製造または開発する方法に確実に影響を与えるだろう。品質マネジメント部のような組織部門は、欠陥品修理分野、手直し分野、テスト室等と同様に、このプロセスに影響する。

組織のプロセス資産には、組織全体の品質方針、ならびに方針、手順、テンプレート、チェックリスト、品質のガイドライン等がある。欠陥品修理追跡システムがあれば、チームは同じ間違いを起こさないという点で非常に役立つ。過去のプロジェクトからの教訓や情報も同じく役立つ。

ツールと技法

品質コストと**費用便益分析**は、プロジェクトの品質マネジメント活動に対して最適な投資を決定する上で密接に関係する。費用便益分析はコストと手直しを最少化すると同時に、生産性とステークホルダー満足度の最大化を目指す。

品質コストは、要求事項に適合するためのコストおよび要求事項に適合しないことによるコスト（失敗コスト）を対象にする。

適合コストには以下のものがある。

1. **予防**
   - トレーニング
   - 研究
   - 文書化
   - 機器
2. **評価**
   - テスト
   - テスト用機器とメンテナンス
   - 検査

非適合のコストには以下のものがある。

3. **内部における失敗**
   - 根本原因解析
   - 手直し
   - スクラップ
4. **外部における失敗**
   - すべての内部コスト
   - 保証

- 出荷
- 責任と訴訟
- 逸失ビジネス機会

　本章の序論を振り返ると、品質マネジメントの格言の1つは、「検査してエラーを発見するよりも、欠陥やエラーの発生を予防する方がよい」としている。よって、予防と評価への投資は、一般に非適合コストに投資するよりも優先される。しかしながら、これは、プロダクトの種類と費用便益分析によって比較検討しなければならない。

品質コスト

　ディーゼル・エンジンが植物オイル（バイオ・ディーゼル）を使って燃焼し、牽引力を2トンまで高めて維持する改修キットを開発するプロジェクトがあると仮定しよう。以下はそのプロジェクトにおいて遭遇するだろう品質コストの例である。

- **予防コスト**
  研究：必要な出力を得るためのエンジンの仕様および補助タンクの必要性についての研究。低温時の燃料のゲル化を回避する燃料の混合割合についての要求事項（従来のディーゼル・オイル対バイオ・ディーゼル・オイルの量）に関する研究。
  機器：さまざまな混合物の異なる温度での効率やパフォーマンスの結果をリアル・タイムで提示できる機器。
  トレーニング：転換キットの開発、機器のメンテナンス、データの解釈に関わる機器やプロセスのトレーニング。
  文書化：バイオ燃料混合を実現するための、ワーク・フロー、プロセス、手順、方針等の文書化。

- **評価コスト**
  テスト：要求事項への適合を保証するためのエンジンのパフォーマンスの結果のテスト。これは、特定のエンジンと燃料混合物が実際に2トンを牽引できるかを確認することを意味する。
  機器のテストとメンテナンス：エンジン転換キットと燃料混合のテストを行い、その調整の妥当性、データの精密さと正確さ、ならびに機器の耐用期間にわたるメンテナンスと補修の適切な実施のための費用
  検査：最終製品の検査ならびに順守と適合を確実にするためのプロセス監査

- **内部失敗コスト**
  根本原因解析：バイオ・ディーゼルに失敗すれば、失敗の原因を特定しなければならない。原因は、転換キットにあったのか。エンジンそのものにあったのか。プロセスにあったのか。担当者にあったのか。QCプロセスにあったのか。失敗の原因を特定することなしに対応策を立てることは無益である。
  手直し：バイオ・ディーゼル・エンジンあるいは一部を使えるのであれば、手直しを行い、再度テストする。
  スクラップ：失敗した部品と材料のコスト。

- **外部失敗コスト**
  保証：転換キットが出荷されてから故障して、それが保証の対象であれば、企業は機器を取り替えるか修理しなければならない。これによって、現場まで出張するか、地元に修理店を設置する必要が出てくる。
  出荷：顧客の所在地で修理ができない場合、製造した組織部門は部品や機器の顧客から自社までの往復運送費を負担する。
  責任と訴訟：最低限、母体組織は故障部品の交換に応じる責任がある。しかしながら、その故障により、顧客の事業に損失、あるいは損害が発生した場合、製造した組織部門はそのような損失に対しても責任を問われる。
  逸失ビジネス機会：エンジンが問題を起こして壊れ、その手直しを行えば、噂が広まり、他の顧客は別の会社からバイオ燃料転換キットを求めるようになる可能性が高い。これは他の製品種目にさえも波及することがある。

7つの基本品質ツールである**QC七つ道具**は、後述する品質の保証、向上、コントロールに使用する尺度を特定するために、計画立案時に使用される。これらはここで記述するが、品質保証プロセスおよび品質管理プロセスにおいても参照する。

① 特性要因図は、欠陥の原因特定に使用される。人は問題の原因よりも、むしろ問題の症状に対処しがちである。このツールは、成果物あるいは作業結果における問題や欠陥を引き起こす変数と従属変数を特定することに役立つ。図 8-3 は、予算超過の原因特定のための特性要因図の使い方を示している。

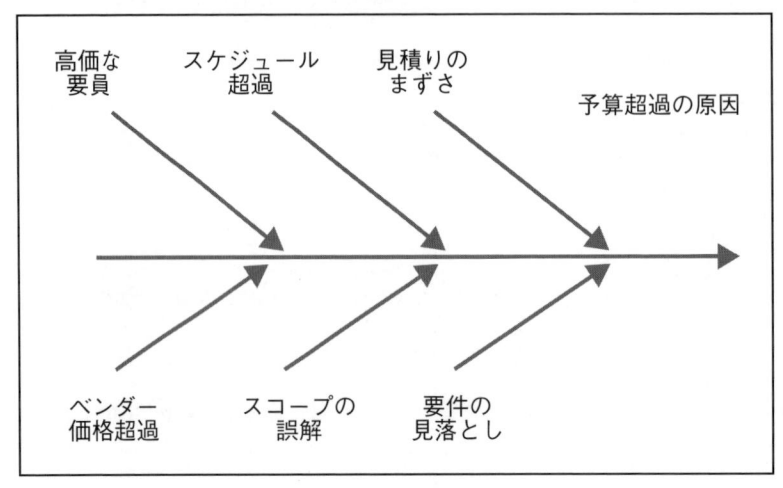

図 8-3　特性要因図

特性要因図は、図 8-3 に示したもののように比較的簡単なものから、多くの枝や原因間の相互連関を持ったより複雑なものまである。特性要因図は、石川ダイアグラムまたはフィッシュボーン・ダイアグラムという名称でも知られている。

② フローチャート化は、プロセスにおけるすべてのステップを特定し、順番に並べ、そして意思決定のポイントを特定することにより、プロセスのモデルを作成する技法である。プロセス・マップと呼ばれることもある。新しいプロセスをフローチャートにて表示することにより、解決のための戦略を決めるにあたって、当該プロセスの実行前に問題あるいは欠陥を引き起こす恐れのある個所を特定できる。現行のプロセスのフローチャートを作成することにより、当該プロセスの現状を「ありのまま（As-is）」に描写する。その上で、新規のプロセスが設計されるが、それは「あるべき将来（To-be）」のプロセスと呼ばれる。これは、ビジネス・プロセス改善のプロジェクトにおいて頻繁に使われる技法である。

③ ある特定の変数が原因で起こる欠陥の発生回数のような頻度のデータを収集するために、チェック・シートまたは検数表と呼ばれるものが使用される。チェック・シートの情報は欠陥の原因を特定し、優先順位付けするためのパレート図を作成することに使用される。

④ パレート図は、ある事象のもっともよく発生する原因を特定するための棒グラフである。図 8-4 のパレート図は、見積り超過の原因を出現頻度でランク付けしたものである。

⑤ ヒストグラムは通常、統計的分布の形状を示すための、ベルのようなカーブを描いた形になる棒グラフである。図 8-5 のヒストグラムは、一日の時刻ごとにヘルプ・デスク

にかかってくる電話の数を示したものである。このデータは、ヘルプ・デスクのサービスの質のレベルが確実に満たされるように要員を配置するために使用される。

⑥ 管理図は、プロセスを確実にコントロールするために、プロセスのパファーマンスの測定に使用される。プロセスが管理されている場合、プロセスの作業結果は期待値と一致している。管理されていない場合は、外れ値、すなわち予想外の作業結果が現れる。品質計画において、プロセスを設計すること、およびそのプロセスがコントロールされている状態か否かを判定する許容レベルを設定する。管理図は、製造あるいは工場などで、製品の作業結果の測定に使われることが多い。一方、プロジェクトの作業結果の測定にも使うことができる。

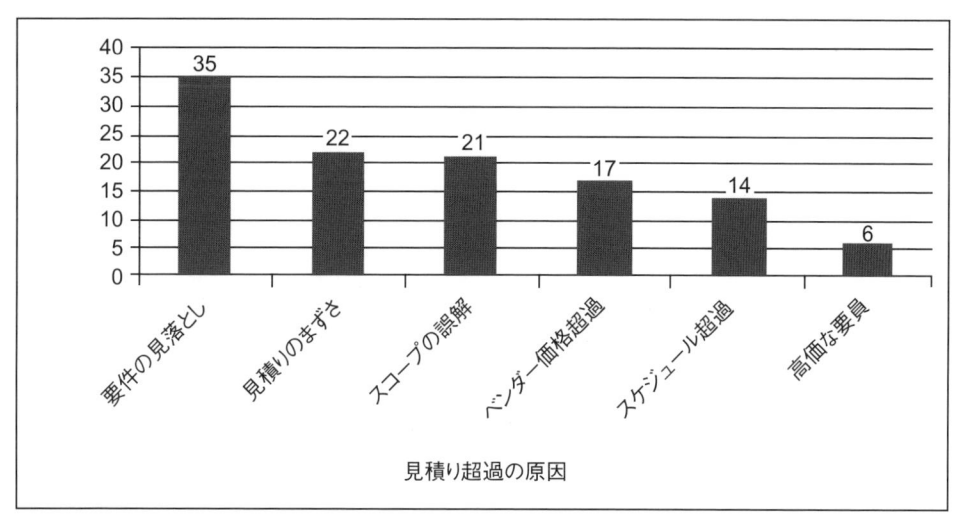

図 8-4　パレート図

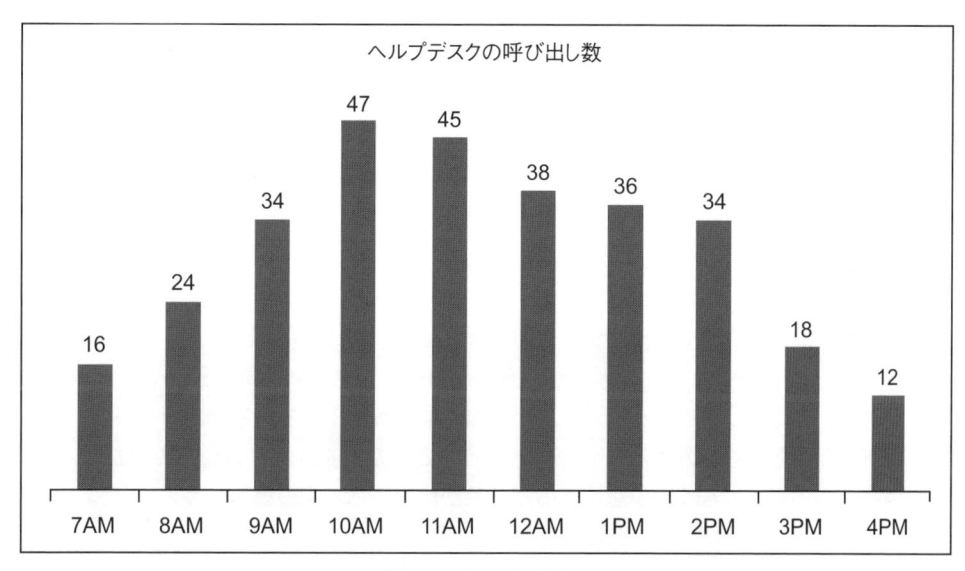

図 8-5　ヒストグラム

> **管理図**
>   1つのクリティカル・パスおよびクリティカル・パスに近いパスがいくつかあるようなプロジェクトをマネジメントしていると想定しよう。クリティカル・パスに近いパスの1つの開始が相当遅れれば、新しいクリティカル・パスが生じ、プロジェクトが遅延する原因となる。進捗を追跡するために、クリティカル・パスに近いパスにてそれぞれに毎週減少するフロートの量(日数)を測定する。この例では、想定している動きとしてフロートがゼロの日数を中心線に設定している。プラス・マイナス3日の管理限界を設定した。これは、パスが3日未満のトータル・フロートを使用する場合は、プロセスは管理されていることを示す。また、パフォーマンスが3日以上早まることがない場合、プロセスは管理内にあることを示す(安易なやり方に変えたり、コストにマイナスの影響を与えるクラッシングを適用したりすることがないように、フロートの追加も監視する)。
>
>   +3日 / 0日 / −3日
>
>   この例では、パスの1つの作業結果が管理限界の外側にあることがわかる。これは、起こったことおよび是正する方法を調査し、決定する必要があることを意味している。

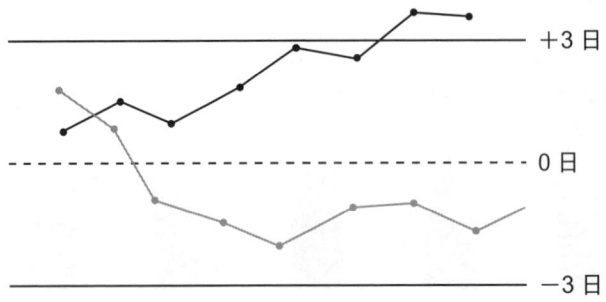

⑦　散布図は、2つの変数の関連をプロットしたものである。変数は、X軸とY軸からなる。たとえば、あるタスクに使った予算額と当該タスクの残りの所要期間をプロットするつもりならば、逆相関を示すこともできよう。所要期間は短縮し予算額は増大する。プロジェクトに投入される資源と消費される予算を監視するならば、正の相関になるであろう。

　ここで使用されるもう一つのツールは**ベンチマーキング**である。ベンチマーキングは、その分野で最高のプロセスまたはプロダクトを決定することに使う。この情報は、その分野で現在最高の実践の再現あるいはそれを凌駕するプロセスの構築に利用される。ベンチマーキングは、プロダクト品質とプロジェクト品質の双方のパフォーマンス目標としても使うことができる。

　実験計画法は、プロジェクト品質マネジメントに適用される場合、所期の効果を生み出すために、多重変数の相互作用を特定することに使われる統計的手法である。これは一般に、工学的設計、製品開発、生産等において使われる。多重変数を使用した設計の例としては、新しいレシピを作るために材料の適切な組合せ、熱、時間等を求めることがあろう。別の例としては、最も魅力的な車の運転席を創るため、いろいろな材料、重さ、大きさ、色等の組合せ方を確かめることがある。この2つの例では、1つの変数が結果に及ぼす影響を調べるのではなく、多重変数の組合せが結果に与える影響を見る。

　統計的サンプリングは、その群が要求事項を満足するかどうかを判断するために、ある群(母集団)からテストする項目の数を割り出すものである。統計的サンプリングは、同じような成果物の集団の受け入れのための測定を行う上で、費用対効果の高い方法である。サンプリングは品質管理プロセスで行われるが、サンプルの項目の数とサンプルを採取するタイミングは品質計画プロセスにて決定される。

確立された品質マネジメントの方法論はしばしば、プロダクトの設計方法やプロセスの実施方法を定義する組織体の環境要因となる。例としては、シックス・シグマ、品質機能展開（QFD）、能力成熟度モデル（CMM）等がある。母体組織がこれらの方法論を持っているならば、それらはプロジェクトの品質を計画する技法だと考えられる。

その他の品質管理ツールは、プロジェクトのプロダクト、サービス、所産の性質に依存するものである。ブレーンストーミングはプロジェクトの品質に影響を与える変数を特定するためのものとも考えられる。品質向上を支援する力と品質を損なう力を定めるフォース・フィールド分析を使うこともできる。ノミナル・グループ技法は、ブレーンストーミングで収集した情報を順位付けしたり、優先順位を付けたりするために使用する。

会議は、品質マネジメント計画書を作成し、特定の成果物のためにどのツールや技法を使うか議論し、パフォーマンス向上のための実施可能なアイデアをブレーンストーミングするために使用される。

アウトプット

品質マネジメント計画書は包括的なプロジェクトマネジメント計画書の構成要素の1つである。それは、品質保証、品質管理、品質改善、プロセス改善等への取組みを文書にしたものである。それは、使用される品質ツール、その使用法、使用時期、品質についての報告をするために使用される品質尺度等を定義する。尺度とは測定の標準である。**品質尺度**は、測定する属性を詳細に記述した特定の測定値であり、プロジェクトを受入れる結果が収まるべき範囲の数値や許容値である。

尺度の例
欠陥頻度尺度：100,000個の部品につき欠陥品が3個以下。
顧客満足度の尺度：個々の問い掛け項目の平均の評価は7.5以上で、6.0未満が1つもない。
予算尺度：プロジェクト全体のコストが、コスト・パフォーマンス・ベースラインのプラス・マイナス10％以内で、差異が20％を上回る個々の構成要素が皆無である。

品質尺度を記録する場合には、すべてのプロジェクト尺度の表を保管することが望ましい。少なくとも以下を含める。

- 尺度のID
- 測定対象項目
- 必要な尺度や測定値
- 測定方法

品質チェックリストは、プロセス・フロー図、品質コストの決定、受入れ基準、過去のプロジェクトからの情報、その他に基づいて作成される。それは、一連のステップあるいは具体的な一連のアクションが実行されたことを確認するものである。簡単なチェックリストは機器の搬入と搬出

品質マネジメント計画書の項目
品質に関わる役割
品質に関わる責任
品質保証の取組み
品質管理の取組み
品質改善の取組み

に使用できる。より複雑なチェックリストは、複雑で高価なテストに先立って作成する。チェックリストはこのプロセスにおいて作成され、品質コントロールプロセスにおいて適用される。

　プロセス改善プロジェクトであれば、包括的なプロジェクトマネジメント計画書の一部として**プロセス改善計画書**を使用する。それには、分析対象のプロセス、使用されるツール、プロセスのステップの測定に適用される尺度、改善目標等を記述する。プロセス改善計画は１つのプロセスの一部分に対して作成してもよいし１つのプロセスの端から端までの全体について作成することでもよい。プロセス改善にそれほど重きを置いていないプロジェクトにあっては、最初に一つのプロセス改善計画書作成し、それからプロダクト、サービス、所産等を作成するプロセスを改善することにより、プロジェクトの成果の向上を図るとよい。

　このプロセスの結果として更新される**プロジェクト文書更新版**には、ステークホルダー登録簿と責任分担マトリックス（RAM）がある。ステークホルダー登録簿は、ステークホルダーが新たに特定されたり、現在のステークホルダーのニーズを満たす戦略を文書化したりする度に更新する。責任分担マトリックス（RAM）は、さまざまなステークホルダーの品質計画・品質保証・品質管理への参加の形態を示すために更新される。RAMについては、第9章で詳細に論じる。

プロセス改善計画書の項目
- プロセス記述
- プロセス境界
- プロセス測定尺度
- 改善目標
- プロセス改善への取組み
- 現状プロセスのフローチャート
- あるべきプロセスのフローチャート

第 9 章　人的資源計画

この章のトピック
☞ プロジェクト人的資源マネジメント
☞ 人的資源マネジメント計画

プロジェクト人的資源マネジメント

　プロジェクト人的資源マネジメントは、プロジェクト・チームを組織し、マネジメントし、リードするためのプロセスからなる。

　プロジェクト人的資源マネジメント・プロセスおよびプロジェクト・ステークホルダー・マネジメント・プロセスを除いて、PMBOK® ガイドの他のすべてのプロセスは、文書、作成物、環境、ツールと技法に関連したものである。このプロジェクト人的資源マネジメント・プロセスは、プロジェクトマネジメントの仕事を実際に遂行する要員、およびプロジェクト自体の仕事に関わるものである。プロジェクトマネジメントの技術的側面はすべて正しくできるにしても、チームのマネジメントと育成ができなければ、プロジェクトを成功裏に完了するに当って相当な困難が伴うであろう。

　第 3 章において、プロジェクトに関する 2 つの重要な役割、すなわち、プロジェクト・スポンサーとプロジェクト・マネジャーについて論じた。他の 2 つの重要なグループはプロジェクトマネジメント・チームとプロジェクト・チームである。プロジェクトマネジメント・チームは、プロジェクトをマネジメントすることに関して、プロジェクト・マネジャーをサポートする。このグループは、時にはコア・チーム、運営委員会、あるいは他の類似の名前で呼ばれる。彼らはプロジェクトに常勤で任命されていないかもしれないが、プロジェクトの進むべき方向の設定と舵取りを支援する責任をもつ。プロジェクトマネジメント・チームには、スケジューラー、ラインのマネジャー、技術の当該分野専門家、原価計算係、あるいはプロジェクトのサポートに適切な役割を担うすべての人々を加えることができる。

　プロジェクト・チームとは広範なチームを指し、組織内の要員およびベンダー、サブコントラクター、提携パートナー等などのプロジェクトに従事するすべて人々が含まれる。

　　プロジェクト・マネジャー： 母体組織によって任命された人で、チームを率いてプロジェクト目標を達成する責任を負う。
　　プロジェクトマネジメント・チーム： プロジェクト・チームのメンバーのうち、プロジェクトマネジメント活動に直接的に関与している要員。小規模プロジェクトでは、プロジェクトマネジメント・チームが実質上、プロジェクト・チーム・メンバーそのものであることも

ある。
スポンサー： プロジェクト、プログラム、またはポートフォリオに資源を提供し支援する個人またはグループで、成功に導く責任を負う。

プロジェクト人的資源マネジメントの計画プロセスにある情報は、プロジェクトマネジメント計画書の一部を作成するためのツールと技法を使用することに関わるものである。実行フェーズでは、プロジェクトを成功させるために、チームを効果的にマネジメントし指導する上で必要な人間関係のスキルが強調されていることに気付くであろう。

人的資源マネジメント計画

人的資源マネジメント計画は、プロジェクトにおける役割、責任、必要なスキル、報告関係を特定し、文書化し、さらに要員マネジメント計画書の作成を行うプロセスである。この情報は、たいていのプロジェクト情報と同様に、計画プロセス群および実行プロセス群を通して段階的に詳細化される。プロジェクトの開始時では、職位レベルのみの計画となろう。スコープが詳細化されるにつれて、要求されるスキルのレベルや技能の特定を開始できる。プロジェクトが動き出したら、具体的な要員の割当てができる。所要期間が短いプロジェクトでは、これらのステップは同時に発生するであろうが、長期プロジェクトでは、このような詳細化のステップをとるのが一般的である。

図9-1は人的資源マネジメント計画プロセスのインプット、ツールと技法、アウトプットを示す。図9-2は人的資源マネジメント計画プロセスのデータ・フロー図である。

インプット

プロジェクトマネジメント計画書には、プロジェクトのライフサイクルとプロジェクト作業を達成するための取組み方が書かれている。ライフサイクルと取組み方を基に、ある特定の種類の要員がいつ必要か、あるいはプロジェクトの期間中に特定のスキルや能力が必要になるか等について理解することができる。例えば、もしそのプロジェクトで、反復するライフサイクルを使用し、アジャイル技法を用いるなら、人的資源計画書にはスクラム・マスターやプロダクト・オーナーというような役割を含める。その組織図はアジャイル開発に適した役割とチーム構造を反映したものになる。

インプット	ツールと技法	アウトプット
.1 プロジェクトマネジメント計画書 .2 アクティビティ資源要求事項 .3 組織体の環境要因 .4 組織のプロセス資産	.1 組織図と職位記述書 .2 ネットワーキング .3 組織論 .4 専門家の判断 .5 会議	.1 人的資源マネジメント計画書

図9-1 人的資源マネジメント計画 インプット、ツールと技法、アウトプット
（出典：PMBOK® ガイド 第5版 258頁）

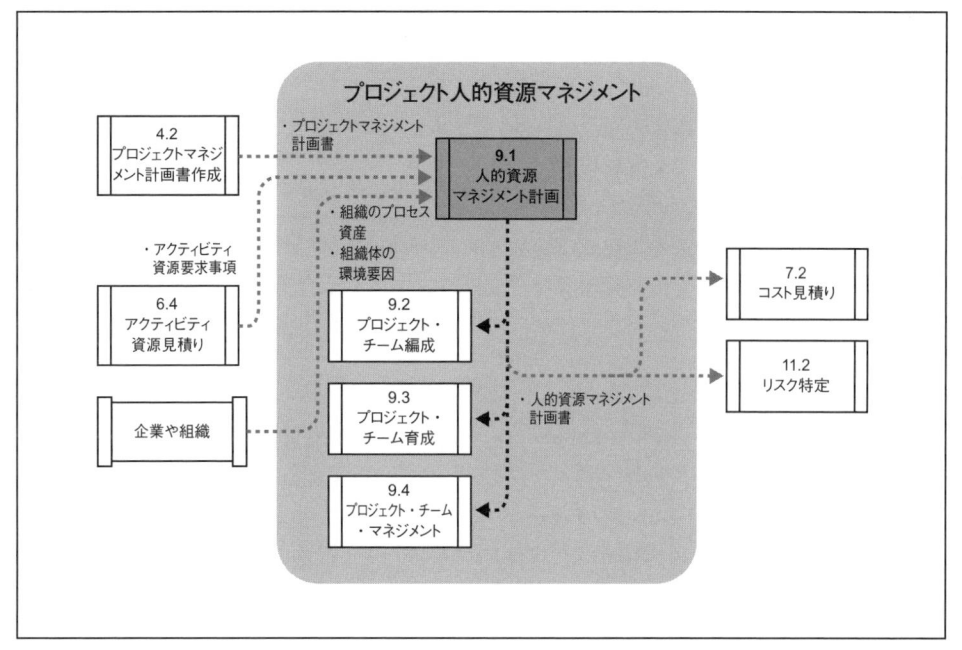

図 9-2　人的資源マネジメント計画のデータ・フロー図
（出典：PMBOK® ガイド　第 5 版　258 頁）

　アクティビティ資源見積りプロセスの一環として作成された**アクティビティ資源要求事項**は、プロジェクトの人的資源の調達を計画するのに必要なスキルと役割を特定することに使用される。先に述べた通り、これはプロジェクトが進むにつれて、より詳細化される。

　組織体の環境要因は、プロジェクトの要員配置に利用できる選択肢を制限する可能性がある。例えば、組織が機能部門優先であって、要員は定常業務に専任で働いていれば、プロジェクトの作業に使える要員の時間は少なくなる。あるいは、ある特定のスキル・セットの専門性が足りない場合は、その役割を果たすサブコントラクターの起用が必要となろう。往々にして、人事部はベンダーを起用する独自の方針をもっている。多くの組織では、プロジェクトに関連する機密情報や競合情報があるので、サブコントラクターは身元調査を受ける必要がある。このような状況により、プロジェクト・マネジャーは、プロジェクトの要員配置における選択肢が制限されたり、制約を受けたりする。

　人的資源計画書作成を進める上で役に立つ**組織のプロセス資産**には、標準化された役割と責任の記述書、組織図、過去のプロジェクトからの情報等がある。

ツールと技法

　職位記述書には、チームの各職位における役割と責任が記述されている。チームは、実行される作業の種類、担当分野、職位に伴う権限、必要な資格やコンピテンシー等のリストを作成すべきである。この情報をチーム・メンバーに提示すれば、プロジェクトにおいて彼らに何が期待されているかが容易にわかる。職位記述書には、品質マネジメントやリスク・マネジメントといったプロジェクトマネジメント知識エリアに関連する具体的な担当分野を示さねばならない。例えば、システム・エンジニアはシステムに対する要求事項、デザイン、アーキテクチャー等の開発業務に責任を有するのみならず、システムに関

係する品質コントロールとリスク・マネジメントにもある程度の責任を持つ。

組織図は、プロジェクト・チームの組織構造を表現するために使用される。組織図は通常、指揮命令系統を示す階層構造で規定される。プロジェクトによっては、要求されるさまざまな種類のスキルをプロジェクト横断的に示すことができる資源ブレークダウン・ストラクチャーを用いるところもある。資源ブレークダウン・ストラクチャーについては、アクティビティ資源見積りのところで記述してある。

役割と責任の記述のコンテンツ
役割記述
権限
責任
資格
コンピテンシー

組織ブレークダウン・ストラクチャー： プロジェクト組織を階層表現したもので、プロジェクト・アクティビティとそれらのアクティビティを実施する組織の部署との間の関係を表す。

資源ブレークダウン・ストラクチャー： 資源を区分と類型別に階層で表示する。

責任分担マトリックス（RAM）： ワーク・パッケージとそれに割り当てたプロジェクト資源を格子状に示す。

RAMは、それぞれの人がプロジェクトに参画する種別を定義する。例えば、特定のワーク・パッケージの責任者、作業の実行者、完了した作業の承認権限保有者、当該分野専門知識の提供者、その他である。これにより、成果物の完了のための役割に見落としがないことを確実にする。PMBOK® ガイドではRACIチャートと呼ばれるタイプのRAMを掲示している。これは、実行責任者（R）、説明責任者（A）、相談対応者（C）、情報受領者（I）がだれであるかということの概要を記したものである。RAMはニーズに合うようにカスタマイズしてもよい。主要な要員と補助の要員とに分けたいと思うかもしれない。承認機能も含めたくなるかもしれない。基本的な考え方は、すべての役割を特定し、それを仕事の個々の個所に割り当てることである。RAMの最も良い適用の仕方は、個々のプロジェクトに基づいて決める。RAMの例は付図-9を参照されたい。

チーム・メンバー、他のプロジェクト・マネジャー、組織と専門職との**ネットワーキング**を行うことは、プロジェクトの実施体制を整える最善の方法を見いだすことに役立つ。例えば、過去の類似プロジェクトに従事した要員と話すことで、ある部門のスタッフは自律したチームとして最もよい仕事をすることが分かる。その部門には、実際に細かい指示やマネジメントが必要ない。一方、スケジュールを決めて作業を割り当てることができる特定のリーダーを置くことがより望ましい分野もある。この種の分析は**組織論**に基づいている。要員を動機付ける方法、最も良く協業する方法、情報が円滑に流れるようなプロジェクトの体制を構築する方法等について理解すれば、チーム・マネジメントはかなり楽になるであろう。

人的資源計画書を作成するために必要な**専門家の判断**には、組織図を作る方法、要員獲得に伴うリスク、役割記述、必要なスキル・セット等についての情報が含まれる。資源要求事項を見直し、チームのニーズを満たす最良の方法を議論するために、計画を作成する**会議**がしばしば開催される。

アウトプット

人的資源マネジメント計画書はプロジェクトマネジメント計画書の一部である。人的資

責任分担マトリクス

プロジェクト名：＿＿＿＿＿＿＿＿＿＿＿＿　　作成日：＿＿＿＿＿＿＿＿＿

	要員1	要員2	要員3	要員4	その他
ワーク・パッケージ1	R	C	A		
ワーク・パッケージ2		A		I	R
ワーク・パッケージ3		R	R	A	
ワーク・パッケージ4	A	R	I	C	
ワーク・パッケージ5	C	R	R		A
ワーク・パッケージ6	R		A	I	
その他	C	A		R	R

R＝実行責任者：作業を達成する人
A＝説明責任者―プロジェクト・マネジャーに対し、作業が予定通り完了し、要求事項を満足し、受入可能であることを答えられることができる責任者
C＝相談対応者―作業完了に必要な情報を持っている人
I＝情報受領者：作業が完了した時、通知を受けるべき人

付図-9　責任分担マトリックス

源計画書は少なくとも以下3つのセクションをもつ。

- 役割と責任
- プロジェクトの組織図
- 要員マネジメント計画書

役割と責任に関する文書のコンテンツをツールと技法のセクションに示している。このセクションでは、いくつかの用語をもう少し詳細に定義する。

> **役割：** プロジェクト・チーム・メンバーが実施すべき、定義された機能（例：テスト、ファイリング、検査、コーディング）
> **権限：** プロジェクト資源の投入、資金の消費、意思決定、または承認を行う権利
> **責任：** プロジェクトマネジメント計画書に従って割り当てる任務。資源を割り当てることで任務の要求事項を実施する義務が生まれる。

プロジェクトの組織図は、ツールと技法のセクションにある。

要員マネジメント計画書には、プロジェクト要員の詳細が記述されている。それは、従業員であれ、外部の契約者であれ、プロジェクトに関わる要員に関する情報である。また、プロジェクトの担当部分を完了した後にどのように要員を離任させるかについても記述する。プロジェクトの仕事を行う上で課題の一つはプロジェクトから離任するチーム・メンバーがもっている知識を保存することがある。このためのプロセスについては、要員マネジメント計画書に概要を記述するべきである。

トレーニング、ライセンス、コンプライアンス、安全、セキュリティ、知的資産の取得

などの当該プロジェクトにとって必要なものがある場合、これらを文書に記述する。ボーナスや報奨の基準は文書化されるべきである。

　上記の情報のほとんどは比較的静的である。言い換えれば、一旦決定され文書化されれば、通常は変更されない。しかしながら、多くの要員マネジメント計画書は資源ヒストグラムを含んでいるか、あるいは参照している。これは、より流動的でダイナミックなものである。要員ヒストグラムは、ある期間の要員の可用性、あるいは一定期間の要員に対するニーズのいずれかを示す。ニーズと可用性に不一致がある場合、それは（おそらくはスケジュール延長による）資源の平準化、または（おそらくはコストを増加させて）資源の追加のいずれかの手段にて対処する必要があろう。

人的資源計画書のコンテンツ一覧
役割
権限
責任
組織構造
要員マネジメント計画書
要員の調達
要員の離任
資源カレンダー
トレーニングのニーズ
表彰と報奨の制度
規制、標準、方針の順守
安全

第10章　コミュニケーション計画

この章のトピック
☞ プロジェクト・コミュニケーション・マネジメント
☞ コミュニケーション計画

プロジェクト・コミュニケーション・マネジメント

　プロジェクト・コミュニケーション・マネジメントは、プロジェクト情報の計画、収集、生成、配布、保管、検索、マネジメント、コントロール、監視、そして最終的な廃棄を適時かつ適切な形で確実に行うために必要なプロセスからなる。

　プロジェクト・マネジャーの時間の大半は、口頭であれ文書であれ、コミュニケーションに費やされている。状況報告を行い、プロジェクト要員調達の交渉を行い、チーム会議を実施し、ステークホルダーの期待をマネジメントし、チーム・メンバーの話を聞く等々のコミュニケーションを実行している。効果的なコミュニケーションができるということは、優秀なプロジェクト・マネジャーであるために不可欠である。

コミュニケーション計画

　コミュニケーション・マネジメント計画は、ステークホルダーが求める情報ニーズや要求事項、および使用可能な組織の資産に基づいて、プロジェクト・コミュニケーションへの適切な取組み方と計画を策定するプロセスである。ステークホルダーとステークホルダーの期待を最も効果的にマネジメントする方法は、十分に考え抜かれたコミュニケーション計画より生まれる。これは、しかるべき人に、しかるべき情報を適切なタイミングで確実に行届かせることである。

　プロジェクト・コミュニケーション・マネジメントにおける暗黙の基本原則は、すべての適切な情報かつ適切な情報のみを伝達せよというものである。言い換えれば、「すべてに答える」というコミュニケーションの戦術は、いつも採用すべき戦術ではないということである。

> **コミュニケーションの要素**
>
> 　あなたの時間の大部分がコミュニケーションに費やされている一方で、コミュニケーションとは、あなたの話していることがすべてではない。研究によると、コミュニケーションのわずか 7 パーセントが言葉に基づいたものである。約 38 パーセントが声のトーンである。とすると残りの 55 パーセントは非言語コミュニケーション（ボディー・ランゲージ）になる。
>
> 　あるチーム・メンバーと翌週に納期が来る成果物について会話をする場面を想定しよう。彼に、「今も予定通り進んでいるか。何か問題がないか」と尋ねる。彼は一瞬沈黙し、視線を落として、「はい、問題はありません、すべて順調です」とつぶやき、それからため息をつく。
>
> 　彼は、順調ですと言ったにもかかわらず、モグモグとした話し方、あなたの目を見ないこと、ため息をつくなどしている。この場合、あなたはもう少し深く掘り下げて実際の状況を知りたいと思うであろう。
>
> 　しかし気をつけなければならないのは、これが諸刃の剣となる場合がある。あなたがプロジェクト・マネジャーとして、コミュニケーションを行っている場合、声のトーン、言葉使い、身振りをすべて一致させる必要がある。探りを入れる目つきをしながら、彼らが成果物の生成に悪戦苦闘していることが分かっていることを伝えてはだめである。

　図 10-1 は人的資源マネジメント計画プロセスのインプット、ツールと技法、アウトプットを示す。図 10-2 は人的資源マネジメント計画プロセスのデータ・フロー図である。

インプット

　プロジェクトマネジメント計画書には、プロジェクトを計画し、マネジメントし、コントロールし、終結させる方法が書かれている。**ステークホルダー登録簿**では、プロジェクトに利害関係をもつか、あるいはプロジェクトに影響を与え得るすべての人、グループ、組織等、およびステークホルダーに伝えるべき情報の種類を特定する。

　組織の文化、決められたコミュニケーション・チャネルとインフラなどの**組織体の環境要因**が、組織において実行されるコミュニケーションのありかたを形成する。規制による要求事項もコミュニケーション戦絡を定めるものである。例えば、健康保険機関が保険給付の変更を計画している場合、その知らせを受益者に伝える方法と時期について守らなければならない規制がある。

インプット	ツールと技法	アウトプット
.1 プロジェクトマネジメント計画書 .2 ステークホルダー登録簿 .3 組織体の環境要因 .4 組織のプロセス資産	.1 コミュニケーション要求事項分析 .2 コミュニケーション技術 .3 コミュニケーション・モデル .4 コミュニケーション方法 .5 会議	.1 コミュニケーション・マネジメント計画書 .2 プロジェクト文書更新版

図 10-1　人的資源マネジメント計画のインプット、ツールと技法、アウトプット
（出典：PMBOK® ガイド　第 5 版　289 頁）

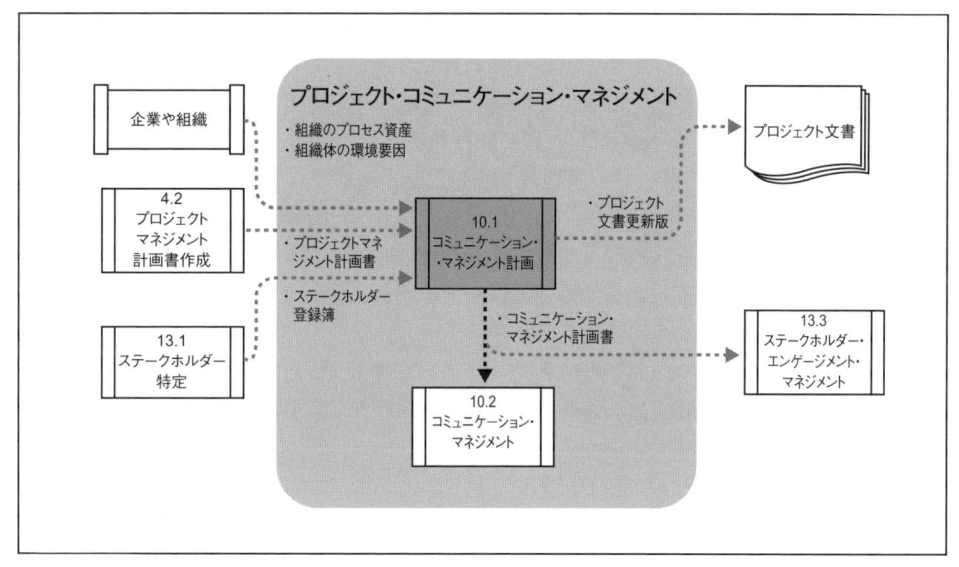

図 10-2　コミュニケーション・マネジメント計画のデータ・フロー図
（出典：PMBOK® ガイド　第 5 版　289 頁）

　過去のプロジェクトのコミュニケーション記録簿、コミュニケーションのテンプレート、プロジェクト・ファイル、コミュニケーション媒体などの**組織のプロセス資産**は、現行プロジェクト向けに修正して再利用可能なものを識別することに役立つ。

ツールと技法

　コミュニケーション要求事項分析は、多くの場合、ステークホルダーの情報から開始する。それから、OBS、WBS、調達マネジメント計画書などの他のプロジェクト文書を取り入れて拡充する。このプロセスの意図は、情報を必要とするすべての要員や組織、情報伝達の最善の方法、必要とする頻度とタイミング等を特定することにある。

　コミュニケーション技術は、情報を配布する単純なツールでもよい。場合によっては思わぬ課題を引き起こすこともある。チーム・メンバーにプロセスの現状を伝達したいと思い、時間をかけて立派なフローチャートを作ったとする。問題は、誰もそのフローチャートのソフトウェアを持っておらず、それを開くことができなかったとしたら、何が起こるであろうか。スケジュールについても同じ事が言える。全員がスケジュール作成ソフトウェアを持っているわけではない。別の問題として、同じソフトウェアを持っているが、バージョンが異なる、すなわちマック対ウインドウズというようにプラットフォームが異なるということがある。チームに下請業者あるいはベンダーが入っている場合、事態はさらに複雑になる。

　コミュニケーション技術について考慮すべき別の側面として、情報を求める緊急度がある。チームの全員が情報を 1 日 24 時間、週 7 日把握する必要があるだろうか。標準の作業時間内だけで十分ではないか。チームが地理的に分散している場合、ミーティングの方法はどうだろうか。ウェブ・ミーティングを行うか、テレビ会議を行うか。その場合、全員がそれを可能とするコミュニケーション技術をもっているだろうか。これらすべての事項を熟考してコミュニケーション・マネジメント計画書に反映する必要がある。

　コミュニケーション・モデルは、コミュニケーションの仕方を反映する。最も基本的なモデルは PMBOK® ガイドに記載されている。それは、伝統的な発信者・受信者モデルで

ある。そのモデルでは、発信者が情報を明瞭かつ完全にする責任を有し、受信者は情報をそっくりそのまま受信し理解することの確保に責任を負い、さらに受信したことを確認しなければならない。発信者は、その上で、情報が正しく理解されたことを確認する。これはまた、「三点コミュニケーション」として知られる。

以下の定義はPMBOK® ガイドの用語集から引用したものではない。PMBOK® ガイドのコミュニケーション・モデルを理解するのに役立つ非公式の定義である。

コード化： 思考やアイデアを他者が理解できる言語に翻訳すること。
媒体： メッセージの伝達に使用する手段。
ノイズ： メッセージの伝達や理解を妨げるすべての要素。
解読： メッセージを翻訳し、意味のある思考やアイデアに戻すこと。

「三点コミュニケーション」を行う理由の1つは、ノイズがメッセージの伝達に入り込まなかったことを確認することである。ノイズは、背景雑音である可能性がある。ノイズには文化の相違、アクセント、異なる用語の使用、その他のものがある。

ここでいう**コミュニケーション方法**とは、人々はどのように情報を入手するかのことである。情報は、ミーティングや会話のように、行ったり来たりで共有される場合がある。これは、双方向のコミュニケーションと呼ばれる。状況報告書や更新したスケジュールを送付する場合もある。これは、プッシュ型コミュニケーションと呼ばれる。情報を受信者に向けて押し出しているのである。プル型コミュニケーションとは、人々が必要な情報を入手するとき、例えば、ウェブサイト、データー・ベース、イントラネット等にアクセスして取得することである。

コミュニケーション方程式

より多くの人がコミュニケーションに関わればかかわるほど、誤解が発生する可能性が強まる。以下の方程式は、関係する人が増えれば、コミュニケーション・チャネルが増大し、誤解の可能性が高まることを示す。

$$\text{コミュニケーション・チャネル数} = \frac{N(N-1)}{2}$$

N＝コミュニケーションに関わる人数

具体例として、チームにメンバーが5名いるとすれば、コミュニケーション・チャネル数は10となる。

$$\frac{5(5-1)}{2} = 10$$

人数が倍になると、コミュニケーション・チャネル数は45にも達する。

$$\frac{10(10-1)}{2} = 45$$

アウトプット

コミュニケーション・マネジメント計画書は、プロジェクトマネジメント計画書の一部である。簡単なものでは、誰が何の情報を必要とし、その情報をいつどのように与えるかを記述する。より複雑なコミュニケーション計画書では、コミュニケーション作成の責任

者、用語集、コミュニケーションのフローチャート、情報に対する制約条件、状況報告書や会議議事録のような共通のコミュニケーション用のテンプレート等が含まれる。

プロジェクト文書更新版には、ステークホルダー登録簿やステークホルダー・マネジメント戦略への実績の反映などを含める。コミュニケーション活動を反映してスケジュールも予算も更新する必要があるだろう。

コミュニケーション・マネジメント計画書の例は付図 -10 を参照されたい。

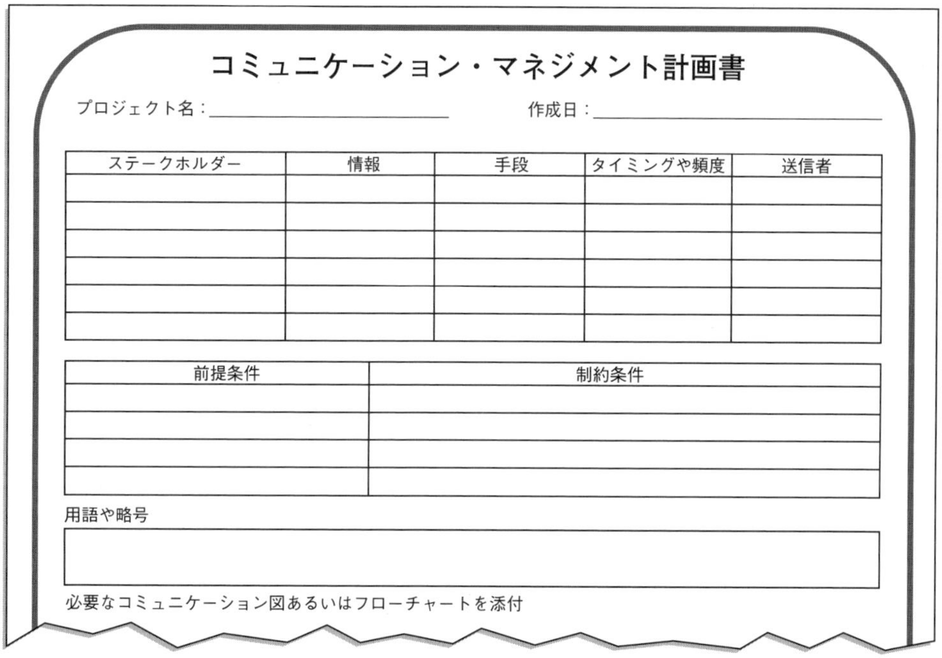

コミュニケーション・マネジメント計画書

プロジェクト名：＿＿＿＿＿＿＿＿　作成日：＿＿＿＿＿＿＿＿

ステークホルダー	情報	手段	タイミングや頻度	送信者

前提条件	制約条件

用語や略号

必要なコミュニケーション図あるいはフローチャートを添付

付図 -10　コミュニケーション・マネジメント計画書

第11章 リスク計画

この章のトピック
☞ プロジェクト・リスク・マネジメント
☞ リスク・マネジメント計画
☞ リスク特定
☞ 定性的リスク分析
☞ 定量的リスク分析
☞ リスク対応計画

プロジェクト・リスク・マネジメント

　プロジェクト・リスク・マネジメントは、プロジェクトに関するリスクのマネジメントの計画、特定、分析、対応、コントロールなどの実施に関するプロセスからなる。
　プロジェクトは本質的に独自性があるので、プロジェクトには、通常の業務におけるよりもはるかに多くの不確実性がある。リスクは不確実性に根差しており、不確実性が多ければ多いほどリスクも多くなる。リスクに対する見方、およびどの程度のリスクを許容できるかについて、組織はそれぞれが異なっている。もしそれが品質のリスクやスケジュールのリスクを減少させるのであれば、組織は、より多くの財務リスクを許容したり受け入れたりするであろう。このように、さまざまなプロジェクト達成目標に対するリスク許容度は、組織それぞれによって異なり、また特定のプロジェクトによって異なる。

> **リスク**：発生が不確実な事象。もし発生した場合、ひとつ以上のプロジェクトの達成目標にプラスあるいはマイナスの影響を及ぼす。
> **好機**：プロジェクトの達成目標にプラスの影響を及ぼすリスク
> **リスク許容度**：組織または個人が許容できるリスクの程度、度合い、あるいは量

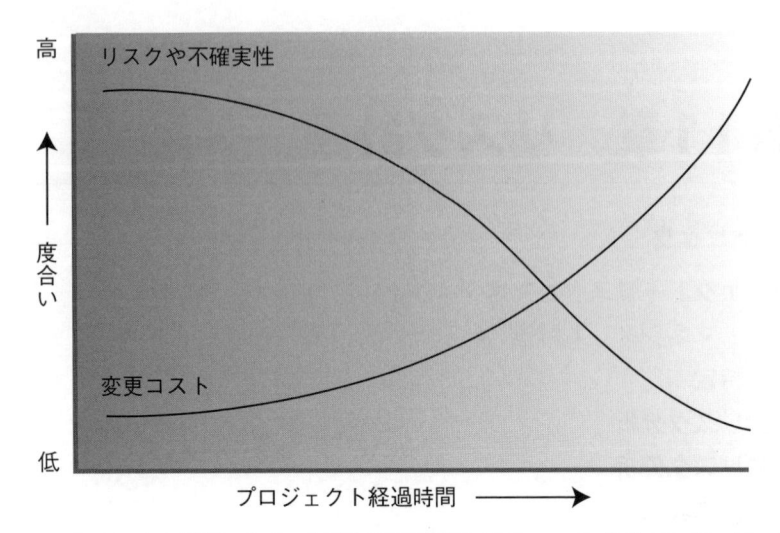

図 11-1　プロジェクト期間に基づいた可変要素の影響（出典：PMBOK® ガイド　第5版　40頁）

　前掲の定義に基づいて、リスク・マネジメントは、マイナスのリスクを減少あるいは除去する要因に影響を及ぼし、好機を増大あるいは招来させる要因に影響を及ぼすものであることを理解できよう。

　リスク・マネジメントはプロジェクトの立上げ時に始まり、プロジェクトの完了時に終わる。リスクの性質は、プロジェクトがライフサイクルを経過するに従って変化する。開始時のフェーズでは、要求事項の理解および正確な見積り作成に関連したリスクが多い。プロジェクトの中盤のフェーズでは、リスクは、プロジェクトの要員配置、作業工数、プロダクト特定の技術、スコープの課題等に関連したものになろう。プロジェクトが終結に近づくにつれて、テスト、妥当性確認、顧客の受入れ、プロジェクトの移管等が不確実性の最大の領域となる。プロジェクトでは、そのライフサイクル上の位置にかかわらず、設定した一定のリスク・マネジメント・プロセスを用いるべきである。

　図 11-1 は、プロジェクトがライフサイクルを進むにつれて、リスクの数は減少する一方、リスクの発現によるコストと影響度が増加する様子を表している。

　リスク登録簿にて特定され、文書化されたリスク（既知のリスク）については、プロジェクト・チームはリスク分析を行い、対応計画の作成ができる。特定できないリスク（未知のリスク）については、予備の資金およびスケジュールの余裕の見積りを行い、それをベースラインの予算とスケジュールとは別途に見込む。

リスク・マネジメント計画

　リスク・マネジメント計画は、プロジェクトのリスク・マネジメント活動を行う方法を定義するプロセスである。小規模であまり複雑でないプロジェクトについては、チームは、チームの会議にて既存のリスクを討議し、新しいリスクを特定するといった比較的簡単なリスク・マネジメントにて対処することでよいであろう。しかしながら、長期で、コストも高く、高度に複雑といったプロジェクトについては、よく考え抜かれ、十分に計画されたリスク・マネジメントへの取組みが絶対に必要である。この種のプロジェクトにおけるリスク・マネジメントへの取組み方は、計画プロセスの初期に決定し、効果的なリスク・マネジメントのために適切な時間と資源を使えるようにすべきである。

```
┌─ インプット ──────────┐  ┌─ ツールと技法 ──┐  ┌─ アウトプット ──────┐
│ .1 プロジェクトマネジメント │  │ .1 分析技法     │  │ .1 リスク・マネジメント計画書 │
│    計画書              │  │ .2 専門家の判断 │  │                      │
│ .2 プロジェクト憲章     │  │ .3 会議         │  │                      │
│ .3 ステークホルダー登録簿│  │                 │  │                      │
│ .4 組織体の環境要因     │  │                 │  │                      │
│ .5 組織のプロセス資産   │  │                 │  │                      │
└────────────────────┘  └────────────────┘  └────────────────────┘
```

図 11-2　リスク・マネジメント計画のインプット、ツールと技法、アウトプット
（出典：PMBOK® ガイド　第 5 版　313 頁）

　図 11-2 はリスク・マネジメント計画プロセスのインプット、ツールと技法、アウトプットを示す。図 11-3 はリスク・マネジメント計画プロセスのデータ・フロー図である。
　チームは取組み方を検討し、文書化すべきである。その取組みは、リクス特定、リスク事象の発生確率と影響の分析、リスクの等級付けのための境界値の設定、プロジェクト・リスクの特定と分析に使用するツールと技法の文書化等である。

インプット

プロジェクトマネジメント計画書は、スコープ・マネジメント計画書、スケジュール・マネジメント計画書、品質マネジメント計画書等のすべての補助のマネジメント計画書を含んでいる。それぞれのマネジメント計画書には、その知識エリアをマネジメントする方法が記述されている。これら補助の計画書の情報により、リスク・マネジメント計画書で取り上げられなければならない各知識エリアにおける不十分な個所を指摘できる。スケジュール・マネジメント計画書とコスト・マネジメント計画書には、コンティンジェンシー予備を割り当てる方法の概要が記述されている。ライフサイクルと主要なレビューに関する情報を記述したスケジュール・ベースラインのように、プロジェクトマネジメント計画書にはプロジェクトのベースラインが含まれている。**プロジェクト憲章**には、総括的なリスクと要求事項の情報が記載されている。
　ステークホルダー登録簿はプロジェクトに利害関係を有する人々を特定できる資料である。これらの人々と関係から生じるリスクを特定しておく必要がある。

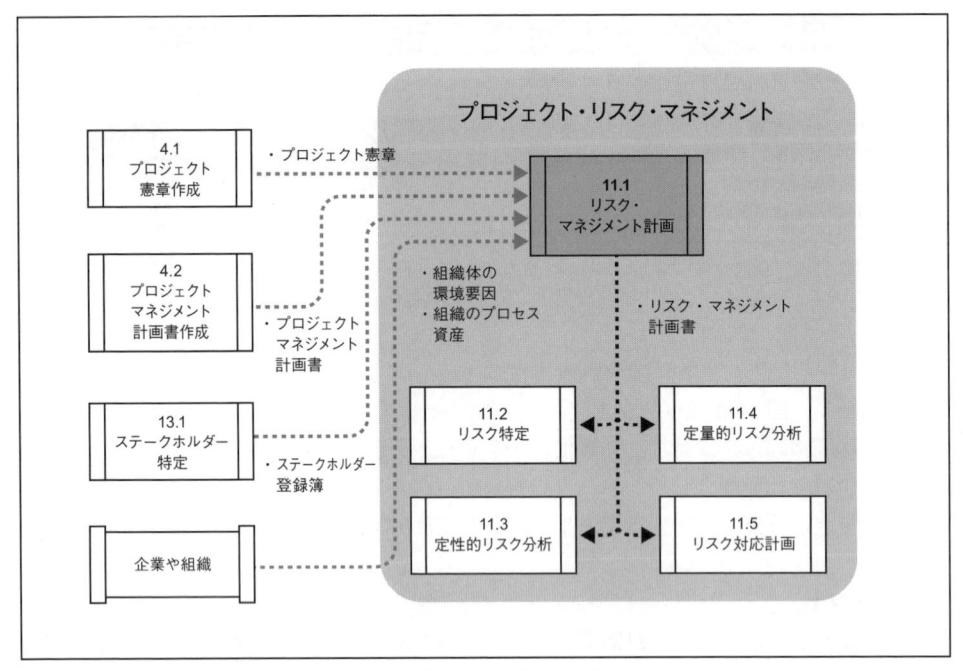

図 11-3　リスク・マネジメント計画のデータ・フロー図
（出典：PMBOK® ガイド　第5版　313頁）

　組織体の環境要因には、さまざまなプロジェクト達成目標に対するリスク許容度がある。例えば、公共の行事のように期日の確定したプロジェクトでは、スケジュールのズレに対する許容度は極めて低い。リスクのデータベースは、組織の環境要因のもう1つの例である。さらに、規制に関する要求事項は、リスク・マネジメント計画に組み込まなければならない制約条件となる。

　リスク登録簿テンプレート、リスク・マネジメント計画書テンプレート、リスク・マトリックス・テンプレート等の**組織のプロセス資産**は、当該プロジェクトのニーズを満たすように修正する。組織は、プロジェクト・リスク・マネジメントにどのように取り組むべきかを示す方針や手順をもっているかもしれない。これらの資産はリスク・マネジメントに枠組みを提供するとともに、個々のプロジェクトで何か新しいことを創造する時間を生み出すことに役立つ。

ツールと技法

　計画会議には、シミュレーション、リスク発生確率と影響度の定義、リスクの点数付けのような**分析技法**に**専門家の判断**を下せるプロジェクトのステークホルダーが参加する。参加者は、顧客やコアのプロジェクト・チームのように、プロジェクトによって最も影響を受ける人である。組織内にリスク・マネジメント全体の説明責任者がいる場合は、この人物も多くの場合出席するか、あるいは会議の議長を務める。新規あるいは開発中の技術が用いられているときは、多くの場合、当該技術に関する知識をもった人も参加する。プロジェクトのリスク・マネジメントへの取組み方、およびリスク・マネジメント計画書の内容についての議論と決定がなされ、**会議**の結果としてそれを文書化する。

アウトプット
　リスク・マネジメント計画書は、プロジェクトマネジメント計画書の一部である。複雑でないプロジェクトについては、役割と責任、リスク・マネジメント活動のタイミングと頻度、コストとスケジュールの予備に対する取組み方を記述した2から3パラグラフ程度のリスク・マネジメント計画書になるだろう。複雑なプロジェクトのリスク・マネジメント計画書は、プロジェクトのリスク・マネジメントに使用されるリスク・マネジメント・ツール、データ・ソース、取組み方、手順等の記述から開始されることが多い。

　計画書には、一般にリスクの特定、分析、対応に関わる役割と責任の定義が含まれる。これは、第9章の人的資源計画にて用いられている任意の様式にて文書化すればよい。それは例えば、リスクに関連した活動に焦点を当てた責任分担マトリックス、テキスト様式、階層構造等である。プロジェクト向けに筋が通っているならば、どのような様式を用いてもよい。

　リスク・マネジメントの予算は、リスク特定、リスク対応、コンティンジェンシー予備に使う資金、およびそれら資金の割当てと報告に関わるプロセスを実行する資金に割り振られる。

　リスク・マネジメントのためのスケジュール情報には、リスク・マネジメント・プロセスの適用頻度、重要なリスク・レビューを行うプロジェクト・ライフサイクル上の特定の時点、またスケジュール予備の決定、割当て、報告に関する方法等がある。

　大規模プロジェクトのリスク特定を徹底して行えば、数百のリスクが特定される。そのように多量のリスクのマネジメントとリスクへの対応を容易にするために、計画プロセスにおいてリスクを区分する手法を記述する。その手法の一つは、リスク・ブレークダウン・ストラクチャーの作成である。リスク・ブレークダウン・ストラクチャーは、ワーク・ブレークダウン・ストラクチャーに類似しているが、成果物に照準を合わせるのでなく、リスク区分に焦点を当てる。最上位レベルは、プロジェクトである。その下には、技術リスク、外部リスク、プロジェクトマネジメント・リスク、組織のリスク等を配する。これらリスク区分のそれぞれは、さらに分解を行い、個々のリスクが特定できるほど十分に詳細化されるまで続ける。図11-4は1つの例で、最初の3レベルまでのリスクのブレークダウンを示している。

リスク・マネジメント計画のコンテンツ
手法と取組み方
各プロセスのツールと技法
役割と責任
リスク区分
ステークホルダーのリスク許容度
発生確率の定義
対象別の影響度の定義
発生確率・影響度マトリックス
リスク・マネジメントの資金
コンティンジェンシー・プロトコール
リスク・マネジメント活動のタイミングと頻度
リスク監査への取組み方

> **発生確率**
> 　発生確率とはある事象が発生する可能性を意味すると覚えておこう。ある特定の影響を引き起こす事象の確率ではない。過去の経験に基づき、ある特定の性能試験が失敗する可能性が20パーセントあると決めたとする。コストやスケジュールへの影響や技術的な成功に対する影響に関わりなく、その事象が発生する確率は依然として20パーセントである。

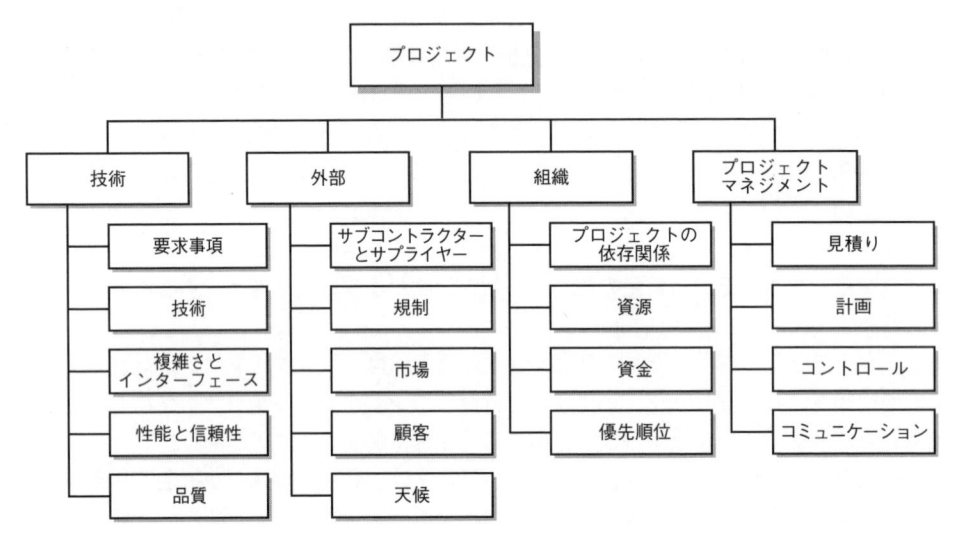

```
                        プロジェクト
        ┌───────────┬───────────┼───────────┬──────────────┐
       技術         外部         組織        プロジェクト
                                            マネジメント
       要求事項     サブコントラクター  プロジェクトの  見積り
                   とサプライヤー     依存関係
       技術         規制         資源        計画
       複雑さと     市場         資金        コントロール
       インターフェース
       性能と信頼性 顧客         優先順位    コミュニケーション
       品質         天候
```

図11-4　リスク・ブレークダウン・ストラクチャー（RBS）の例
（出典：PMBOK® ガイド　第5版　317頁）

　リスク・マネジメント・プロセスに複数のステークホルダーが参加しており、かつ分析対象となるリスクが多い場合、「リスクの発生確率が中程度か、あるいは中～高程度の確率か」といった議論で動きがとれなくなってしまう可能性がある。ある人にとり、「中」の意味は物事が起こる確率が50パーセントであるかもしれないが、別の人にとっては、35パーセントであるかもしれない。同様に「影響度」の定義も困難である。リスク・マネジメント計画書に文書化しておいて役立つことの1つは、それぞれの対象について確率および影響度の簡潔な定義をしておくことである。

　バランスの取れたリスク許容度をもつ組織では、発生確率を1から5の尺度で評価する。それは、20％単位で増加する、つまり0から20％、20から40％、40から60％、60から80％、80から100％の区分とするのである。別のやり方として、10、30、50、70、90というパーセント表示で確率を示す方法もある。さらには、5、10、20、40、80パーセント等のようにその都度、結果を倍にする方法もある。分析会議で、これらを決定した後、リスク・マネジメント計画書に文書化する。

　影響度の評価はさらに難しくなるだろう。比較的小規模なプロジェクトでは、対象への影響は影響度マトリックスにて評価する。中規模プロジェクトについては、リスクが1つの対象にのみ影響するならば、影響度は「低」のリスク、2つの対象に影響するならば、「中」、そして3つ以上の対象に影響するならば「高」と判定する。より複雑なプロジェクトについては、対象ごとに影響度のテンプレートを作成する。これにより、プロジェクト目標の優先順位付けにおいて、チームは柔軟な対応ができる。例えば、スケジュールの優先順位がコストよりも高いならば、影響度分析の結果として、クリティカル・パス上

5%のズレは影響度「中」、一方5%のコスト超過は影響度「低」と示されるであろう。

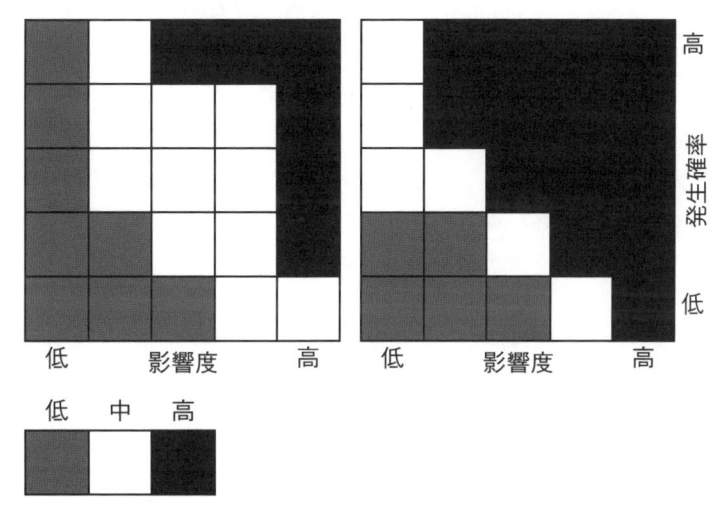

図 11-5　発生確率と影響度マトリックス

　発生確率と影響度についての最終的な局面では、これら2つを組み合せたものをどのようにランク付けするかである。発生確率・影響度マトリックスを作成し、リスクを、高、中、低と区分する線引きを行うことが役に立つ。図 11-5 は発生確率・影響度マトリックスの例である。

　右側の図からは、リスクを嫌う風土（既知のリスクの多くは「高」と評価される）を見て取れる。左側の図は、リスクの許容度がかなり大きい（ほんのわずかの既知のリスクだけが高と評価される）ことを示している。これらのマトリックスを使用して、発生確率の帯域、影響度の帯域、リスクのレベルを定義すること等により、チームはプロジェクトのニーズに合わせてリスク・プロセスをテーラリングすることができる。

　リスク・マネジメント計画書の最後の構成要素はリスクのテンプレートである。リスク登録簿の項目の記述とテンプレートを作成し（既存しない場合）、それを文書化する。リスク・データ・シートを使用して特定のリスク情報を収集し、その情報を要約してリスク登録簿にまとめている組織もある。テンプレートを収めているセクションでは、個別リスクとプロジェクト全体のリスクに関するリスクを報告する様式を整える。

リスク特定

　リスクの特定は、どのリスクがプロジェクトに影響を与えるかを見定め、その特性を文書化するプロセスである。プロジェクトの進捗につれて、新しいリスクが特定されたり、現有のリスクが進化や変化を起したり、リスクの一部が発生したり、リスクが顕在化しないままだったりする。リスク特定のプロセスは、プロジェクトを通して継続して行う。すべてのステークホルダーは、プロジェクトに影響するリスクや好機を認識し、伝達しなければならない。当該分野専門家、プロジェクト・チーム、リスク専門家、顧客等のようなステークホルダーはリスクの特定に主体的な役割を担う。

　図 11-6 はリスク特定プロセスのインプット、ツールと技法、アウトプットを示す。図 11-7 はリスク特定プロセスのデータ・フロー図である。

好機の特定

脅威の特定に使用されるのと同じ情報が、好機の特定にも使われる。本書では、好機を単独で取り上げることないが、好機はリスク特定の全体的な文脈において取り扱う。

インプット

リスク・マネジメント計画書は、リスク特定、予算、方法論、リスク特定とリスク区分のタイミング等のための役割と責任を特定している。**ステークホルダー登録簿**はまた、プロジェクトのリスクと好機の特定と理解を支援してくれる人々を特定できる資料でもある。

コスト・マネジメント計画書は、コストの見積り、予算化、コントロール等のためのプロセスを取り扱う。それは、コントロールの限界値、パフォーマンス測定手法、コストの予備のマネジメントへの取組み方等を文書化したものである。この情報は、**アクティビティ・コスト見積り**と組み合せて、見積りは楽観的すぎないか、プロセスはプロジェクトとライフサイクル・フェーズにとって適切か、コストの見積りとコントロールの技法は適切とみなせるか等を判定するためにレビューする。

インプット	ツールと技法	アウトプット
.1 リスク・マネジメント計画書 .2 コスト・マネジメント計画書 .3 スケジュール・マネジメント計画書 .4 品質マネジメント計画書 .5 人的資源マネジメント計画書 .6 スコープ・ベースライン .7 アクティビティ・コスト見積り .8 アクティビティ所要期間見積り .9 ステークホルダー登録簿 .10 プロジェクト文書 .11 調達文書 .12 組織体の環境要因 .13 組織のプロセス資産	.1 文書レビュー .2 情報収集技法 .3 チェックリスト分析 .4 前提条件分析 .5 図解の技法 .6 SWOT分析 .7 専門家の判断	.1 リスク登録簿

図 11-6 リスク特定のインプット、ツールと技法、アウトプット
(出典:PMBOK® ガイド 第5版 319頁)

リスク特定　125

プロジェクト・リスク・マネジメント

入力側（プロセス）

- 5.4 WBS作成
  ・スコープ・ベースライン
- 6.1 スケジュール・マネジメント計画
  ・スケジュール・マネジメント計画書
- 6.5 アクティビティ所要期間見積り
  ・アクティビティ所要期間見積り
- 7.1 コスト・マネジメント計画
  ・コスト・マネジメント計画書
- 7.2 コスト見積り
  ・アクティビティ・コスト見積り
- 8.1 品質マネジメント計画
  ・品質マネジメント計画書
- 9.1 人的資源マネジメント計画
  ・人的資源マネジメント計画書
- 12.1 調達マネジメント計画
  ・調達文書
- 13.1 ステークホルダー特定
  ・ステークホルダー登録簿
- 企業や組織
  ・組織のプロセス資産
  ・組織体の環境要因
- プロジェクト文書

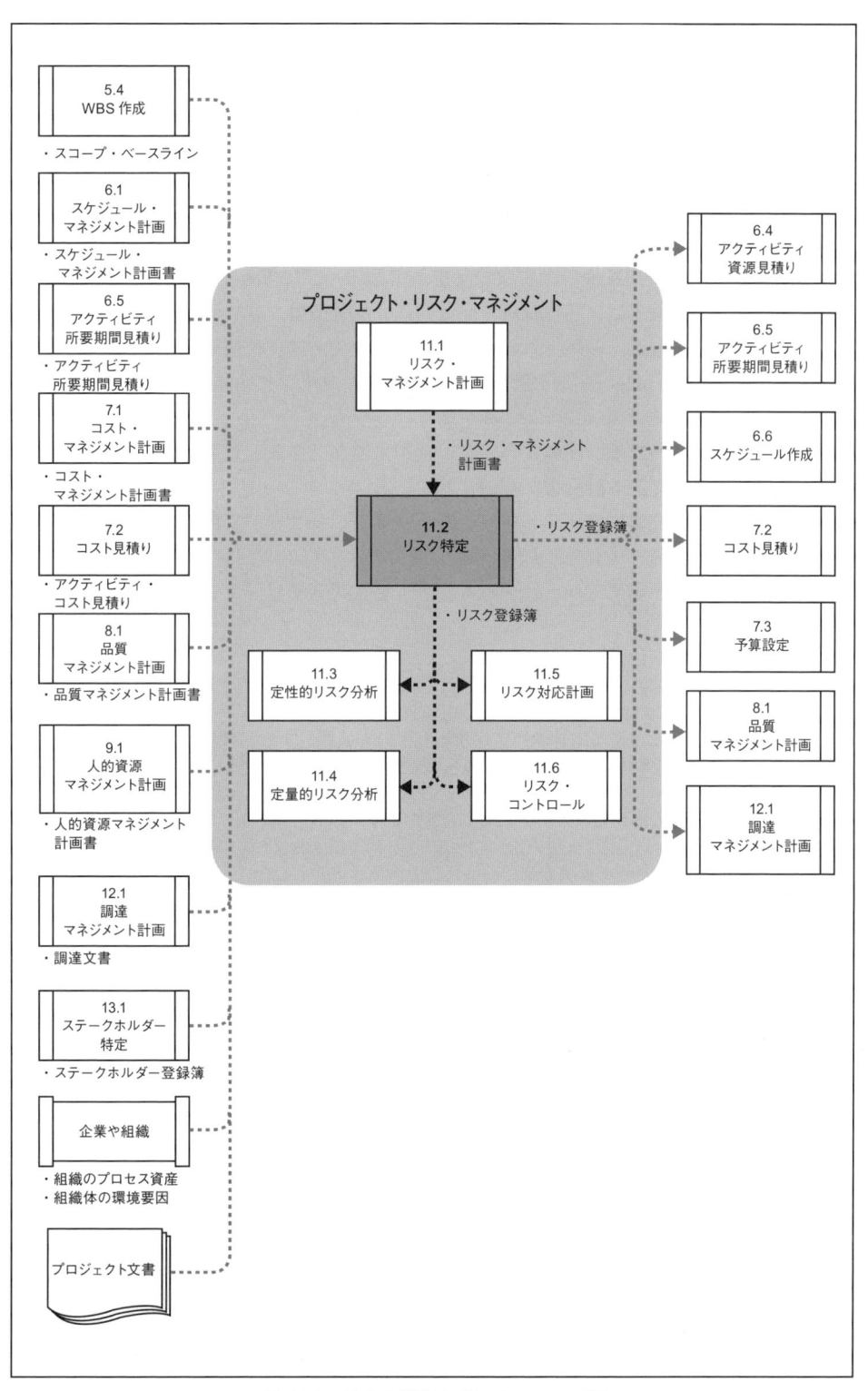

中央

- 11.1 リスク・マネジメント計画
  → ・リスク・マネジメント計画書
- 11.2 リスク特定
  → ・リスク登録簿
- 11.3 定性的リスク分析
- 11.4 定量的リスク分析
- 11.5 リスク対応計画
- 11.6 リスク・コントロール

出力側（プロセス）

- 6.4 アクティビティ資源見積り
- 6.5 アクティビティ所要期間見積り
- 6.6 スケジュール作成
- 7.2 コスト見積り
- 7.3 予算設定
- 8.1 品質マネジメント計画
- 12.1 調達マネジメント計画

図 11-7　リスク特定のデータ・フロー図
（出典：PMBOK® ガイド　第5版　320頁）

スケジュール・マネジメント計画書には、スケジュールの作成とコントロールのための取組み方が書かれている。それは、スケジュール作成に用いられた方法論を定め、所要期間見積りの作成に使用された手法を記述している。**アクティビティ所要期間見積り**は、スケジュール・マネジメント計画書とともに検討され、見積りと制約条件はあまりにも楽観的ではないか、見積り作成に適切な技法が使用されたか、スケジュール予備は適切とみなせるか等が確認される。

スコープ・ベースラインには、WBS辞書にある技術的詳細事項やプロジェクト・スコープ記述書にある前提条件等のプロジェクト・スコープに関わるすべての情報がある。**品質マネジメント計画書**は、品質保証、品質管理、品質改善、プロセス改善等への取組み方を文書化する。それは、使用される品質ツール、使用方法、使用時期、品質報告のためにツールと共に用いられる品質尺度等を定義する。スコープと品質の情報をレビューし、要求されるパフォーマンス・レベルの成果物を作成する。

プロジェクトの要員配置、要員の充足度、使用可能なスキル、要員配置への対応等の情報は**人的資源マネジメント計画書**に記述されている。

上記に取り上げた文書に加えて、ありとあらゆるプロジェクト文書をレビューしてリスクを検討する。未だ確かではない技術を使う場合のように、明白なリスクがある一方で、プロジェクトを端から端までレビューして初めて特定できるリスクもある。例を見てみよう。

文書レビュー

スコープ記述書には、ある特定の成果物が4月1日を納期とすると書かれている。その前提条件として、その成果物の構成部品は在庫のものである旨述してある。スケジュールを見直すと、その前提条件通りになっていない。スケジュールではその部品が発注されていて、4月10日まで入庫せず、その成果物は4月20日に完成するスケジュールになっている。さらに、その部品は発注しなければならないものであるから、その部品が発注されているかどうかを確認するために、コスト見積りを見る必要が出てくる。この例で示そうとしたことは、プロジェクトのリスクのいくつかは、多くの異なる文書をレビューすることによってのみ特定できるということである。

リスク特定に役立つ**組織体の環境要因**には、調査報告書やベンチマークのような外部の情報と調査がある。最も頻繁に利用される**組織のプロセス資産**は、教訓、過去のリスク登録簿、さらに利用可能であれば、リスクのデータベース等がある。

とりわけ有用な**プロジェクト文書**には、パフォーマンス報告書（利用可能な場合）および要求事項文書がある。**調達文書**には取得や契約タイプに関する情報がある。

ツールと技法

文書レビューは、インプットにて特定されたすべての文書を調べることに用いられる。文書レビューは大概プロセスの開始を告げるものである。

次のステップは、より公式的な**情報収集技法**の使用についてである。情報収集の最も簡単な方法は、ステークホルダーにインタビューをすることであり、それには体系化された質問、あるいは自由回答の質問を行う。また、ステークホルダーを集めてグループにし、リスクをグループ分けする区分を用い、リスクのブレーンストーミングを実施する。ブレーンストーミングは、訓練されたファシリテーターを使う公式なものでも、非公式なものでもよい。これは、プロジェクトに関連する特定の知識やスキルをもった人々から、**専

門家の判断および経験を導き出すためにしばしば行われる。

　デルファイ法は、一団の匿名の専門家が、プロジェクトのリスクについて意見の一致を見るように仕組まれたものである。これは、以下のステップよりなる。

1. ファシリテーターが、事前に選定された回答者のグループ（通常、当該分野の専門家）にプロジェクト・リスクに関する一連の問い掛けを記述したアンケートを配布する。
2. 回答者は調査票に書き込み、ファシリテーターに返す。
3. ファシリテーターは回答を編集し、集約する。
4. ファシリテーターは集約した回答を回答者に送付する。回答者は情報にコメントを付けてファシリテーターに戻す。
5. 合意に達するか、編集された情報が十分な域に達しているとの決定がなされるまでこのサイクルが続く。

　根本原因解析は、問題あるいはリスクの根底にある源、すなわち原因の特定を追求する情報収集技法である。特性要因図、フローチャート、インフルエンス・ダイアグラムのような**図解の技法**はしばしば、公式あるいは非公式なプロセスをマッピングして、事象が互いに影響し合い、リスクに発展する仕組みを調べるために用いられる。

　前提条件分析は、前提条件ログの分析のみならず、所要期間とコスト見積り、資源見積り、他のプロジェクト分野の背後にある前提条件等を調べる。前提条件が文書化されていない、あるいは文書化が不十分の場合、それは十分な情報が知られていないか、あるいはその知識が個人の頭の中に保持されており、残りのチームには見えていないことを示している。ある場合には、スケジュールの見積りは、予算のものとは異なっている場合もある（文書レビューの例を参照）。前提条件分析はまた、ある前提条件が正しくない場合の影響度の特定にも役立つ。

　リスクの特定を始める1つの方法は、**チェックリスト分析**を実施することである。この技法では、過去のプロジェクトから編集された情報を使用する。これはあくまでも出発点として使われるべきである。チェックリストを完成したことで、リスク特定が終わったと考えるのは大きな誤りである。

　新製品開発では、**SWOT分析**を行うことが役に立つ。SWOT分析では内部の強みや弱み、および外部の好機や脅威を調べる。これは、組織が強みを活かして市場の好機をうまく利用し、市場の脅威を避けるために弱みを軽減する上で役に立つ。

> **SWOT**：組織、プロジェクトなどの強み（Strengths）、弱み（Weaknesses）、好機（Opportunities）、および脅威（Threats）の分析

アウトプット

　リスク登録簿はこのプロセスにおいて初めて作られ、残りのプロセスを通して絶えず更新される。このプロセスにおいて、特定された各リスク事象の記述はこの登録簿に書き込まれる。リスクを十分に理解し、適切に分析し、対応策を立案できるように、リスクについての十分な情報を書き入れることが重要である。下記リスクの記述は、曖昧なリスクの記述とよいリスクの記述の例である。

> **リスク登録簿**：リスクの分析と対応計画の結果を記録する文書。

リスクの記述

以下、リスクの記述について考えてみよう。
スケジュールはリスクの1つである。
なぜなら、契約上に定められた終了日は強気なものなので、予定通りプロダクトを納入できないリスクがある。
この二番目の記述も考えてみよう。
予算はリスクである。
コスト見積りに使用された労務単価は中間点のレートである。もし、よりスキルの高い要員を使えば労務単価が上昇し、コスト超過が発生する。
上記2ケースの場合、最初の記述はなんら実質的な情報を提示していない。二番目の記述は、リスクの原因を述べており、発生確率と影響度の分析、ならびにリスク対応策の作成に使うことができる。

リスク登録簿とリスク・データ・シートの例は付図-11と付図-12及び付録を参照されたい。

リスク登録簿

プロジェクト名：＿＿＿＿＿＿＿＿＿＿＿　　作成日：＿＿＿＿＿＿＿＿＿＿＿

リスクID	リスク記述	発生確率	影響度			点数	対応
			スコープ	品質	スケジュール	コスト	

見直し発生確率	見直し影響度		見直し点数		責任部署	アクション	状況	コメント
	スコープ	品質	スケジュール	コスト				

付図-11　リスク登録簿

付図-12　リスク・データ・シート

定性的リスク分析

　定性的リスク分析は、リスクの発生確率と影響度の査定とその組合せを基に、この後の分析や処置のためにリスクの優先順位付けを行うプロセスである。リスクを多く抱えるプロジェクトでは、リスクを優先順位付けして、チームが最もクリティカルなリスクへの対応に確実に時間を割けるようにすることが重要である。定性的リスク分析は、迅速にリスクを優先順位付けする方法である。発生確率と影響度に加えて、リスクの緊急性もリスク分析に組み込まれるべきである。差し迫ったリスクは、遠い将来のリスクより前に対処すべきである。

　図 11-8 は定性的リスク分析プロセスのインプット、ツールと技法、アウトプットを示す。図 11-9 は定性的リスク分析プロセスのデータ・フロー図である。

> **好機の分析**
> 　脅威の分析に使用する情報と同じ情報は好機の分析にも使用される。しかしながら、好機については、発生確率と影響度が高ければ高いほど良い。好機を別途取り上げるのではなく、むしろリスク分析の全般的な文脈のなかで双方を取り扱う。

インプット

　このプロセスで使われる情報の多くは、チームがリスク・マネジメント計画プロセスに従事しているプロジェクトの開始時に定義される。リスク・マネジメント計画プロセスの

アウトプットである**リスク・マネジメント計画書**には、プロジェクトの各目標に対する発生確率と影響度の定義を含み、またそれに伴う高、中、低のリスクの区分はすべて、計画プロセスの開始時に定義される。これらの定義とマトリックスは、リスクの優先度を決めるために、**リスク登録簿**にて特定したリスクに対して適用する。

プロジェクト・スコープ記述書を伴っている**スコープ・ベースライン**は、プロダクトの性質に関する情報を含んでおり、リスクの発生確率（新規技術は開発とテストの段階において問題が生じることが多い）および影響度（強制的な制約条件は期日の遅れと予算の超過という影響を増加させる）を決定する情報がある。

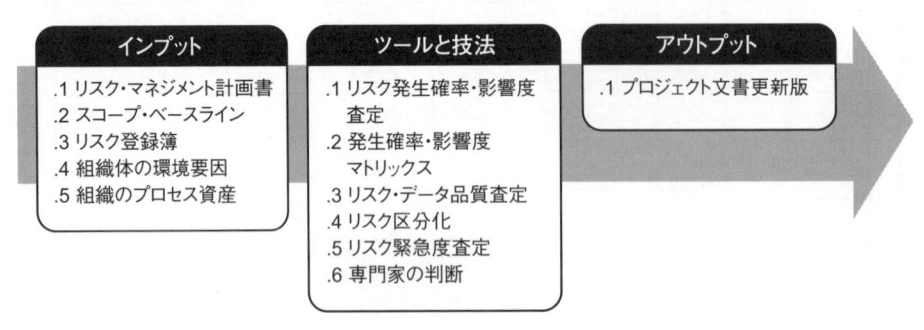

インプット	ツールと技法	アウトプット
.1 リスク・マネジメント計画書 .2 スコープ・ベースライン .3 リスク登録簿 .4 組織体の環境要因 .5 組織のプロセス資産	.1 リスク発生確率・影響度査定 .2 発生確率・影響度マトリックス .3 リスク・データ品質査定 .4 リスク区分化 .5 リスク緊急度査定 .6 専門家の判断	.1 プロジェクト文書更新版

図 11-8 定性的リスク分析 インプット、ツールと技法、アウトプット
（出典：PMBOK® ガイド 第 5 版 328 頁）

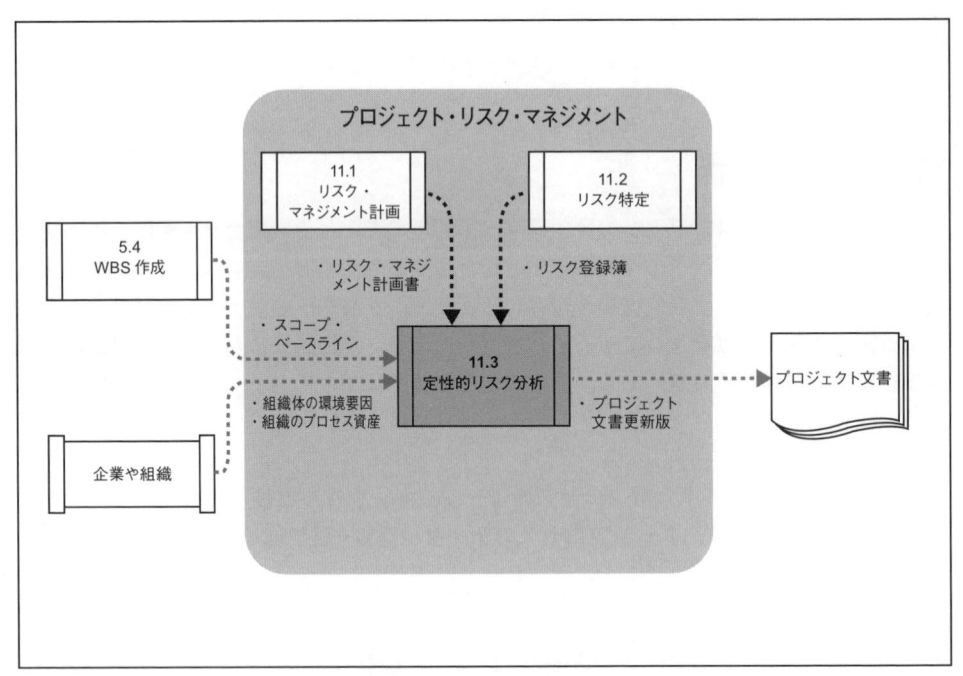

図 11-9 定性的リスク分析のデータ・フロー図
（出典：PMBOK® ガイド 第 5 版 328 頁）

このプロセスに影響する**組織体の環境要因**には、リスクのデータベースがある。過去のプロジェクトから得られる情報は、このプロセスにて役に立つ**組織のプロセス資産**である。

ツールと技法

リスク・マネジメントに責任を有する要員は、リスク・マネジメント計画書に記述されている発生確率と影響度の定義を用いて、リスク（または、責任をもつリスク）毎に、**リスク発生確率・影響度の査定**を行う。その後、この情報を発生確率と影響度マトリックスに書き込む。リスク・マネジメント計画プロセスの個所で述べたように、このマトリックスはそれぞれの目標に対するリスクの相対的な重大さに応じて網掛けする。

発生確率・影響度マトリックスは、1 から 3、1 から 5、あるいは 1 から 10 といった点数による評価を使用することがある。また、高・中・低、あるいは「極めて低い」から「極めて高い」といった記述的査定を使用することもある。以下の例は、リスク許容度が均等に釣り合いのとれた 5×5 のマトリックスの点数による査定を示す。

この例を使えば、15 点あるいはそれ以上の点数のリスクは、高リスクとみなされる。4 から 12 点までのリスクは中リスク、4 点およびそれを下回るリスクは低リスクである。

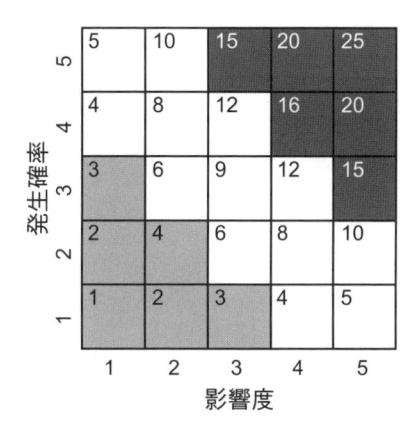

発生確率＼影響度	1	2	3	4	5
5	5	10	15	20	25
4	4	8	12	16	20
3	3	6	9	12	15
2	2	4	6	8	10
1	1	2	3	4	5

リスクの査定の前に、チームは**リスク・データの品質査定**を実施する必要がある。これによって、リスクについてあなたが持っている情報が正確で、できるだけ詳細であるようにすることが必要であるということを告げる気の利いたやり方である。「おおよその想定でリスクは 40 パーセントの発生可能性がある」と言うことは、「最近の 20 のプロジェクトのデータを調べた結果、8 つのプロジェクトでその事象が発生したことに気がついた」ということよりも正確さがかなり劣る。リスク分析に当たっては、データの一貫性が重要である。必要があればチームがリスクについて確実に十分な調査を行い、十分にリスクの理解を深める。そうすればリスクを正確に記述し、分析することができる。

多くのリスクを抱えるプロジェクトでは、リスク・ブレークダウン・ストラクチャー、フェーズ、根本原因、その他の手法を用いて**リスク区分**を行い、それにより類似のリスクに関連したリスクの状況についてより明確な理解を得たいと思うであろう。

リスクの緊急度の査定は、近時点のリスクに焦点を当てた取組みに使用する。例えば、A から G までのリスクがあるとしよう。先に示した同じマトリックスを使って資源のリスクのみに注目して分類すると、以下の結果が得られる。

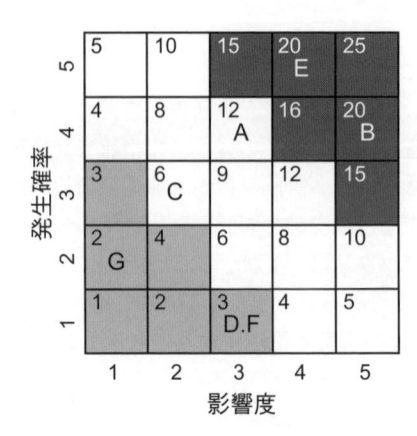

	1	2	3	4	5
5	5	10	15	20 E	25
4	4	8	12 A	16	20 B
3	3	6 C	9	12	15
2	2 G	4	6	8	10
1	1	2	3 D.F	4	5

縦軸：発生確率　横軸：影響度

この情報を考慮すると、最初にE、それからB、次にA、その次にCの順に取り組むのが道理にかなっているように見えるであろう。しかしながら、もしAは翌月に、EとBは9ヵ月から12ヵ月後の先で発生する可能性があるのならば、今はもっとも緊急度の高いAに最初に焦点を定めるであろう。

専門家の判断は、発生確率と影響度と共にデータの質を正確に査定するために用いられる。専門家の判断の1つの種別として、リスク・マネジメント・プロセスの高度な熟練者がいる。

アウトプット

更新されるプロジェクト文書には、前提条件ログとリスク登録簿がある。リスク登録簿は、発生確率、影響度、および各リスクのリスク度（発生確率×影響度）を反映して更新される。リスク登録簿は、最も重大なリスクがリストのトップに来るように評価点に基づいて何度も並べ替えられる。もう1つの分類方法として、最初は区分によって、次に緊急度によって、それから重要度順で並べ替えられる方法がある。

この時点では、たいていのリスクは低リスクとして評価される。それらのリスクは、監視リストに記載され、その発生確率や影響度が変化し、処置が必要になった場合に備えて監視される。より細かな査定を必要とする別のリスクもある。そのようなリスクは、定量的リスク分析のプロセスへ送られる。その他の多くのリスクは、リスク対応計画プロセスに直接送られる。

プロジェクトの進捗につれて、チームは、あるリスク区分のリスクの発生確率が上昇したり、ある特定区分のリスクがマトリックスの低い領域に移勤したりするなど、リスクの傾向を特定できる場合がある。

定量的リスク分析

定量的リスク分析は、特定したリスクがプロジェクト目標全体に与える影響を数量的に分析するプロセスである。すべてのプロジェクトが正式な定量的リスク分析を必要とするものではない。このプロセスで使われるモデル化とシミュレーション技法の多くは何百万ドルのリスクにさらされる非常に大規模なプロジェクトにあてはまるものである。

定量的リスク分析には、2つの目的がある。1つは、リスクの高い個々の事象の影響度の定量化であり、もう1つは、プロジェクト全体のスケジュール・リスクとコスト・リ

スクの確認である。

　図 11-10 は定量的リスク分析プロセスのインプット、ツールと技法、アウトプットを示す。図 11-11 は定量的リスク分析プロセスのデータ・フロー図である。

インプット
.1 リスク・マネジメント計画書
.2 コスト・マネジメント計画書
.3 スケジュール・マネジメント計画書
.4 リスク登録簿
.5 組織体の環境要因
.6 組織のプロセス資産

ツールと技法
.1 データ収集・表現技法
.2 定量的リスク分析とモデリング技法
.3 専門家の判断

アウトプット
.1 プロジェクト文書更新版

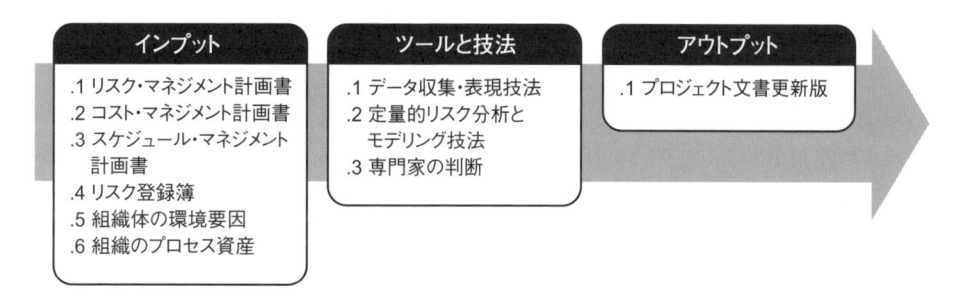

図 11-10　定量的リスク・マネジメントのインプット、ツールと技法、アウトプット
（出典：PMBOK® ガイド　第 5 版　334 頁）

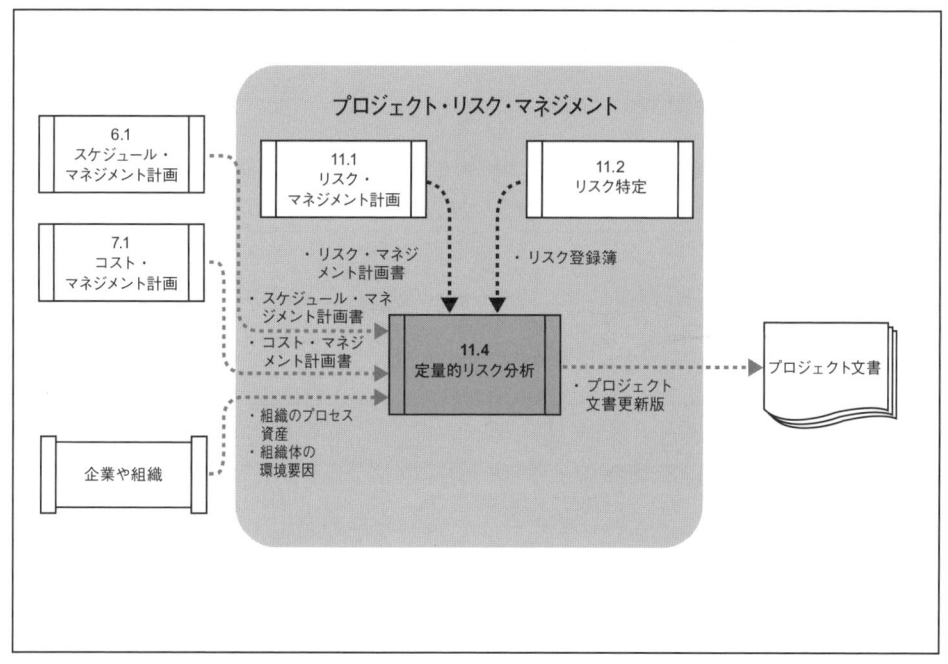

図 11-11　定量的リスク分析のデータ・フロー図
（出典：PMBOK® ガイド　第 5 版　334 頁）

定量的好機分析
一般に、プロジェクトは好機については定量的分析を必要としない。

インプット

リスク・マネジメント計画書では、このプロセスで使用するツールと技法とそれを適用する要員と共に特定する。

コスト・マネジメント計画書と**スケジュール・マネジメント計画書**には、プロジェクト全体のコストとスケジュールのリスクの確認に使用される情報が記載されている。それら

の情報にはコントロール限界、差異限界値、予備設定などがある。

リスク登録簿の更新版には、定性的リスク分析からの情報がある。**組織体の環境要因**には、リスク・データベースやさまざまな業界調査結果等がある。**組織のプロセス資産**には、定量的リスク・マネジメントの方針や手順、および過去のプロジェクトの情報とリスク・データベースの情報がある。

ツールと技法

データ収集技法の主なものは、インタビューである。**データ表現技法**の主なものは確率分布である。インタビューは、ある特定のリスクに関する情報入手とそれらの定量化の役に立つ。例えば、あるリスクの発生確率が高く、スケジュールへの影響度が中であるとみなされた場合、ステークホルダーにインタビューすることにより、発生確率が「高」である理由、およびクリティカル・パスへの影響度が「中」であるという理由（多分フロートを使用して判定する）を理解できるであろう。その時点で、リスクの定量化のために、期待金額価値のような**定量的リスク分析とモデリング技法**を使用することになるだろう。例を見てみよう。

期待金額価値

40パーセントの確率で発生し、$200,000の影響を及ぼすリスクの期待金額価値は、$80,000（0.4 × $200,000 = $80,000）である。

インタビューを行う他の用途として、リスク事象や見積りに関連する不確実性を理解するきっかけにすることがある。インタビュアーは、リスク・オーナー（あるいは、ワーク・パッ

確率分布

インタビュアー：クララ、このワーク・パッケージについて、もしすべてが、ことのほかうまくいったとしたら、コストはいくら位と見積りますか。

クララ：そうですね。最善の場合のシナリオでは、約12,000ドルでしょうか。

インタビュアー：なるほど。環境、利用可能資源、その他についてお持ちの知識の範囲で、最も起こり得る場合のコストについては、どうお考えですか。

クララ：おそらくは、大体14,000ドル程度でしょう。必要とする資源は十中八九入手できるでしょうが、解決を要する問題がいくつかあります。

インタビュアー：わかりました。では、最悪の場合のシナリオが起こったと仮定しますと、それはどのような状況でしょうか。

クララ：そうですね。最悪の場合のシナリオは、約束されている8人の要員の内、5人しか割り当ててもらえないことでしょう。それに、材料の入荷が遅れ、それがスケジュール遅延の原因となり、それがまた、超過勤務にもつながるでしょう。さらに、思うように迅速に技術の問題を解決できなければ、ワーク・パッケージは$22,000 ものコストになるかもしれません。

この情報は、確率分布の作成に使用できる。最も単純な形は三角分布であり、それによるとそれぞれの結果は均等加重され、その上で合計を3で割って期待される結果を得る。この場合は、期待される結果は、

$$\frac{(12,000 + 14,000 + 22,000)}{3} = 16,000 \text{ドル}$$

最も起こり得るシナリオに、最善の場合や最悪の場合のシナリオよりも高い重み付けするパート式のような加重方式を使うこともできる。パートについてはアクティビティ所要期間見積りプロセスやコスト見積りプロセスにて取り上げている。

ケージ・オーナー）に事象の極端なシナリオ、および発生可能性が最も高い事象について質問をする。これらの情報は収集され、後にモデル化とシミュレーションに使うことができる。また、それは見積りのための期待値の測定にも使用可能である。以下はその例である。

　＄14,000と＄16,000との差異は比較的小さいかもしれないが、これは単に1つのワーク・パッケージについてである。起こり得る結果の広がりの規模を十分に理解するには、これをすべての結果に対して行う。そして、この情報をモンテカルロ・シミュレーションを実行できるシミュレーション・ソフトウェア・パッケージに入力する。モンテカルロ・シミュレーションは、インタビューから得られた範囲内で、一連の見積りを使って、プロジェクトを何千回も反復して実行するものである。最終結果として、プロジェクトについて、さまざまなコストの結果をに対する確率が得られる。例えば、すべてのワーク・パッケージが、最も起こり得るコストになると仮定すれば、モンテカルロ・シミュレーションによる成功の確率はわずか28パーセントであるかもしれない。これは、期待値が平均値、つまり起こりそうな結果の50パーセントであるからである。したがって、もし最も起こり得る結果が期待値以下であれば、もっとも起こり得る結果は常に、50パーセント未満の達成確率となる。70または80パーセントの時間で達成することが期待できる予算を示したり、予算に応じて成功する確率をパーセントで示したりすることで、モンテカルロ・シミュレーションが役に立つ。この技法を使うためには正確な情報を持っていることがいかに重要かが理解できる。これは、真に「ゴミを入れればゴミしか出てこない」という格言の実例である。

　デシジョン・ツリーは期待金額価値とともに使用され、不確実性を所与として、意思決定の期待価値を決定する。図11-12の例はPMBOK® ガイドからの引用である。これは、新しく生産工場を建設するかそれとも既存の工場を改善するかを決めるモデルである。それは、製品の需要における不確実性を示し、不確実性が両方のシナリオに財務的にどのような結果をもたらすかを示している。期待金額価値は、実際の価値ではなく、ある価値に一定の割合を掛けたものであることを念頭に置くこと。不確実な事象があれば、全体の収益に対して期待されるコストの全体像を浮かび上がらせる。

　このプロセス、とりわけインタビュー、モデル設定、ソフトウェア等でシミュレーションを実行する方法等を知ることは特に役立つ。これらのプロセスの結果を解釈する上で**専門家の判断**による支援を受けられるようにしておくことも大切である。

アウトプット

　プロジェクト文書更新版にはリスク登録簿などがある。リスク登録簿では、定量的分析に基づくリスクの優先順位リストが更新される。このプロセスから生成される情報は、コストとスケジュールの目標を達成する可能性を確認することに使われたり、プロジェクトの成功に必要なコストとスケジュールの予備を設定することに使われたりする。プロジェクトの進捗につれて、より多くの情報が利用可能となるので、これらの技法を繰り返して実施することで、その結果を基に傾向を読み取ることができる。

決定事項の定義	決定ノード	機会ノード	パスの正味価値
決定事項	インプット：各決定事項のコスト アウトプット：決定結果	インプット：シナリオの発生確率、および発生時の収益 アウトプット：期待価値金額（EMV）	算出結果： コストを差し引いたパスの収益

デシジョン・ツリー図の内容：

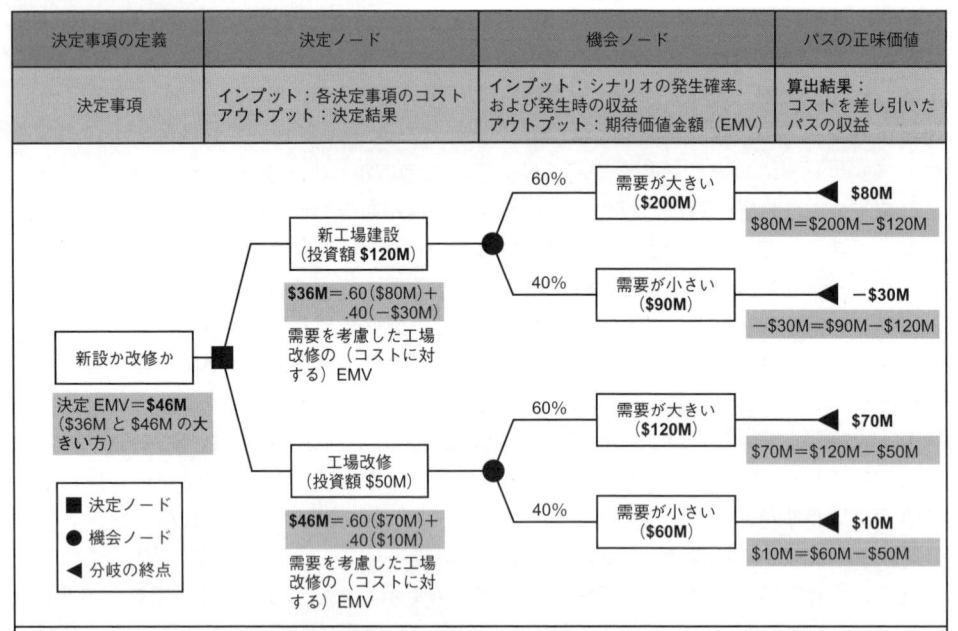

- 新設か改修か（決定ノード）
  - 決定 EMV＝$46M（$36M と $46M の大きい方）

- 新工場建設（投資額 $120M）
  - $36M＝.60($80M)＋.40(－$30M)
  - 需要を考慮した工場改修の（コストに対する）EMV
  - 60% 需要が大きい（$200M） → $80M＝$200M－$120M
  - 40% 需要が小さい（$90M） → －$30M＝$90M－$120M

- 工場改修（投資額 $50M）
  - $46M＝.60($70M)＋.40($10M)
  - 需要を考慮した工場改修の（コストに対する）EMV
  - 60% 需要が大きい（$120M） → $70M＝$120M－$50M
  - 40% 需要が小さい（$60M） → $10M＝$60M－$50M

凡例：
- ■ 決定ノード
- ● 機会ノード
- ◀ 分岐の終点

注1：このデシジョン・ツリーは、状況に不確定要素（機会ノード）が含まれる場合に、選択可能な資本戦略（決定ノード）の中から最適なものを選択する方法を示している。

注2：ここで決定すべきことは、$120Mを投資して新工場を建設するか、$50Mの投資だけで現有工場を改修するかの判断である。各決定において、需要（不確定なので機会ノードとして示す）を考慮する必要がある。例えば、需要が大きい場合、新工場を建設した場合は$200Mの収益が見込めるが、工場改修の場合は、能力の制限により$120Mの収益しか見込めない。
各分岐の終点は、収益からコストを引いた正味利益を示している。決定分岐ごとにすべての影響する要素を加算（網かけ領域を参照）して、決定全体の期待金額価値（EMV）を算出する。投資コストを計算に含めていることに注意してほしい。網かけ領域で示した計算により、工場改修のEMVの方が$46Mという高い値となっていることがわかる。これは、全体の決定のEMVでもある（この選択は、最悪ケースの場合に生じる$30Mの損失の可能性を回避している点で、最小リスクの選択でもある）。

図 11-12　デシジョン・ツリー・ダイアグラム
（出典：PMBOK® ガイド　第 5 版　339 頁）

リスク対応計画

　リスク対応計画は、プロジェクト目標に対する好機を高め、脅威を減少させるための選択肢と方策を策定するプロセスである。分析プロセスにおいてリスクの優先順位付けが行われた後、リスクは責任ある当事者に割り当てられ、適切な対応策が作成される。「適切」とは、プロジェクトの前後関係や背景を考慮して、コストと時間に対する効果が高いことを意味している。多くの場合、リスクへの対応策には複数の選択肢があるが、その内のいくつかあるいは全部が用いられる。

　図 11-13 はリスク対応計画プロセスのインプット、ツールと技法、アウトプットを示す。図 11-14 はリスク対応計画プロセスのデータ・フロー図である。

図 11-13 リスク対応計画 インプット、ツールと技法、アウトプット

インプット
- .1 リスク・マネジメント計画書
- .2 リスク登録簿

ツールと技法
- .1 マイナスのリスクもしくは脅威に対する戦略
- .2 プラスのリスクもしくは好機に対する戦略
- .3 コンティンジェンシー対応戦略
- .4 専門家の判断

アウトプット
- .1 プロジェクトマネジメント計画書更新版
- .2 プロジェクト文書更新版

図 11-13　リスク対応計画　インプット、ツールと技法、アウトプット
(出典：PMBOK® ガイド　第 5 版　342 頁)

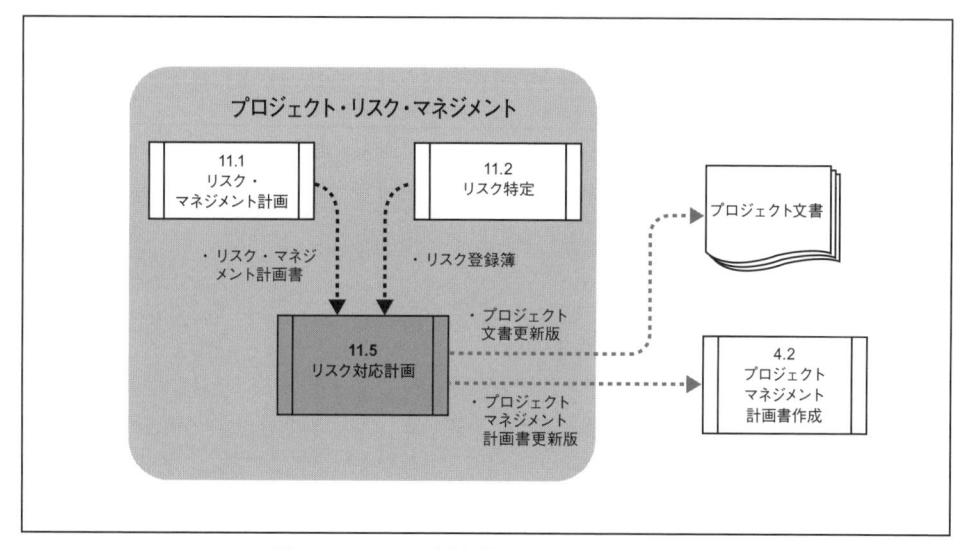

図 11-14　リスク対応計画のデータ・フロー図
(出典：PMBOK® ガイド　第 5 版　342 頁)

インプット

リスク・マネジメント計画書には、リスク対応策への取り組みおよびリスクのコンティンジェンシー予備に対する基本的な方針が記述されている。**リスク登録簿**には、発生確率、影響度、緊急度等により優先順位付けされたリスクのリスト更新版がある。

ツールと技法

マイナスのリスク事象（脅威）に対する戦略は以下の通りである。

- 回避
- 転嫁
- 軽減
- 受容

これから、各戦略の説明といくつかの例を見てみよう。

回避：リスクの回避は、脅威を完全に取り除くために、プロジェクトマネジメント計画書、あるいはプロジェクトの取組み方を変更することである。

- スケジュール超過の分類に入るリスクが多い場合、スケジュールを延長することでリスクを回避できる。
- 実証されていない技術や取組みに関わるリスクが多い場合、以前うまくいった取組み方を採用することができる。

転嫁：リスクの転嫁とは、リスク・マネジメントの責任を、よりうまくマネジメントできる者に渡すことである。リスクの転嫁には通常、リスクを引き受ける組織や要員への保険料ないし支払いが伴う。

- 政府の工事を受注した建設請負業者は、工事の完工保証として完成保証ボンドの入手が必要である。請負業者は担保会社に保証料を支払う。請負業者が不履行を起こした場合、担保会社はその工事を完成させるための支払いを行う。政府は不履行のリスクを担保会社に転嫁したのである。
- 自社で新規ソフトウェアを開発する企業は、その業務をタイムリーに完成するために必要な自社の要員の可用性や能力についてリスクがある。その場合、作業の完成を外部の請負業者に転嫁する選択肢がある。

業務を転嫁しても、実行する上でリスクの影響を回避しているわけではない。リスクの転嫁によりリスクのマネジメントあるいはリスクの財務上の影響を転嫁することができる。しかし事象が発生すれば組織はそれでもまだその影響を受ける。上述の2番目の例では、業者の作業の引渡しが遅れれば、業者に委託した企業は納期遅延の問題を引き続き抱え込む。

軽減：リスクの軽減は、脅威の発生確率や影響度あるいはその双方を減少させることである。最も一般的な軽減戦略には、要求事項のより詳細な定義、冗長性をもたせたプロセスの構築、稼働やモデルの段階的なスケール・アップ、事前の計画により多くの時間を投入すること等がある。

- 設計チームは、すべての図面についてピア・レビューのプロセスを適用することで、設計上の欠陥の発生確率を下げることができる。
- 停電の影響度を減少させるために、予備の発電機を使用できるようにする。

受容：リスクを受容することは、そのリスクに対応する戦略を策定できない、あるいは意図して策定しないことである。これは発生確率が低くかつ影響度も低いリスク、またはマネジメントすることができないリスクに対して用いられる。

- 予定していた特定の要員が利用できない可能性があるが、その作業は定常的なものであり、他に代用できる要員がいる場合、そのリスクを受容し、それが発生したときに対処する。
- 1社のサプライヤーが労使交渉中であるが、当該サプライヤーとの契約期限が切れることになっている場合、その状況を実際に変えることはしない。サプライヤーのリスクを受容し、コンティンジェンシー計画を策定して対応する。

受容するリスクに備えるために、プロジェクトは時間とコストのコンティンジェンシー予備を使う。チームは、受容しようとする特定リスクの全部でなくても、一部は発生することを了解している。したがって、これに対する備えとして、スケジュールに時間を見込み、予算に資金を組み込む。

脅威については、もし他のすべてが失敗した場合に実行する代替計画を準備することもまた役に立つ。例えば、新しい会計システムを導入したが、計画通りの機能を発揮しない心配がある場合、新システムのバグがすべて除去されるまで旧システムを使用する代替計画を用意することができる。

リスクへ対応した結果、新たなリスクを取り込んでしまうことがある。これは、二次リスクと呼ばれる。二次リスクとは、対応策を計画した結果として特定されるリスクのことである。例えば、コスト・プラス定額フィー契約に基づいて業務を請負業者に転嫁した場合、その業者が目標金額を超過するリスクを抱え、その結果としてプロジェクトのコストが超過する。

プラスのリスク、もしくは好機に対する戦略には以下のものがある。

- 活用
- 共有
- 強化
- 受容

続いて、それぞれの説明と例を見てみよう。

活用：好機の活用は、脅威の回避と同等である。確実に好機を捉えられるように行動を起こす。

- 早期完了インセンティブのある契約により仕事をしているとする。その仕事に最良の作業員を投入し、早期完了を確保するために残業を許可し、そうしてインセンティブ・フィーを最大にしようとするであろう。

共有：好機の共有は、脅威の転嫁と同等である。別の組織と連携することで好機の獲得を促進する。

- 入札に応じるために別の組織とパートナーを組み、ビジネスを受注する可能性を高めようとするであろう。自社の弱点を埋め合わせるスキルと強みをもつ組織を選択することで受注の可能性が高まる。

強化：好機を強化することは、脅威の軽減と同等である。好機の発生確率と影響度のいずれかあるいは双方を増加させる行動をとる。

- 過去のプロジェクトからの情報、コード、資料、調査等を再利用することでコストを削減する能力を強化する。最新で最高の技術を使わず、予算以下に収まる可能性を増大させる。

受容：好機を受容することは、好機が実際に発生した場合にその状況を活用しようとしている状態にあるということである。

- 別のプロジェクトがキャンセルされ、そのプロジェクトから貴重な要員が転出する可能性がある。もし、そのような事態が起これば、その要員のうちの何人かを自分のプロジェクトに割り当ててもらうべく働きかける。しかし、そのプロジェクトがキャンセルされるように働きかけたり、キャンセルを想定して貴重な要員を確保したりするような積極的な試みは行わない。

コンティンジェンシー対応戦略は、明確に特定された事象が発生した場合に用いられる。例えば、ある部署が決まった日までに、定められた割合で機能を発揮しなかった場合、より多くの要員を投入するか、異なった方法を用いるか、残業を認可するか等の決定を下すであろう。これらはすべて、コンティンジェンシー対応策、あるいは期日の到来時にパフォーマンスが特定したトリガー・ポイント以下である場合に発動される計画である。コンティンジェンシー計画には、それらが発動すべきことを明示するトリガー・ポイントを設けるべきである。

専門家の判断は、対応策の作成および複数の対応策から選択を行う上で役に立つ。

アウトプット

プロジェクト文書更新版には、リスク登録簿などがある。リスク登録簿は、リスク対応計画、リスクとその対応をマネジメントする責任者、現行のリスク対応計画を基にリスクの発生確率と影響度の新たな分析等により更新される。コンティンジェンシー計画の作成に取り組む場合には、トリガーもまた文書化する。リスク対応策に関連する行動、スケジュール・アクティビティ、予算等はリスク登録簿およびリスク・データ・シート（使用されているなら）に記入する。残存リスク、つまり残っているリスクは、修正された発生確率と影響度査定にて表示する。

脅威が転嫁されるか、好機が共有されている場合、チームは用いられている契約の種類を含めて、リスクに関連している契約上の決定事項を伝達し、文書として残す。

リスク対応、コンティンジェンシー計画、スケジュールとコストの予備等が、プロジェクトマネジメント計画書更新の原因になることが多く発生する。スコープ、予算、アクティビティの変更を取り込むため、WBS、コスト、スケジュール・ベースライン等は更新される必要がある。

コストまたは所要期間の見積り、コンティンジェンシー予備、スケジュールや予算に対する役割と責任等のマネジメントに変更があれば、コストおよびスケジュールのマネジメント計画書は更新される。

品質尺度、測定結果、技法、プロセス等に対する変更は、品質マネジメント計画書に記述される。要員配置、スキルへの要求事項、トレーニング、プロジェクトの組織構造への変更は、人的資源計画書に記述される。リスクまたは好機の転嫁あるいは共有からの結果は、調達マネジメント計画書に追記される。

他のプロジェクト文書更新版には、要求事項、技術文書、前提条件、ステークホルダー登録簿等への更新がある。

第12章　調達計画

この章のトピック
☞ プロジェクト調達マネジメント
☞ 調達マネジメント計画

プロジェクト調達マネジメント

　プロジェクト調達マネジメントは、プロダクト、サービス、所産等をプロジェクト・チームの外部から購入または取得するプロセスからなる。

　調達マネジメントは、調達の取組みの計画、契約種類の選定、入札書類の作成、納入者選定基準の決定、契約交渉、契約期間中の契約関係とパフォーマンスのマネジメント等からなる。大規模プロジェクトでは多くの契約書が交わされ、多数の納入者を母体組織の仕事に組み込むことが必要になる。

　調達は法的拘束力がある契約を取り扱う。契約は下請け契約、注文書、合意書、その他のさまざまな用語で呼ばれている。契約には法的拘束力があり、さらに多くの場合、多額の金銭価値を伴っているので、法務、契約、購買の専門家がチームを代理して対応する必要がある。主要な調達では通常、方針、手順、プロセス等がすべて整えられている。

　組織によっては、同じ組織内の他の部門から物品やサービスの「購入」を行う。これは、部門間業務と称する。組織内と組織外でのプロセスの多くは同じものなので、ここでは外部調達に焦点を当てる。状況によっては、組織はビジネス獲得のために別の組織と組むことがある。これは、協業契約と呼ばれる。両者とも、調達としては同じプロセスに従うが、他の組織とチームを組む決定は、通常、組織の最高レベルにて下される。

いろいろな呼び方

合意は以下のように呼ばれる
- 契約
- 下請け契約
- 了解事項
- 発注書

購買者は以下のように呼ばれる
- 施主
- 顧客
- 元請業者
- 取得企業
- 政府機関
- 業務要求元
- 買い手

納入者は以下のように呼ばれる
- 応札者
- ベンダー
- 発注先
- サプライヤー
- 下請け業者

調達マネジメント計画

　調達マネジメント計画は、プロジェクトの調達に関する意思決定を文書化し、取組み方を明確にし、納入候補を特定するプロセスである。この調達プロセスの初期においては、プロジェクト目標の達成に必要なサービスや成果物について、内製にするか外製にするかを決定する。すべての作業が組織内で行われるならば、さらなる調達プロセスを行う必要がない。サービスあるいは成果物を組織外から購入する決定が下された場合は、調達の各ステップをどのようにマネジメントし、内製した成果物との統合を図るかを決めるために、このプロセスを使う。契約の種類もこのプロセスにて決定する。プロジェクト調達マネジメントのプロセスは、個々の調達行為に対して実行される。多くの調達を行う大規模プロジェクトでは、契約プロセスをスケジュールに統合すること、および契約した成果物を相互に摺り合わせることは非常に複雑になる。

　図 12-1 に調達マネジメント計画プロセスのインプット、ツールと技法、アウトプットを示す。図 12-2 は、調達メネジメント計画プロセスのデーター・フロー図である。

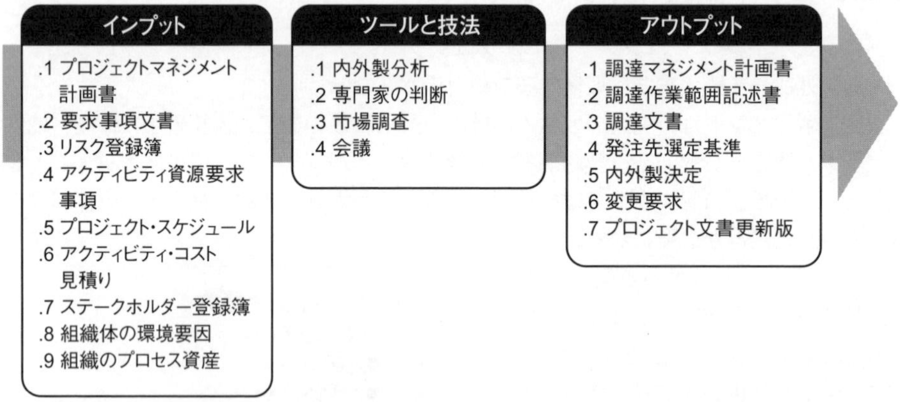

インプット	ツールと技法	アウトプット
.1 プロジェクトマネジメント計画書 .2 要求事項文書 .3 リスク登録簿 .4 アクティビティ資源要求事項 .5 プロジェクト・スケジュール .6 アクティビティ・コスト見積り .7 ステークホルダー登録簿 .8 組織体の環境要因 .9 組織のプロセス資産	.1 内外製分析 .2 専門家の判断 .3 市場調査 .4 会議	.1 調達マネジメント計画書 .2 調達作業範囲記述書 .3 調達文書 .4 発注先選定基準 .5 内外製決定 .6 変更要求 .7 プロジェクト文書更新版

図 12-1　調達マネジメント計画のインプット、ツールと技法、アウトプット
(出典：PMBOK® ガイド　第 5 版　358 頁)

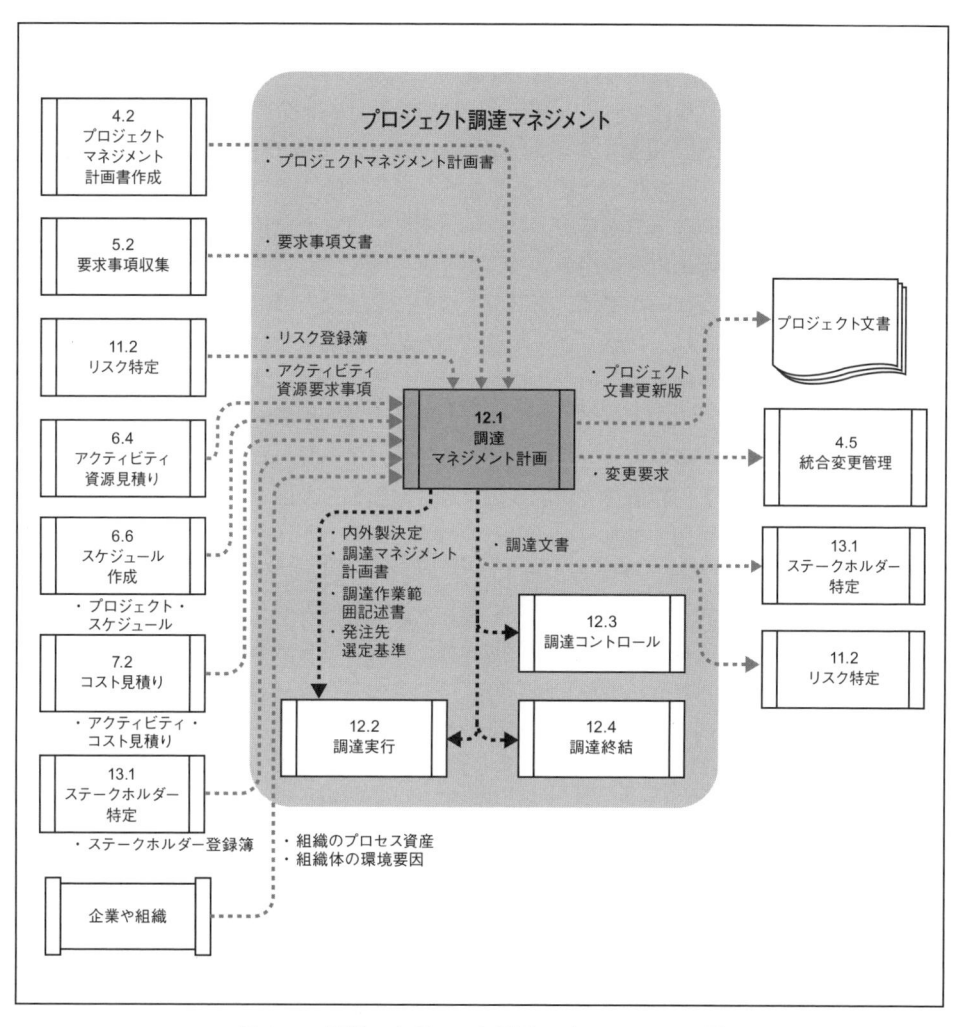

図12-2　調達マネジメント計画のデータ・フロー図
（出典：PMBOK® ガイド　第5版　359頁）

インプット

プロジェクトマネジメント計画書には、スコープ・ベースラインが記述されている。スコープ・ベースラインと要求事項文書をレビューし、成果物とスキルについて組織内で入手可能なものと外部からの取得が必要なものとの見極めをつける。物品やサービスを外部調達とするか内製するかの判断に影響を与える技術的な詳細が、スコープ・ベースラインや**要求事項文書**に記述されている可能性がある。要求事項文書にはまた、プロジェクトを実行するために入手しなければならない認証、許可証、使用許諾等に関する情報が含まれているかもしれない。このような要求事項により、成果物の内外製を決める判断が左右される。

第11章のリスク対応計画のところで、リスクのベンダーへの転嫁は、リスク対応の1つの選択肢であると述べた。もしこの選択肢が採用されたら、**リスク登録簿**が調達契約のインプットとなる。

要員、機器、材料、その他の資源等についての情報は、**アクティビティ資源要求事項**にて文書化される。必要とする材料の種類によっては、より複雑な契約の代わりに発注書で事が足りるかもしれない。特定のスキル・セットあるいは資格をもった要員が必要であれ

ば、組織外で探すことを余儀なくされるかもしれない。

アクティビティ・コスト見積りは、物品を購入するかリースするかがコストにどう影響するかを決定するために見直される。例えば、建設企業は、十分長時間使用すると考えれば、重機を購入することに投資する傾向がある。しかし、もし現在の仕事では、今後1, 2度しか使用しないだろう機器が必要であるなら、その組織はその機器をリースするかレンタルにするかを考えるべきである。アクティビティ・コスト見積りはベンダーによる入札の妥当性を決定するためにも使用できる。

プロジェクト・スケジュールでは、プロジェクトに必要なものに求められる納入日を表示するが、ものによっては、スケジュールを守るために内製を止めて、購入に決定することもある。複数の部門や組織がプロジェクトに参画していると、**ステークホルダー登録簿**は特に役立つ。ステークホルダーである組織が、自分の部門や組織からは得ることができない、プロジェクトに必要な資源を所有していることが多々見られる。

このプロセスにおいて、**組織体の環境要因**は大きな影響を及ぼす。例えば、ある地域における材料や労働力の可用性やサプライヤーの数は、コストとスケジュールに相当な影響がある。頭金、知的財産権、保証のような、プロダクトに関する標準契約条件がある場合、これらの情報を評価し、プロジェクトマネジメント計画書や文書に組み込む必要がある。地方自治体によっては、騒音、勤務時間規制、環境等に求められる要求事項等があるので、これらも考慮に入れなければならない。

組織のプロセス資産は、調達に関して求められるすべての方針、手順、プロセス等がある。納入者の過去の実績の情報は、購買部が管理していることが多い。過去のパフォーマンスがどのようにプロジェクトの成功に影響したかを確認するために、この情報をレビューすべきである。サプライヤーやベンダーによっては、特定の業務について事前資格審査に合格しているものがある。この情報は、調達の計画を立てる上でかなりの時間の節約となる。

多くの組織には契約のテンプレートがある。契約には3タイプある。定額契約、実費償還契約、タイム・アンド・マテリアル契約である。3番目のタイム・アンド・マテリアル契約は定額契約と実費償還契約の混合型である。契約タイプは、技術、コスト、スケジュール等の面で調達が最終的に成功するかどうかに大きな影響力をもつ。ここで、これらのタイプと、さまざまな契約タイプに関わる一般的な料金体系について論じる。

定額契約

すべての定額契約については、調達のスコープが十分に定義されていなければならない。それが何であれ、スコープに変更があれば修正と価格を交渉することが必要である。このタイプの契約では、最終価格に関係なく、納入者は成果物を完成させる義務がある。定額契約には、主に3種の契約がある。すなわち、完全定額契約、インセンティブ・フィー付き定額契約、経済価格調整付き定額契約である。この3種類の契約を個別に少し詳しく見てみよう。

完全定額（FFP）契約は、最も普通に用いられる定額契約である。購入者と納入者は、当該成果物のための価格に合意する。この価格は、スコープに変更がなければ変わらない。コスト増大のすべてのリスクは納入者が負う。

インセンティブ・フィー（FPIF）付き定額契約は、価格の上限を設定し、コスト、スケジュール、技術成果に対するインセンティブ・フィー（利益）等を組み入れる。「定額」という用語は誤解を招く恐れがある。購入者がコストの実績にインセンティブを設け、購入者

と納入者は目標コスト、および 80/20 や 70/30 などと利益の配分率を決める。コストの実績が目標コスト以下になれば、納入者はインセンティブ・フィーがもらえる。コストの実績が目標のコストを超えるならば、納入者がフィーの一部を払い戻す。以下はその一例である。

```
目標コスト＝ $400,000
    上限支払金額＝ $460,000
    目標フィー＝ $40,000
    配分率＝ 80/20
実コストが $425,000 で終わると，インセンティブ・フィーは以下のように算出される．
    （（目標コスト－実コスト）×配分率）＋目標フィー
    （（400,000 － 425,000）× .2）＋ 40,000 ＝
    （－ 25,000）× .2）＋ 40,000 ＝ 35,000
    よって，価格合計は $425,000 ＋ $35,000 ＝ $460,000
```

この事例では、価格は都合良く上限内に収まった。もし実際に費やした価格がもっと多額だったとしても、上限は $460,000 でとどまり、納入者はフィーの一部を失い始めたであろう。納入者がそのフィーの払い戻しをしなければならない金額に達するポイントは、配分比率適用限界コストと呼ばれる。

以下の定義は、PMBOK® ガイドのものではない。契約の専門用語を使用する上でその理解を助けるために記述したものである。

フィー：請負業界では、利益を意味する。契約書にインセンティブ・フィーの配分比率が提示されている場合、一番目の数字は購入者の取り分で、二番目の数字は納入者の取り分である。両方の数字の合計は 100 パーセントでなければならない。70/30 の分配が意味するところは、もし、実コストが目標を $20,000 上回った場合、購入者がそのうちの $14,000 を負担し、納入者が $6,000 を負担するということである。
コスト：成果物の完成に要する資金の額である。
価格：コストにフィーを加えたものである。

経済価格調整付き定額（FP-EPA）契約とは、労働、材料、およびその他のコストの価格変動を考慮した長期契約に使用される。契約交渉において、購入者と納入者は価格調整に使用するための客観的な財務指標、例えば消費者物価指数に合意する。

実費償還契約

実費償還契約とは、成果物のスコープが十分に定義されていないか、変更を予定している場合に使用される。これは、研究開発型の仕事に適する。このタイプの契約では、購入者は納入者に成果物の完成に要した正当なコストにフィーを加えた金額を支払う。購入者と納入者は、前もって目標コストに合意し、フィーはその目標コストから算出される。実費償還契約には、主に3種類ある。コスト・プラス・定額フィー、コスト・プラス・インセンティブ・フィー、コスト・プラス・アワード・フィーである。実費償還契約の3種類のそれぞれをもう少し詳しく見てみよう。

コスト・プラス・定額フィー（CPEF）契約は、納入者に正当なコストの全額を償還し、定額のフィーを支払う。定額のフィーは目標コストの一定割合の金額とするのが普通である。ただし納入者のパフォーマンスに関係なく金額は固定されている。

コスト・プラス・インセンティブ・フィー（**CPIF**）契約は、納入者に正当なコストの全額を払い戻すが、フィーはパフォーマンスに基づいて決める。この種類の契約はインセンティブ・フィー付き定額契約に非常に似ているが、上限支払金額が設定されていない。コスト、スケジュール、技術的パフォーマンスがインセンティブの対象になる。

コスト・プラス・アワード・フィー（**CPAF**）契約は、納入者に正当なコストの全額を払い戻すが、アワード・フィーは主観的で、一連の幅広い基準に基づいて決める。通常、報奨委員会があって、アワード・フィーの算出には、請負業者のパフォーマンスが考慮される。

タイム・アンド・マテリアル契約

タイム・アンド・マテリアル（**T&M**）契約は、通常、確定した成果物のスコープがない、あるいは作業の期限が不明確な小規模な契約に使われる。時給と材料の単価が前もって合意される（これが、契約の固定部分である）が、時間と材料の量は作業あるいは購入者のニーズ次第である。一般に、経費は実費で払い戻しされる。多くの場合、この種類の契約は、成果物のスコープが十分に定義できるに至るまでの間に使用される。上限金額が決められることもある。

ツールと技法

内外製分析を実行すれば、プロジェクト・マネジャーは結果的に3つの区分を行う。購入すべき品目、内製すべき品目、購入あるいは内製のいずれでもよい品目である。最後の区分では、内外製の最終決定の前に時間と資源の最も有効な活用の観点から分析が行われる。

内外製の決定に影響する要因には以下の事項がある。

- スキル・セットの可用性 ― 組織に余剰能力または必要とするスキル・セットがある場合、当該作業は内製することが適切である。しかしながら、要員がすでにフル活動または能力を超えて仕事をしている場合、チームとしては外部から支援を求めることを検討すべきである。
- 機器の可用性 ― 上記と同様、機器が十分に利用されていない場合、チームはアウトソースではなく内製に決めるであろう。
- 時間的制約 ― 納入日までに余裕がない場合、チームは追加の要員に参加してもらうか、作業を全面的にアウトソースする必要が生じる。
- コスト ― 状況次第では、外部のベンダーは内製するよりもより低いコストで作業を行うことができる。その逆のことが生じる状況もある。
- コア・コンピテンシー ― 当該作業が組織のコア・コンピテンシー、あるいは開発を進めたいコンピテンシーである場合、その作業は自社内で行うべきである。
- 知的財産権 ― ある種類の仕事では、知的財産権の帰属が決定的要因となる。例えば、ある企業がソフトウェアの開発をアウトソースする場合、ベンダーは自社でその知的財産権の保持、再利用、再販売等が可能であれば、ベンダーはより低い価格を提示するであろう。
- 情報の機密性 ― 業界や情報によっては、機密を守らなくてはならないために外注できないものがある。安全保障、給与、個人的性質に関わる情報等は自社内に留めておく必要がある。

- 量 ― 材料の必要量がかなり低ければ、時には購入する方が簡単である。

　大規模な調達では、購買、法務、契約、技術専門領域等における**専門家の判断**は不可欠である。これらの情報は、作業範囲記述書（SOW）、契約条件、契約タイプの選定、入札書類の作成、発注先選定基準等の作成において利用できる。

　市場自体、市場で重要な役割をになう者、ベンダーの能力等について理解を深めるために**市場調査**が行われる。調査はインターネット、協会やカンファレンス、当該分野専門家へのインタビュー等によって行なわれる。当該分野専門家にインタビューする時があれば、さらに詳細な情報を得るための**会議**を開いて行われる。プロジェクト・チームは、作業範囲記述書、調達文書、発注先選定基準等の内容を決定するために会議を開催する。

アウトプット

　内外製分析に基づき、購入される製品とサービスに関する決定が最終的にまとめられる。

　調達マネジメント計画書は、プロジェクトマネジメント計画書全体の一部である。それは、調達のあらゆる局面の実施方法を記述する。単純な購買を行う小規模なプロジェクトでは、プロジェクトマネジメント計画書中の一段落だけで十分である。複雑なプロジェクト、すなわち、おびただしい数の調達、あるいはリスクの高い調達を行うプロジェクトでは、計画書はより詳細で確実なものにすべきである。

　調達作業範囲記述書（SOW）は、完成すべき成果物を文章に記述したものである。納入者が当該成果物を完成できるかどうかの判断ができる程度の詳細さで成果物の詳細を記述する。しかし、成果物の作成方法を規定するものではない。SOWには、トレーニング、文書作成、パフォーマンス報告、支援業務などのサポートや付随的成果物のすべてを含める。SOWはプロジェクトのニーズに応じて、非常に簡単にも、かなり複雑にもなる。SOWは契約書の核心をなす部分である。よって、それは明瞭かつ簡潔でなければならず、さまざまな解釈ができるものであってはならない。

　調達文書はプロポーザルの要請に使用される。調達文書には多くの種類がある。最も一般的なものは以下の通り。

- 提案依頼書（RFP）
- 見積依頼書（RFQ）
- 入札招請書（IBF）

　一般に、提案依頼書は問題への解決の提案を要請することを強調している。これに対し入札依頼書あるいは見積依頼書は価格に重点が置かれている。調達文書は非常に簡単にも相当に複雑にもなり得る。それは当該作業の複雑度を反映したものにすべきである。複数の回答の比較が効果的にできるに足るほどに十分に体系だったものであるべきだが、納入者の提案を受け入れるだけの柔軟性ももたすべきである。

　価格が決定要因でない場合、組織は**発注先選定基準**および各基準に対する重みを付ける係数を規定すべきである。PMBOK® ガイドでは、コストに加えて、以下の選定基準を例として挙げている。

- ニーズの理解

- 全体コストまたはライフサイクル・コスト
- 技術力
- リスク
- マネジメントの取組み
- 技術的取組み
- 保証
- 資金
- 生産能力と意欲
- ビジネスの規模とタイプ
- 納入者の過去の実績
- 紹介状
- 知的所有権
- 所有権

　チームは最も適切な選定基準を特定し。選定基準相互に重み付けする。政府の契約はこの情報を公開する必要があるが、民間の契約ではその必要はない。
　内外製決定に基づき、プロジェクトマネジメント計画書あるいは**プロジェクト文書の更新**を要する個所がでてくる。これらの文書がすでにベースラインとなっているか、最終合意されているならば、これらの文書を変更するために**変更要求**を提出する。
　調達マネジメント計画書の例は付図-13 を参照されたい。

調達マネジメント計画書

プロジェクト名：＿＿＿＿＿＿＿＿＿＿　作成日：＿＿＿＿＿＿＿＿＿＿

調達理由・根拠：

役割と責任：

プロジェクト・マネジャー：	調達部門：
1.	1.
2.	2.
3.	3.
4.	4.
5.	5.

標準調達文書：
1.
2.
3.
4.
5.

契約の種類：

付図-13　調達マネジメント計画書

履行保証と保険の要求事項：

選定基準：

重み	基準

調達の前提条件と制約条件：

統合要求事項：

WBS	
スケジュール	
文書	
リスク	
パフォーマンス報告	

パフォーマンス尺度：

領域	尺度測定結果

付図-13　調達マネジメント計画書（続き）

調達マネジメント計画書のコンテンツ
個々の調達に応じた契約の種類
■　調達に関する役割、責任、意思決定の権限の限度
■　関連する方針、手順、指針、テンプレート等
■　複数の調達をマネジメントし、統合する戦略
■　調達をプロジェクトのその他の部分（スケジュールやコストなど）へ統合する戦略
■　前提条件と制約条件
■　リード・タイムの長い品目の取扱い戦略
■　各調達のマイルストーン
■　納入者の報告に関する要求事項
■　必要とする履行保証、保証、保険、ライセンス、許認可等
■　作業範囲記述書の様式
■　適格納入者リスト
■　選定基準と重み付け
■　契約をマネジメントするプロセス
■　調達監査のプロセス
■　リスク・マネジメントの課題

第13章　ステークホルダー・マネジメント計画

この章のトピック
☞ プロジェクト・ステークホルダー・マネジメント
☞ プステークホルダー・マネジメント計画

プロジェクト・ステークホルダー・マネジメント

　プロジェクト・ステークホルダー・マネジメントは、プロジェクトに影響を与えたりプロジェクトによって影響を受けたりする可能性がある個人やグループまたは組織を特定し、ステークホルダーの期待とプロジェクトへの影響力を分析し、ステークホルダーがプロジェクトの意思決定や実行に効果的に関与できるような適切なマネジメント戦略を策定するために必要なプロセスからなる。プロジェクトのステークホルダーには、プロジェクト・チームのようにプロジェクト内部の者もあれば、監督官庁のようなプロジェクトの外部の者もある。ステークホルダーの期待、参加、関与をマネジメントする能力は、プロジェクト成功の重要な要因である。

　プロジェクト・マネジャーは強い影響力を持ったステークホルダー、および影響力はほとんどないがプロジェクトの結果に強い利害関係をもつステークホルダーの両方をマネジメントする必要がある。

　コミュニケーションは、ステークホルダーの期待をマネジメントする上での主要要素である。ステークホルダーの関与をマネジメントするためには、ファシリテーション、コンフリクト・マネジメント、課題のマネジメントのスキルもまた必要である。

ステークホルダー・マネジメント計画

　ステークホルダー・マネジメント計画は、ステークホルダーのニーズ、利害、プロジェクトの成功に影響を与える可能性に基づき、プロジェクトのライフサイクルを通して、ステークホルダーを効果的に関与させるために、適切なマネジメント戦略を策定するプロセスである。ステークホルダー特定プロセスでプロジェクトのステークホルダーが特定されたら、次に、さまざまなステークホルダーやステークホルダーのグループと建設的な関係を築き、維持するための戦略を作成する。

　図 13-1 に、ステークホルダー・マネジメント計画プロセスのインプット、ツールと技法、アウトプットを示す。図 13-2 は、ステークホルダー・マネジメント計画プロセスのデーター・フロー図である。

インプット

ステークホルダー登録簿には、プロジェクトのすべてのステークホルダーのリストがある。**プロジェクトマネジメント計画書**にはステークホルダー・マネジメントの計画に影響を与えるさまざまな文書がある。

インプット	ツールと技法	アウトプット
.1 プロジェクトマネジメント計画書 .2 ステークホルダー登録簿 .3 組織体の環境要因 .4 組織のプロセス資産	.1 専門家の判断 .2 会議 .3 分析技法	.1 ステークホルダー・マネジメント計画書 .2 プロジェクト文書更新版

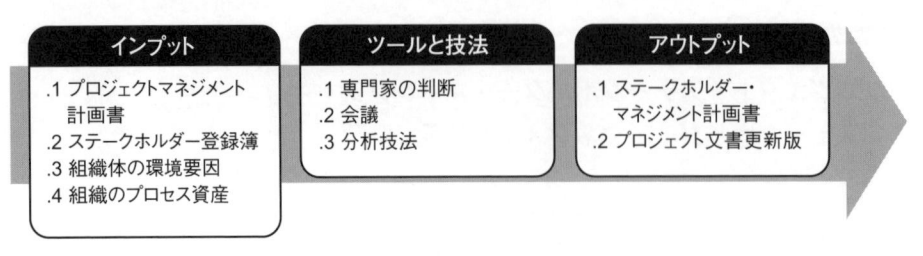

図13-1　ステークホルダー・マネジメント計画のインプット、ツールと技法、アウトプット
（出典：PMBOK® ガイド　第5版　399頁）

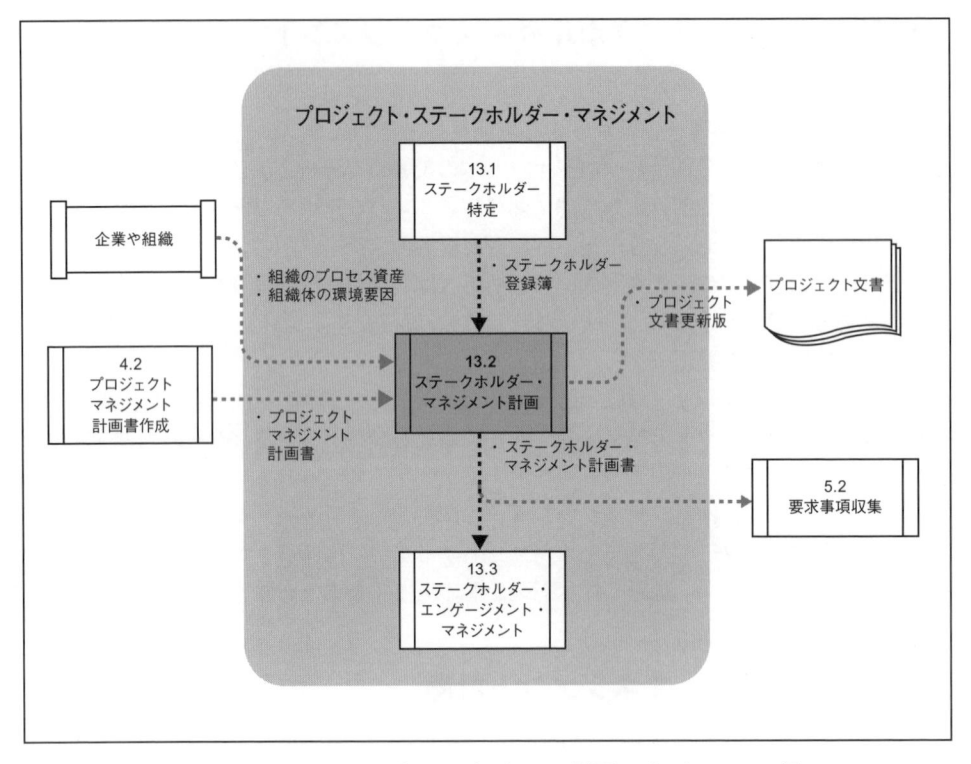

図13-2　ステークホルダー・マネジメント計画のデータ・フロー図
（出典：PMBOK® ガイド　第5版　399頁）

- コミュニケーション・マネジメント計画書には、ステークホルダーに伝達されるコミュニケーションの種類、手法、頻度、内容が記述されている。
- 人的資源計画書は、人的資源に対する要求事項を満たす方法、役割と責任、指揮命令系統等の情報がある。
- プロジェクトへのアプローチには、プロジェクトの実行によりどのようにプロジェクト目標を達成するかの記述がある。プロジェクトへのアプローチにはライ

フサイクルが記述されており、ライフサイクルのフェーズごとに発生するステークホルダーの情報に対するニーズが書かれていることもある。

組織体の環境要因はすべて、ステークホルダーをマネジメントするための計画を立てる方法に影響を与える。ステークホルダーをマネジメントするために有効な計画を立案するためには、企業文化、利用できるシステム、業界標準、労務管理等を知らなければならない。ステークホルダーをマネジメントするために過去にうまくいった情報のような、あらゆる**組織のプロセス資産**のすべても役立つ。

ツールと技法

会議は、ステークホルダーを分類し、マネジメントするための最良の方法を決定するために**専門家の判断**を求める一般的な方法である。会議では、議論、ブレーンストーミング、問題解決、**分析技法**等を使用する。PMBOK® ガイド第5版では、図13-3に示すように、ステークホルダー関与評価マトリックスを記述して、それぞれのステークホルダーをプロジェクトに対する認識と支援の度合いで分類している。このマトリックスは、プロジェクト・チームがそれぞれのステークホルダーにどの程度の度合いを要求しているか、および現在はどの度合いかをプロットするために使用される。関与度の5つの分類を以下に示す。

不認識：プロジェクトとその影響度を共に認識していない。
抵抗：プロジェクトを認識しているが、支持はしない。
中立：プロジェクトを認識しているが、支持でも反対でもない。
支持：プロジェクトを認識しており、将来支援してくれる。
指導：プロジェクトを認識しており、積極的にプロジェクトの支援に関与する。

ステークホルダー	不認識	抵抗	中立	支持	指導
ステークホルダー1	C			D	
ステークホルダー2			C	D	
ステークホルダー3				DC	

図13-3　ステークホルダー関与度評価マトリックス（出典：PMBOK® ガイド　第5版　403頁）

マトリックス中のCは現在の関与度を表し、Dは望ましい関与度を表している。関与度のギャップはステークホルダー・マネジメント計画書に記述される。

アウトプット

ステークホルダー・マネジメント計画書には、プロジェクト・チームそれぞれのステークホルダーを現在の関与度から、望まれる関与度に格上げする方法を記述する。計画書の一部分はコミュニケーション・マネジメント計画書からのコミュニケーションについてである。しかし、ステークホルダー・マネジメント計画書には、以下に示す他の要素も存在する。

- ステークホルダー間の相互関係
- ライフサイクルのフェーズごとのステークホルダーのニーズ

- ステークホルダーを効果的に関与させるその他の戦略

プロジェクト文書更新版には、ステークホルダー登録簿とプロジェクト・スケジュール等がある。ステークホルダー・マネジメント計画書の情報には注意すること。特に、潜在的に損失を与えたり、あるいはもめごとを起したりする、プロジェクトを支援しないステークホルダーについての情報がここにある。

第14章　プロジェクトの実行

この章のトピック
☞ 実行プロセス群
☞ プロジェクト作業の指揮・マネジメント

実行プロセス群

　実行プロセス群は、プロジェクトの仕様を満たすために、プロジェクトマネジメント計画書に規定された作業を完了するために実施するプロセスからなる。実行プロセス群は、プロジェクトの仕様を満足し、プロジェクトマネジメント計画書において規定されたプロジェクト作業を完了するために実行するプロセスである。

　プロジェクト作業の大部分はこの実行プロセス群において行われる。よって、プロジェクトの資金の大部分がここで消費される。実行プロセス群は、プロダクト、サービス、所産等が作り出される個所であるので、プロジェクトの性質にかなり依存する。したがって、PMBOK® ガイドのコンテンツの大部分はプロジェクト中心であるのとは対照的に、ここでのプロセスはプロダクト中心である。

　チームがプロジェクトの作業を実施するにつれて、ベースライン計画書との整合が取れるように作業のパフォーマンスに応じた変更要求を行う必要がある。それには、是正処置、予防処置、欠陥修正等を行う。

> **是正処置**：プロジェクト作業をプロジェクトマネジメント計画書に沿うように再調整する意図的な活動
> **予防処置**：プロジェクト作業の将来のパフォーマンスがプロジェクトマネジメント計画書に沿うようにするための意図的な活動
> **欠陥修正**：不適合プロダクトまたは不適合プロダクト構成要素を修正するための意図的な活動

　作業を実行し、それを完了するにつれて、プロジェクトマネジメント計画書やプロジェクト文書のコンテンツを更新する。

　プロジェクト作業の実行における重要な部分は、チームおよびその他のステークホルダーの設定とマネジメントである。プロジェクト・マネジャーの時間の多くは、コミュニケーション、課題のマネジメント、会議への参加、作業の調整、コンフリクトの解決等に費やされる。

　スコープ、スケジュール、コスト、リスク等の実行プロセスは、プロジェクト作業の指揮・マネジメント・プロセスにて一つにまとめられる。その他の知識エリアにも、1つまたはそれ以上の実行プロセスがある。

プロジェクト作業の指揮・マネジメント

　プロジェクト作業の指揮・マネジメントは、プロジェクト目標を達成するために、プロジェクトマネジメント計画書で定義された作業をリードし、遂行し、また承認済み変更を実施するプロセスである。プロダクトに関わる大部分の仕事に取り組むプロセスである。ここで、プロジェクトの成果物を作成するためのすべての計画が実行される。プロジェクト・マネジャーは、プロジェクト・チームの作業をマネジメントすることに多くの労力を費やす。

　その典型的な活動を以下に挙げる。

- プロジェクトの方法論を適用し、プロジェクトのライフサイクルを進める。
- プロジェクト・チームに要員を配置し、マネジメントする。
- 物的資源、補給品、および機器を入手し、使用する。
- プロジェクトの要求事項を満たす成果物を作成する。
- プロジェクトのコミュニケーションをマネジメントする。
- ステークホルダーの関与をマネジメントする。
- プロジェクトの状況に関する情報を作成する。
- 承認された変更をプロジェクトマネジメント計画書やプロジェクト文書に統合する。
- リスクをマネジメントし、対応策を実施する。
- 教訓を収集し、常にチームのプロセスを向上させる。
- すべての実行プロセスの作業を統合する。

　図14-1はプロジェクト作業の指揮・マネジメント・プロセスのインプット、ツールと技法、アウトプットを示す。図14-2はプロジェクト作業の指揮・マネジメント・プロセスのデータ・フロー図である。

インプット

　プロジェクトマネジメント計画書、さらにプロジェクトマネジメント計画書、プロジェクト文書、プロダクトの情報等のいずれかに対する**承認された変更**がプロジェクト作業を行うための基礎である。スコープ・マネジメント計画書、要求事項マネジメント計画書、スケジュール・マネジメント計画書、コスト・マネジメント計画書等は、プロジェクト作業を実行している期間において、プロジェクトマネジメント計画書のガイドとなる文書である。これらの補助計画書には、行わなければならない作業とその実行方法に対して方向性を与え、ロードマップとなるものである。

インプット	ツールと技法	アウトプット
.1 プロジェクトマネジメント計画書 .2 承認済み変更要求 .3 組織体の環境要因 .4 組織のプロセス資産	.1 専門家の判断 .2 プロジェクトマネジメント情報システム .3 会議	.1 成果物 .2 作業パフォーマンス・データ .3 変更要求 .4 プロジェクトマネジメント計画書更新版 .5 プロジェクト文書更新版

図14-1　プロジェクト作業の指揮・マネジメントのインプット、ツールと技法、アウトプット
（出典：PMBOK® ガイド　第5版　79頁）

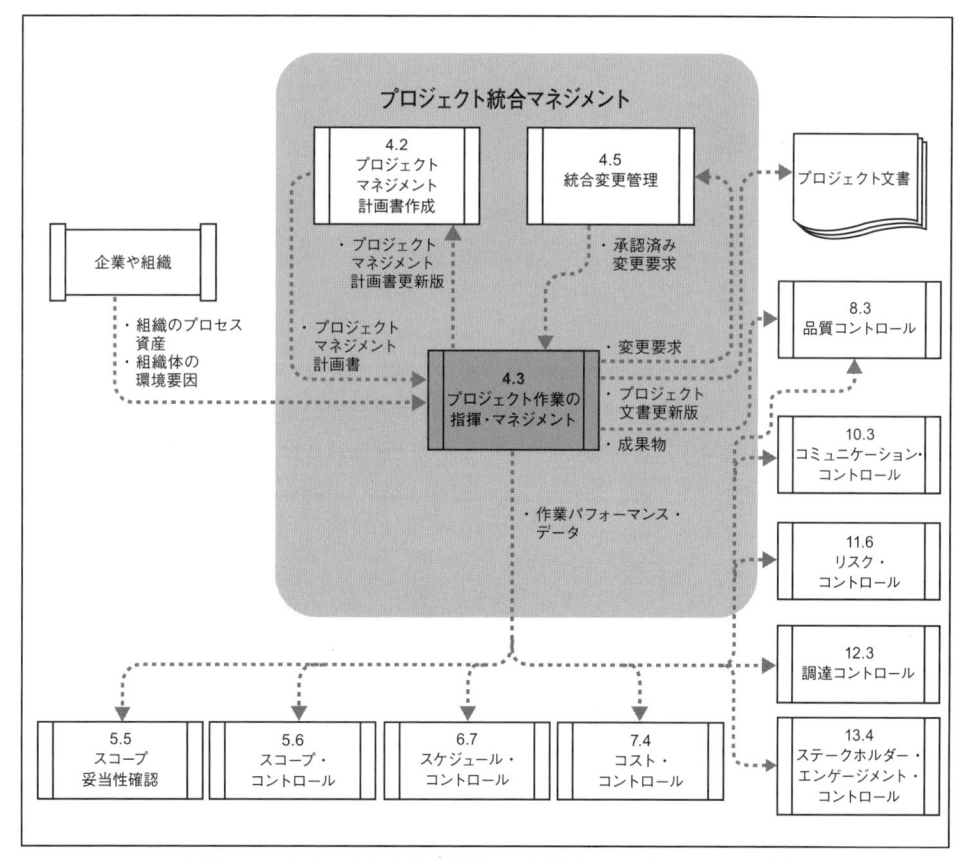

図14-2　プロジェクト作業の指揮・マネジメントのデータ・フロー図
（出典：PMBOK®ガイド　第5版　80頁）

　組織体の環境要因がプロジェクトに最も影響するのは、このプロセスにおいてである。例えば、企業文化、情報マネジメント・システム、人事方針、組織のインフラストラクチャー等はすべて、プロジェクト作業を達成する方法に影響を及ぼし、制約にもなる。
　組織のプロセス資産の多くは、プロジェクト作業を実行しているときに使用される。作業認可ガイドライン、欠陥マネジメント・プロセス、標準とガイドライン、方針と手順、過去のプロジェクトからの情報等がその例である。

ツールと技法

　プロダクトの側面に関する**専門家の判断**は、作業を行っている人たち、すなわち成果物を生産しているスキルや能力をもった人たちによって行われる。プロジェクトの側面に関する専門家の判断は、プロジェクト・マネジャーやプロジェクト・チームが行う。プロジェクトの専門家の判断は、プロジェクト作業の指導と監督を行うために使用される。
　プロジェクトマネジメント情報システムは、このプロセスにおいては、プロジェクト情報の入力、保管、マネジメント、分析等のためのツールとして使用される。一例をあげると、スケジュールと予算のシステムがある。そのようなシステムそのものは組織の環境要因（プロセスのひとつのインプットとして）であるが、プロジェクト遂行時にはシステムにあるデータはツールとして使用される。
　会議はプロジェクト実行において重要な位置を占める。代表的なプロジェクト会議には

以下のものがある。

- 週次状況レビュー会議
- レビュー会議
- リスク・マネジメント会議
- ステークホルダーとの会議
- ブレーン・ストーミング、あるいは問題解決セッション

アウトプット

結局、**成果物**がすべてである。成果物は、固有で検証可能なプロダクト、所産、またはサービス遂行能力である。言い換えれば、成果物とは最終の結果であるか、プロジェクトの結果の個々の構成要素のことである。**作業パフォーマンス・データ**は、このプロセスの結果として作成される。そのデータは、そこまでに行われた作業に関する生のデータである。それは、成果物の作成状況、アクティビティの開始・終了日、その日までに発生したコスト等である。

作業の進捗状況に基づいて、プロダクトまたはプロジェクトのそれぞれに対して、**変更要求**が出る。プロダクトの変更は、要求事項文書、WBS、さらには品質尺度でも出現する。プロジェクトの変更は、2～3の例を挙げればスケジュール、予算、資源や方針の変更等である。変更の本質は、何かを行うための別の方法である。それにはプロジェクト計画への整合性を保持するための是正処置、目標を外れる可能性やリスクを発生させる可能性を減らすための予防処置、あるいはプロダクトかプロセスに誤りがある場合の欠陥修正等がある。

変更要求は、文書化され、統合変更管理プロセスにて正式に処理される必要がある。一般に、変更提案とその理由を文書にするために変更要求の様式が使用される。変更要求の様式の一般的な項目については、囲み記事（変更要求の様式のコンテンツ）を参照されたい。多くの場合、変更要求の様式には、変更要求の処理と変更の正当化事由を記録する欄がある。

変更要求の様式のコンテンツ
・変更分類
・変更提案の詳細な記述
・正当化事由
・スコープ、品質、要求事項、スケジュール、コスト等への変更の影響

プロジェクトの作業が進捗するにつれ、**プロジェクトマネジメント計画書**は、さまざまな**プロジェクト文書**と共に**更新**される。プロジェクトマネジメント計画書のあらゆる補助計画書は、進捗を反映し、あるいはプロジェクトへの取組み方の見直しを適用するために更新される。プロジェクト文書にある情報の多くは、前提条件ログ、決定事項ログ、課題ログのように、どんどん変更されることを前提としている。この情報は、プロジェクトの期間中を通して更新される。

第15章　品質マネジメントの実行

この章のトピック

☞ 品質保証

品質保証

品質保証は、適切な品質標準と運用基準の適用を確実に行うために、品質の要求事項と品質コントロールの測定結果を監査するプロセスである。

品質保証プロセスには以下のような目標がある。

- 成果物が要求事項やステークホルダーの期待に適合する確信を得る。
- プロジェクトが、品質マネジメント計画書にて記述されている品質方針、手順書、計画書に確実に従って実施される。
- 特定した品質方針、手順、計画、尺度等が、プロダクト目標とプロジェクト達成目標を満足させるに十分なものであることを確認する。
- プロジェクト全体のパフォーマンスが改善されるように、必要に応じてプロセスを改善する。

図15-1は品質保証プロセスのインプット、ツールと技法、アウトプットを示す。図15-2は品質保証プロセスのデータ・フロー図である。

品質保証は、まさにプロジェクトの品質をマネジメントするところである。計画プロセスでは適用するプロセスと尺度を特定する。コントロール・プロセスでは尺度の測定を行う。品質保証では、最善のパフォーマンスを確保するために、品質マネジメントと改善のプロセス全般を監督する。

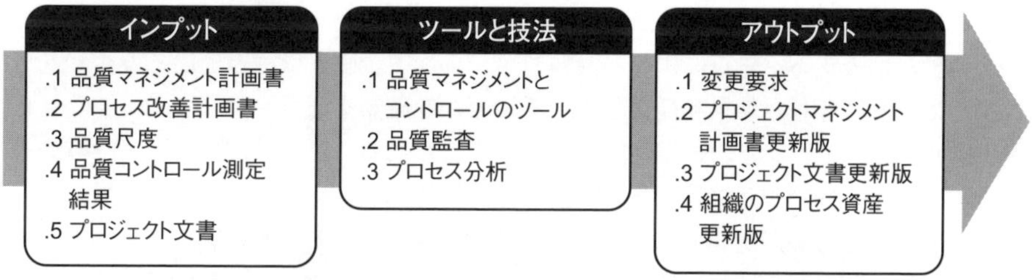

インプット	ツールと技法	アウトプット
.1 品質マネジメント計画書 .2 プロセス改善計画書 .3 品質尺度 .4 品質コントロール測定結果 .5 プロジェクト文書	.1 品質マネジメントとコントロールのツール .2 品質監査 .3 プロセス分析	.1 変更要求 .2 プロジェクトマネジメント計画書更新版 .3 プロジェクト文書更新版 .4 組織のプロセス資産更新版

図15-1　品質保証のインプット、ツールと技法、アウトプット
（出典：PMBOK® ガイド　第5版　243頁）

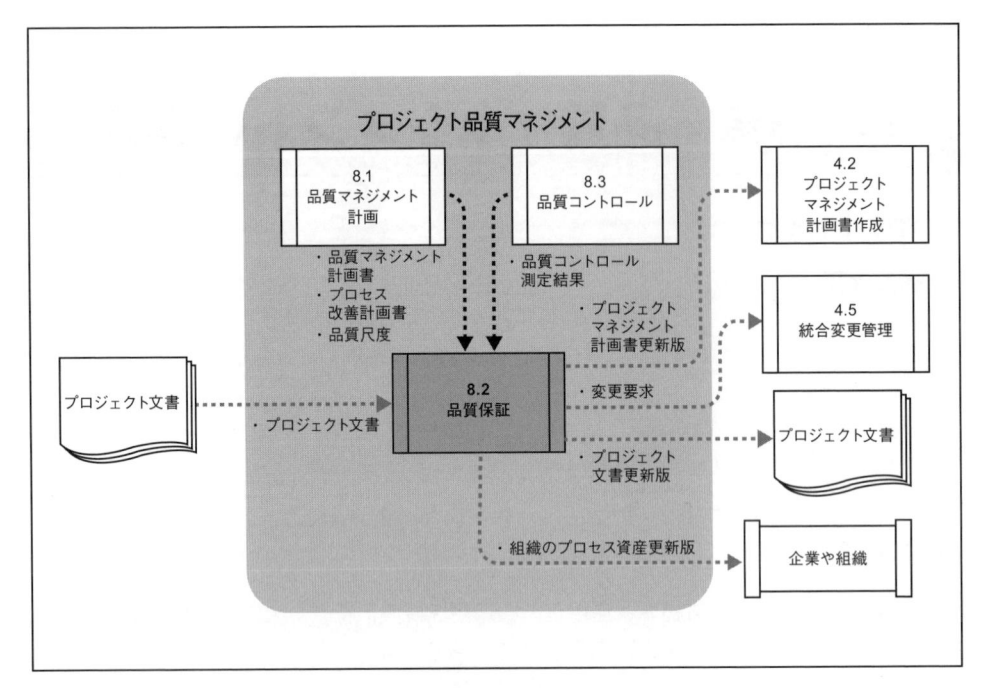

図 15-2　品質保証のデータ・フロー図
（出典：PMBOK® ガイド　第 5 版　243 頁）

インプット

品質マネジメント計画書と**プロセス改善計画書**は、品質を確保するために使用される取組み方、プロセス、方針、手順等を定め、必要に応じて、プロセス改善活動も記述する。

品質尺度は、プロジェクトとプロダクト双方の品質測定に使用される測定のことである。品質尺度には、パフォーマンス、許容範囲、受入れ等のための測定項目、およびこれらの測定に使われるツールと技法が含まれる。

品質コントロール測定結果は、品質マネジメント計画書にその概要が示されているように、品質尺度を成果物とプロジェクト・パフォーマンスに適用した結果である。

プロジェクト文書には、あらゆるプロジェクト文書が含まれる。品質保証活動においては、要求事項文書、ステークホルダー登録簿、役割と責任、作業パフォーマンス情報（特に状況報告）等を参照する。

ツールと技法

品質監査は、品質マネジメント計画書の有効性を判定するために使われる主な技法である。それには、プロジェクトおよび組織の品質方針、プロセス、手順等をプロジェクトの実際の活動と比較する。監査により、品質マネジメント計画書に従っているか否かを確認し、従っていればそれが効果を発揮しているか否かを確認する。

品質計画に沿っているが、結果が適切でない場合がある。この状況において、監査をする人は作業パフォーマンス情報、品質尺度、品質管理測定結果等を調べて、品質尺度が妥当であるか、測定方法が適切であるか、正しく実行されているか等を判定する。

品質監査は、プロセスにおける改善すべき部分とパフォーマンスが良い部分の双方について文書化すべきである。否定的な結果のみを強調するのは監査の目的ではない。良い実務慣行と改善を要する慣行の双方を文書化すべきである。

プロセスにおいて使用される**品質マネジメントとコントロールのツール**をこのプロセスに適用し、品質プロセスのパフォーマンスを確認し、品質プロセスが望む結果を達成する上で適切なものであるか否かを確認する。品質計画策定とコントロールのツールには以下のものがある。

- 管理図
- ベンチマーキング
- 実験計画法
- 統計的サンプリング
- フローチャート
- ヒストグラム
- 特性要因図
- パレート図
- ラン・チャート
- 散布図

図 15-3 に品質マネジメントとコントロールの 7 つのツールの例を示す。

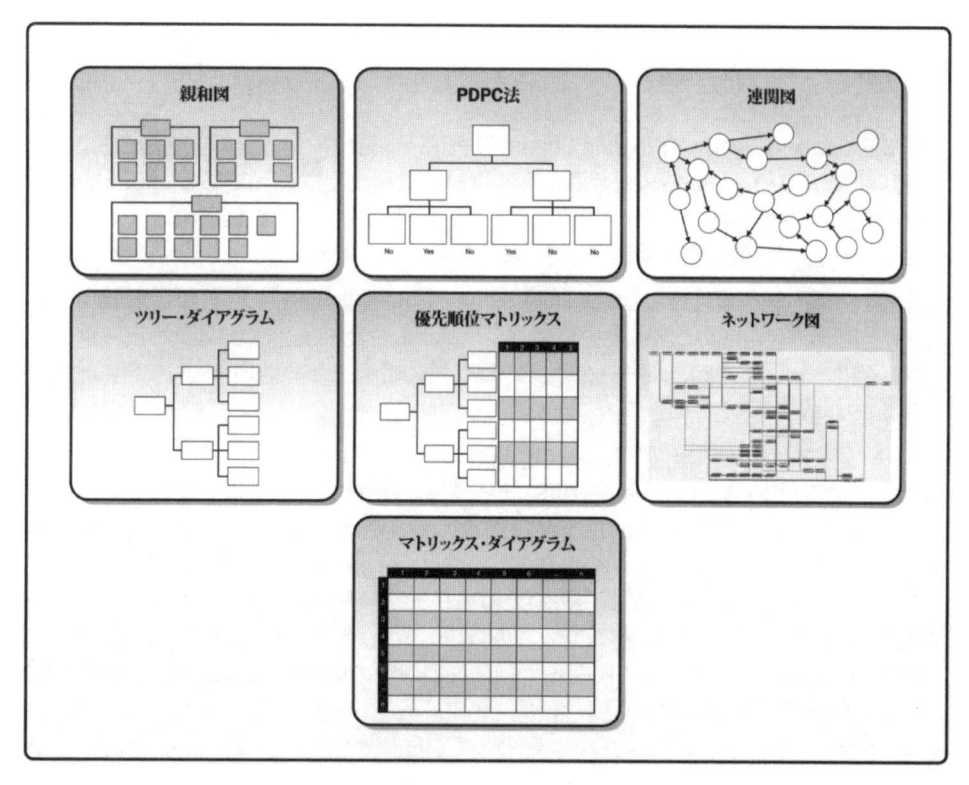

図 15-3　新 QC 七つ道具のツールを示すストーリーボード
（出典：PMBOK® ガイド　第 5 版　246 頁）

PMBOK® ガイド第 5 版には、さらに品質マネジメントと品質コントロールのツール（囲み記事を参照）が追加されている。図 15-3 で示されている図は、シックス・シグマ・プロジェクトあるは高度に技術的なプロジェクトでもっともよく使用されているものである。

> **追加された品質マネジメントと品質コントロールの図**
> 追加の品質マネジメントとコントロールのツールは次のとおり：
> - 親和図
> - PDPC 図
> - 連関図
> - ツリー・ダイアグラム
> - 優先順位マトリックス
> - ネットワーク図
> - マトリックス・ダイアグラム

プロセス分析は、プロセスを改善する方法を探るときに使用される。これは、プロセスのボトルネック、冗長、ギャップ、その他の問題等の考察に使われる。多くの場合、問題の由来や問題を引き起こした要因を特定するために、根本原因分析が用いられる。

アウトプット

監査の結果次第では、チームは、統合変更管理プロセスを通すような**変更要求**を求められる可能性がある。変更要求には、是正処置、予防処置、欠陥修正等がある。これらは、スケジュール、品質マネジメント計画書、その他の**プロジェクトマネジメント計画書**の構成要素等への更新として、プロジェクトマネジメント計画書に組み込む必要がある。**プロジェクト文書の更新版**には、プロセス文書、要求事項、訓練計画等がある。さらに、品質マネジメント・プロセス、方針、手順、標準等の**組織のプロセス資産の変更あるいは更新**をする必要があろう。

第16章　人的資源マネジメントの実行

この章のトピック
☞ プロジェクト・チーム編成
☞ プロジェクト・チーム育成
☞ プロジェクト・チームのマネジメント

プロジェクト・チーム編成

　プロジェクト・チーム編成は、人的資源の可用性を確認し、プロジェクト・アクティビティを完了するために必要なチームを設定するプロセスである。プロジェクトが計画から作業の実行、さらにプロダクトの作成へと移行するにつれて、プロジェクト・チームへ要員が投入される。小規模なプロジェクトでは、計画に従事する要員とプロジェクト・チームの要員は同一であろう。しかし数年にわたり何百人の要員が働く場合を考えてみよう。要員マネジメント計画書に、プロジェクトの開始時に25名のエンジニアが必要であると記載されている。しかし、1週間でゼロから25人のエンジニアを集めるのは非常に難しいであろう。計画にて要員が必要とされた時期に対し、要員が実際に投入できる時期に遅れが出て、プロジェクトはその立上りの時から遅延してしまう。

　時には、十分な能力をもたない要員がプロジェクトに投入されたり、スケジュールのパフォーマンスを維持するために時間外労働を行ったりする。もちろん、このことは品質とコストのパフォーマンスに影響する。これは、プロジェクト・チームの編成に伴う課題の例である。

　図16-1はプロジェクト・チーム編成プロセスのインプット、ツールと技法、アウトプットを示す。図16-2はプロジェクト・チーム編成プロセスのデータ・フロー図である。

インプット	ツールと技法	アウトプット
.1 人的資源マネジメント計画書 .2 組織体の環境要因 .3 組織のプロセス資産	.1 先行任命 .2 交渉 .3 獲得 .4 バーチャル・チーム .5 多基準意思決定分析	.1 プロジェクト要員任命 .2 資源カレンダー .3 プロジェクトマネジメント計画書更新版

図16-1　プロジェクト・チーム編成のインプット、ツールと技法、アウトプット
（出典：PMBOK® ガイド　第5版　267頁）

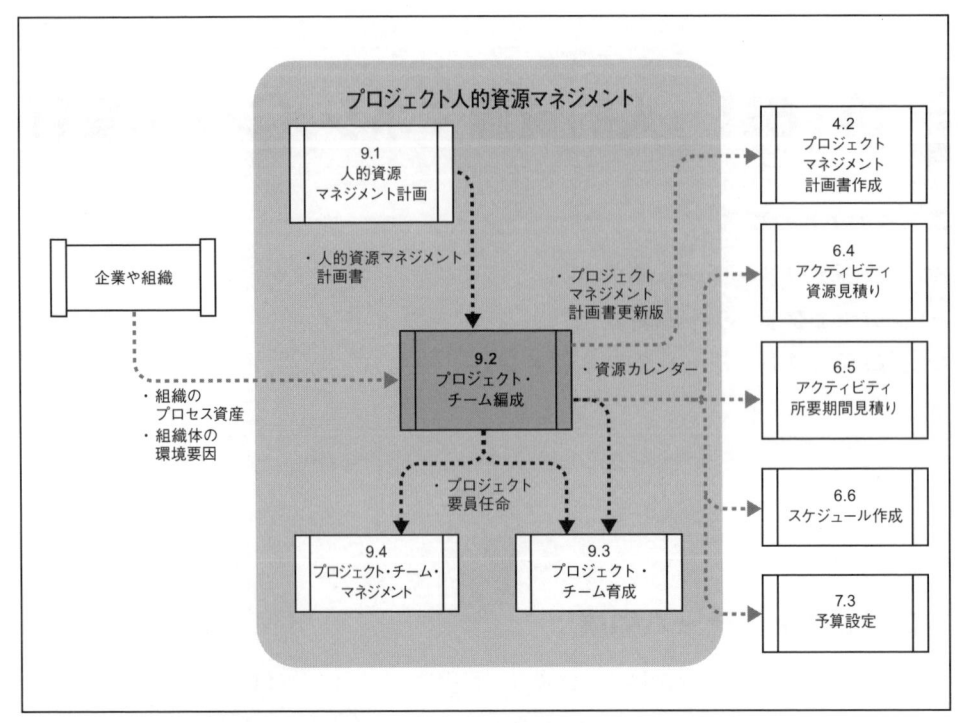

図 16-2 プロジェクト・チーム編成のデータ・フロー図
（出典：PMBOK® ガイド　第 5 版　268 頁）

インプット

　プロジェクトマネジメント計画書の補助マネジメント計画書である**人的資源マネジメント計画書**には、プロジェクトの要員の手配、要求されるスキルとコンピテンシー、要員編成方法等が記述されている。さらに、新しい要員にプロジェクトの手ほどきをする方法、およびチームの一員として迎えるに当たっての段取りについても述べている。例えば、要員を外部から調達した場合、プロジェクト・マネジャーは、当該要員に組織の情報システムへのアクセスをどのように行えばよいか。身分証が必要だろうか。彼らにどこで働いてもらうべきか。このような情報は、要員がプロジェクトへ集まり始める時点までには、しかるべき体制が整っているように、プロジェクトの計画時に定めておくべきである。

　組織体の環境要因には、組織の既存の要員とそのスキル・セット、スキルをもつ人々の市場における可用性、組織の構造（機能型、マトリックス型、プロジェクト型等の組織）、外部要員取込みに関する方針等がある。留意すべきもう 1 つの側面は地理条件である。プロジェクトが、1 ヵ所の現場で完了するならば、ロジスティックスはかなり楽になる。しかしながら、国中、あるいは世界中の複数の場所に散らばっている場合には、プロジェクトの要員配置はより複雑になる。この場合、チームが実質的に交流する方法を考慮しなければならない。すなわち、全員がオフィスに入る必要があるか、それとも在宅勤務の可能性はないか、電子会議ではなく実際に会議を持つ回数、時差が作業に与える影響、その他について考慮する。

　このような状況において用いられる**組織のプロセス資産**には、業者身分証、パソコン、作業スペース等の手配などの外部要員を編入する手順がある。過去のプロジェクトにおいて同様なプロセスをマネジメントした方法に関する情報は、すでに犯した間違いを回避する上で役に立つ。

ツールと技法

ある状況、例えばある組織がプロジェクトの契約を取ろうというような場合、応札条件の一部として要員に関する約束を行っているときがある。これが、**先行任命**の事例である。先行任命を必要とする別の状況として、やるべき作業があるが、その作業のためのスキルをもつ要員が限られている場合である。この例では、おそらく、プロジェクトにリスクを取り込んでしまうであろう。というのは、そのような限られた要員はたいてい需要も多いからである。当該プロジェクトが組織にとり最重要なものではない場合、その限られた要員はより重要なプロジェクトに振り向けられ、当該プロジェクトのスケジュールに遅れをきたす事態に陥る事態に遭遇するであろう。

多くの場合、マトリックス型組織では、自己のプロジェクト向けに最良の要員を送るように**交渉**しなければならない。たいていの組織は、自社で任命できる要員以上のプロジェクトを抱えているものである。したがって、他のプロジェクト・マネジャーや機能部門マネジャーと、要員をめぐって競合することになる。多くの場合、「最良の」要員はすでに1つあるいはそれ以上のプロジェクトに割り当てられている。

獲得は、スキルと可用性のギャップを埋めるためのものである。場合によっては、作業を別の組織に外注する決定がなされる。このような場合、すべての契約書や合意書が、確実に調達プロセスを経て発行されようにする必要がある。特定の期間だけ労働力を導入する場合もある。どちらの場合であっても、作業とインターフェースが円滑に進むように、原材料、機器、サイトへのアクセス、報告の仕組み等を適切に備えておきたいであろう。

複数の場所に分かれているプロジェクトについては、**バーチャル・チーム**のマネジメントは不可欠である。場所が一カ所だけのプロジェクトにおいても在宅勤務の要員がいるかもしれないので、バーチャル・コミュニケーションのためのプロセスを確立しておくことが大切である。

多基準意思決定分析をチーム・メンバーの編成に使用するときには、ある職位を埋める最良の要員を決定するために複数の変数を分析する。チームは、評価する必要のある変数を特定し、変数の重要性に基づいた重み付けシステムを設定する。それから、採点システムに従って要員をランク付けする。表16-1は、可用性、コスト、経験、スキル等を評価する変数として使用した多基準決定分析である。

表 16-1　要員に対する多基準意思決定分析

	重み	ミラ	マリー	ボブ	ダン	バーバラ
可用性	40					
コスト	15					
経験	15					
スキル	30					

適切な要員を得ること

多くの場合、最高度のスキルを持った要員がプロジェクトにとり、最良の資源というわけではない。以下のシナリオを考えてみてほしい。
1. あまり複雑でないことを行う作業がある。事実それは、ある特定の役割として基本のスキルがあればほぼ誰でもこなせる標準的な作業である。
2. 作業はクリティカル・パスのものではなく、多少のフロートがある。

これらの場合に、専門家ではなく、ジュニア・レベルか中レベルの従業員を使うのが、より適切な選択肢である。標準的な作業に近い場合には、専門家はうんざりするであろうし、おそらく彼らの専門能力をより良く活かせる場所が他にあるだろう。多くのフロートがある場合、要員を

> 訓練し、彼らのスキルを開発する機会に活かしてはどうか。彼らの作業をレビューするために、よりスキルの高い要員を起用することになるかもしれないが、大部分の作業を彼らに任せてはどうか。彼らは結果的にスキルを上げるであろうし、おそらくは専門家よりも低いコストで済むであろう。

> **バーチャルと対話**
> たとえ年に数回だとしても、定期的に面と向って直接やり取りを行うことが望ましい。誰かと向き合って、問題を解決したり、課題を討議したりすることにより築き上げた関係に勝るものはない。電話、ウェブ会議、Ｅメール、ファックスなどは日常の仕事をこなすには良いが、チームとして一丸となって複雑な問題を解決するには、同じ部屋にいることがベストである。

アウトプット

プロジェクト要員任命では、どのように実際の要員をプロジェクトに配置するかを文書化する。要員マネジメント計画書ではニーズを特定し、要員配置のニーズを充足する方法と充足する要員を示す。職位が埋まり次第、各要員の可用性を**資源カレンダー**に組み込む。要員によっては、プロジェクトに兼任で参加するかもしれず、10 日でなく 9 日で 80 時間働く要員もいるかもしれない。組織が異なれば、作業休暇も、時間シフトも異なるであろう。実際の可用性を把握することでスケジュール作成のプロセスがより正確になる。

プロジェクトマネジメント計画書の更新は、要員任命により、とりわけ人的資源マネジメント計画書とスケジュールに基づいて行なわれる。人的資源マネジメント計画書は、トレーニングの多寡、資源の多い・少ない、バーチャル・チーム・ロジスティックス、実際に約束された資源に基づいて調整したその他の側面等を反映して更新する必要があろう。スケジュールもまた、可用性に基づいて調整される必要があろう。

プロジェクト・チーム育成

プロジェクト・チーム育成は、プロジェクトのパフォーマンスを高めるために、コンピテンシー、チーム・メンバー間の交流、チーム環境全体を改善するプロセスである。このセクションでは、プロジェクト・チームを育成するこれらの側面を個々に取り扱う。このプロセスは、プロジェクト・チームのマネジメントのプロセスとは焦点と技法が異なるので、別のプロセスになっている。プロジェクト・チームの育成においては、職務を行うチーム環境と共に、個人のスキルとコンピテンシーを育成することを対象にする。一方、プロジェクト・チームのマネジメントにおいては、チームを動かしてプロジェクトの結果をもたらす方法を対象にする。これら 2 つのプロセスには、どちらも人間関係のスキルへの依存度が高い点において似通っている。

図 16-3 はプロジェクト・チーム育成プロセスのインプット、ツールと技法、アウトプットを示す。図 16-4 はプロジェクト・チーム育成プロセスのデータ・フロー図である。

プロジェクト・チーム育成　167

インプット	ツールと技法	アウトプット
.1 人的資源マネジメント計画書 .2 プロジェクト要員任命 .3 資源カレンダー	.1 人間関係のスキル .2 トレーニング .3 チーム形成活動 .4 行動規範 .5 コロケーション .6 表彰と報奨 .7 人事考課ツール	.1 チームのパフォーマンス評価 .2 組織体の環境要因更新版

図16-3　プロジェクト・チーム育成のインプット、ツールと技法、アウトプット
(出典：PMBOK® ガイド　第5版　273頁)

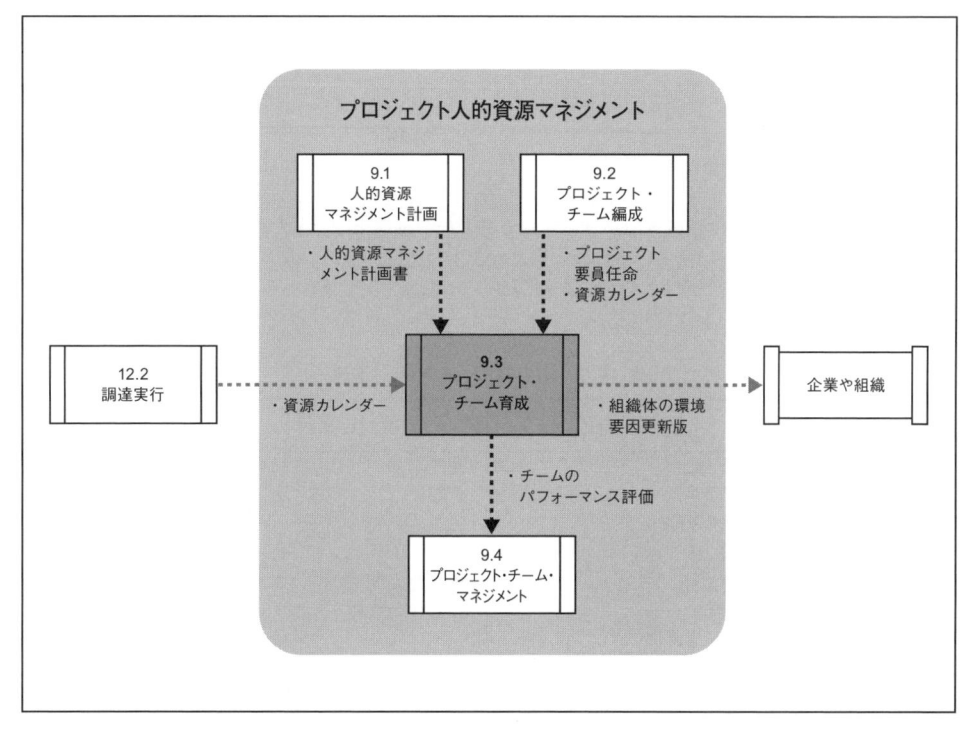

図16-4　プロジェクト・チーム育成のデータ・フロー図
(出典：PMBOK® ガイド　第5版　273頁)

インプット

　プロジェクト・チーム編成のアウトプットである**プロジェクト要員任命と資源カレンダー**により参加者の名前と参加の時期が示されたら、それらはチーム育成のプロセスの入力になる。**人的資源マネジメント計画書**には、表彰と報酬、チーム育成計画書、トレーニングのニーズ、チーム育成に関する組織固有の情報がある。

ツールと技法

　プロジェクト・マネジャーがこのプロセスにおいて最も使用する**人間関係のスキル**は、リーダーシップ、動機付け、およびチーム育成である。各々につき、もう少し詳しく見てみよう。

　リーダーシップは、プロジェクトのビジョンを明確に述べ、他者をビジョンに引き込み、そしてその者たちに仕事をしてもらう能力である。効果的なリーダーシップが働くと

きは、チームに対し進む方向を示し、チームがその目標を達成することをプロジェクト・マネジャーが支援していることをチームに知らしめる。リーダーシップのもう1つの重要な側面として、チーム・メンバーのプロジェクト・マネジャーへの信頼がある。彼らは、プロジェクト・マネジャーのスキルと能力を信頼する必要があり、またプロジェクト・マネジャーは彼らに権限移譲を行い、障害を除去し、かつチームが確実に「勝者」になれるようにあらゆることを行う。リーダーシップには、意思決定をすること、軌道を修正すること、チームのパフォーマンスをフィードバックすること等がある。

動機付けは要員にやる気を与え、ある行動を起こさせることである。全員が同じことで同じように動機付けされるものではない。挑戦を志向した職場環境、表彰、貢献等により動機付けられる要員もあれば、チームへの貢献や自らが信じる大義により動機付けられる要員もいる。動機付けについては多くの理論があり、以下の囲み記事に一般的な理論の特徴を取り上げている。

ハーズバーグの動機付け理論

フレデリック・ハーズバーグは作業環境には2つの側面があるとした。衛生要因と動機付け要因である。衛生要因は作業員が何かを達成しようという動機付けにはならないと仮定した。しかしながら、適用のされ方、あるいは適用がされないあり方は不満につながっている可能性がある。表彰のような動機付け要因は、個人の業績が高まることにつながる。表16-2は衛生要因と動機付け要因の例を示す。

表16-2 衛生要因と動機付け要因

衛生要因	動機付け要因
方針	達成
管理	表彰
作業環境	成長
給与	昇進
状況	職務への関心
監督	仕事への挑戦
安全確保	

X理論とY理論

X理論では、「経営者は、労働者はできるだけ少ししかやらないで済まそうとするので、かなり管理する必要があると信じている」としている。Y理論では、「労働者は自己のベストをつくすことに関心があり、自由が与えられれば、よくやるものと経営者は信じている」としている。表16-3はこの2つの比較である。

表16-3 X理論とY理論

X理論	Y理論
平均的労働者は先天的に仕事が嫌いで、可能であれば仕事を避けるものである。 仕事への嫌悪のため、ほとんどの人は管理されなければ十分熱心に働かない。 平均的労働者は管理されることを好み、責任を嫌う。 平均的労働者は意欲がなく、何事にも安全を望む。	平均的労働者は、行動的で仕事の上での肉体的・知的な努力に満足を覚える。 自発的に参加することで最大の成果が得られるが、それにより、強制または管理なしに、目的に向かう自己主導性が生じる。 平均的労働者は、個人的な向上と自尊心のための機会を求める。 多くの従業員は、仕事上の問題解決のため、想像力、創造力、および創意工夫を用いる。

これ以外に多くの動機付け理論があるが、この2つはよく知られた理論である。

チーム育成とは、共通の目標に向かって個人が一体となって働くようにすることである。信頼と尊敬がチーム育成において重要な要素である。目的とする成果は、問題解決とプロジェクト作業がチーム・メンバーにより、より効果的かつ効率的に実行されるように、チームが相乗効果と相互関係を作り上げることである。チーム育成には時間がかかる。**チーム形成活動**を、プロジェクト会議の一部に組み入れるか、あるいは、職場外活勤のための時間と予算を組み込むプロジェクト・マネジャーもいる。効果的なチームを編成するために、要員は他のチーム・メンバーを知り、うまく協働する方法を理解する必要がある。グループ・ダイナミックスの研究を行った心理学者のブルース・タックマンは、チーム形成のさまざまな局面を記述する段階を設定した。

チーム形成の段階

局面	記述
成立期	チームは最初寄り集まる。チームはお互いの名前、チームの職位、部署、その他の関連ある基本的な情報等を得ようとする。これは、キックオフ会議で起こる。
動乱期	各チーム・メンバーは、チーム内で有利な立場に立とうとする。この局面では、メンバーの個性、強み、弱み等が表れ始める。メンバーが協働へのアプローチを見つけようとするにつれて、コンフリクトや争いが起こる。動乱期はしばらくの間続くかもしれないし、比較的早く通りすぎるかもしれない。
安定期	チームは、チームとして機能し始める。この時点では、皆、チームにおける自分の居場所、そして他のメンバーとの関わり方と調和の取り方を理解する。チームは協働を始める。行く先々では協働への障害があるかもしれないが、チームはすぐに解決し、行動に移る。
遂行期	チームは効率的に仕事をするようになる。これは成熟したチームの局面である。しばらく一緒にいるチームは相乗効果を生む。協働することで、他のチームよりも多くのものを達成し、高品質のプロダクトを作り出す。
解散期	チームは作業を完了し、他のプロジェクトに異動する。チームが良好な関係を築いていれば、チームを離れるのがつらく思うメンバーもあるだろう。

トレーニングは、通常個人の技術スキルの開発に用いられる。しかし、時には、チーム・メンバーはトレーニングによって対人関係のスキルやリーダーシップのスキルを高めることができる。

要員がお互いに交流する上で期待するものを決めるためには、プロジェクト開始時に**行動規範**を設定することが役に立つ。基本ルールに含めるべき重要な項目としては、決定の下し方、チーム・メンバー相互のコミュニケーションの方法、コンフリクトへの対処法等がある。チームとしての取組みを文書にするために、「チーム運営合意書」を使用するチームもある。チーム運営合意書の例は付図-14を参照されたい。

チーム運営合意書

プロジェクト名：_____　　作成日：_____

チームの価値と原則：
1.
2.
3.
4.
5.

会議のガイドライン：
1.
2.
3.
4.
5.

コミュニケーションのガイドライン：
1.
2.
3.
4.
5.

意思決定プロセス：

コンフリクト・マネジメントへの取組み方：

その他の合意事項：

サイン：_____　　　　　日付：_____

付図-14　チーム運営合意書

コロケーションは、チーム全員を同一の場所に集めるので、チームとしての仲間意識の形成が促進される。コロケーションにより、コミュニケーション、問題や課題の解決、人間関係構築等が促進される。チーム全員を1ヵ所に集めることができない場合は、チームとして状況報告会議を開催したり、プロジェクト文書を保管したりする場所にチームの会議室を設置したりすることはコロケーションに代る望ましい手段である。

表彰と報奨は、要員を動機付けることができるものにすべきである。動機付けの要因については、先に論じたことを想い起こしてほしい。企業の広報誌に素晴らしい仕事をしたとして発表されることに感動する要員もあれば、むしろもっと責任のある仕事をする機会を得たい者もいる。報奨を行うときは内容に気を付けること。作業の計画と実行がよくできたのでマイルストーンを達成したということであればよいのだが、作業の計画が不十分だったため、英雄的な行動や、残業によって達成できたというのは報奨の対象にはなり得ない。

人事考課ツールは自己評価のため、あるいはチームとプロジェクト・マネジャーの相互理解の向上のために使用される。評価ツールは、リーダーシップの強さや弱さ、EQ（こころの知能指数）、性格特性、マネジメント・スタイル、仲間のチーム・メンバーについて知りたいその他のほとんどのこと等を特定することに使用できる。個人査定の結果を検討したり、議論したりすることで、チームが協働することに役立ち、個々のチーム・メンバーが自己の強みと弱みを理解できることに役立つ。

アウトプット

チームのパフォーマンス評価は、チームのパフォーマンスを全体として評価するために使用する。それは、プロジェクト・フェーズの最終段階で、これからのフェーズのパフォーマンス向上を計画することの役に立つ。プロジェクト・マネジャーが個々のチーム・メンバーの評価を提示するか否かは組織構造や方針によって異なる。チーム・メンバーのパフォーマンスについて、組織がプロジェクト・マネジャーに正式な情報を求めていない場合であっても、プロジェクト・マネジャーは非公式な評価を書いて、機能部門に報告し、人事部門に写しを提示するとよい。これは、チーム・メンバーのプロジェクト作業が極めて優れており、その実績に対する表彰を確実に行いたい場合には、良いやり方である。

組織体の環境要因更新版としては、トレーニングおよび要員の記録を更新する。

プロジェクト・チーム・マネジメント

プロジェクト・チームのマネジメントは、プロジェクト・パフォーマンスを最適化するために、チーム・メンバーのパフォーマンスを追跡し、フィードバックを行い、課題を解決し、チームの変化をマネジメントするプロセスである。プロジェクト・チームのマネジメントを効果的に行うには、プロジェクト・スキルと人間関係のスキルを合わせて適用することが必要である。

図 16-5 はプロジェクト・チームのマネジメント・プロセスのインプット、ツールと技法、アウトプットを示す。図 16-6 はプロジェクト・チームのマネジメント・プロセスのデータ・フロー図である。

第16章 人的資源マネジメントの実行

```
インプット                          ツールと技法              アウトプット
.1 人的資源マネジメント計画書        .1 観察と対話              .1 変更要求
.2 プロジェクト要員任命              .2 プロジェクトのパフォー   .2 プロジェクトマネジメント
.3 チームのパフォーマンス評価           マンス評価                 計画書更新版
.4 課題ログ                         .3 コンフリクト・マネジメント .3 プロジェクト文書更新版
.5 作業パフォーマンス報告書          .4 人間関係のスキル        .4 組織体の環境要因更新版
.6 組織のプロセス資産                                          .5 組織のプロセス資産更新版
```

図16-5　プロジェクト・チームのマネジメント　インプット、ツールと技法、アウトプット
(出典：PMBOK® ガイド　第5版　279頁)

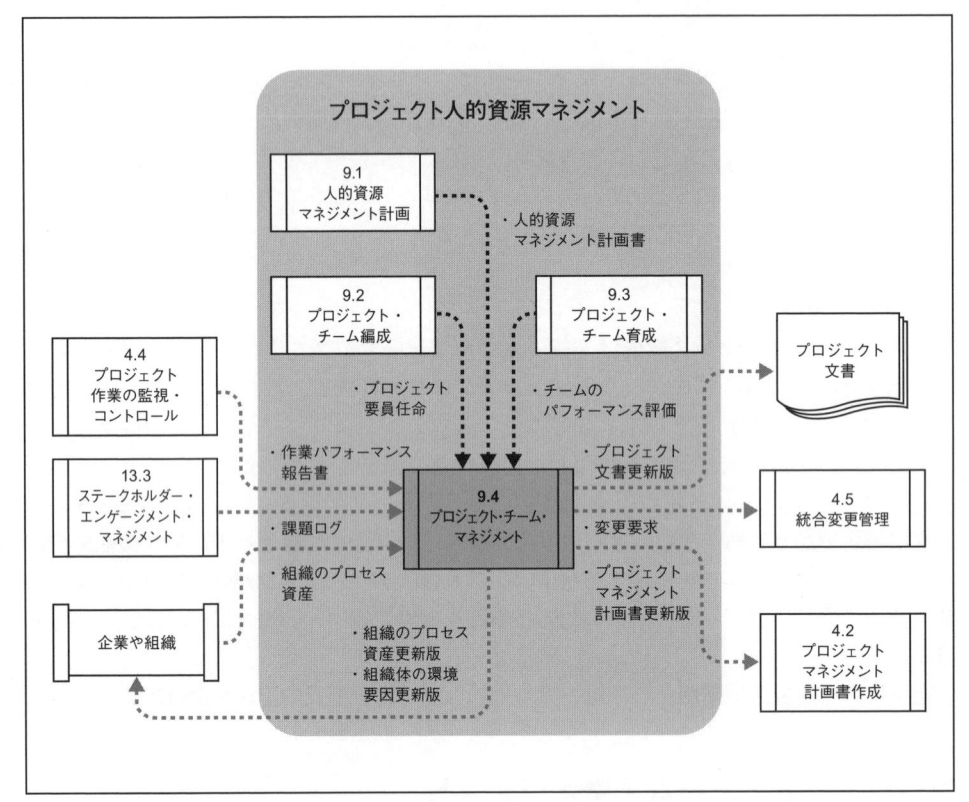

図16-6　プロジェクト・チーム・マネジメントのデータ・フロー図
(出典：PMBOK® ガイド　第5版　280頁)

インプット

プロジェクト要員任命は、プロジェクト・チームに任命する要員のリストである。**人的資源マネジメント計画書**には、役割と責任、プロジェクトの組織、要員マネジメント計画等が定義されている。これら2つの文書により、チームの要員のプロフィールの全体像がわかる。

チームのパフォーマンス評価はチームが全体としてどのようなパフォーマンスをしたかの情報を提供する。**作業パフォーマンス報告書**により、スコープ、スケジュール、コスト、品質等に対するプロジェクトのパフォーマンスが詳しく読み取れる。チームのパ

フォーマンス評価および作業パフォーマンス報告書により、プロジェクト・マネジャーがチーム・レベルと要員の個人レベルにおいてパフォーマンス改善のためにとくに注意を払うべき個所を確認する上で役立つ。

課題ログは、プロジェクトにて注意が必要な状況を文書化することに使用される。これには、発生したリスク事象、下すべき意思決定、プロジェクトを進める前に解決しなければならない状況等が含まれる。一般に、課題とは、インプットや解決に1人またはそれ以上のステークホルダーからのインプットや関与が必要となる事象のことである。課題ログは、課題について行動をとるべき責任者および解決目標日と共に、この情報を追跡することに役立つ。

組織のプロセス資産には標準の方針と手順があるが、さらに企業ロゴのある衣服、ボーナスの制度、チームのニュース・レター、その他の類似したもの等の組織特有の便益も含まれる。

ツールと技法

観察と会話は、プロジェクト・チームとの接触を絶やさない非公式な方法である。これにより、パフォーマンス報告書では見えないプロジェクトの進捗状況についての情報をプロジェクト・マネジャーは得ることができる。チームの士気、課題、労働環境、人間関係の問題に関する情報、その他同様なことは、廊下を歩いているとき、チーム・メンバーの仕事机で会話をしているとき、あるいはざっくばらんに話をしているとき等の折に、より明らかになる。

期間、複雑度、組織構造等によっては、プロジェクト・マネジャーはチーム・メンバーの**プロジェクトのパフォーマンスを評価**することを求められる場合がある。このパフォーマンス評価は、プロジェクト・チーム育成プロセスで述べたパフォーマンス評価より一層公式な取組みである。パフォーマンス評価は、一般に改善すべき分野、向上の目標、パフォーマンスのフィードバック等が含まれる。

コンフリクトは当たり前であり、特にプロジェクトにおいてはそれが顕著である。コンフリクトの一般的な原因には、以下のものがある。

- スケジュール
- 資源
- 技術的取組み
- 優先順位

コンフリクトは不快だと思う要員もいる。コンフリクトは、適切にかつ丁重に対処すれば、より良い案と解決策を生み出す。緊急度、関係する要員の相対的な力関係、良好な仕事上の関係維持の重要性等に対応して、**コンフリクト・マネジメント**に使うことができる手法は多々ある。表16-4で、いくつかの手法とそれを使用する最適な状況を見ていこう。

表16-4 コンフリクト・マネジメントの技法

技法	状況
問題解決 コンフリクトを問題として扱い、共同して解決にあたる。	● 時間と信頼がある ● 学ぶことを目標とするとき ● 他者の能力を信用している ● ウィン・ウィンの関係を求めるとき
協働 複数の視点を取込み、解決への合意を得る。	● 良好な関係の維持・構築を望む ● 解決への賛同を必要とするとき ● 状況が複雑である場合 ● 実現し得る最良の解決が必要なとき
妥協 各当事者が価値ある何かを得る方法を探す。	● 両当事者共に勝つ必要があるとき ● 勝つことができないとき ● 平等な関係にあるとき ● 関係維持のため ● 対象物の価値がほどほどのものであるとき ● 争いを避けるため
沈静や協調 意見の異なる部分でなく、合意できる部分を強調する。	● 包括的な目的に達するため ● 調和を維持するため ● なんらかの解決策があればよいとき ● いずれにせよ、負ける恐れがある場合 ● 友好を生み出すため
強制 勝ち・負けの関係。決定を相手方に押しつける。	● 自分が正しいとき ● 食うか食われるかの状況にあるとき ● 対象物の価値が高いとき ● 権力を得るため ● 相互の関係が重要ではないとき ● 時間が非常に重要な場合
撤退や回避 状況から身を引くこと。時には、冷却期間として使われる。	● 勝てないとき ● 対象物の価値が小さいとき ● 中立性や評判を維持するため ● 時間と共に問題が消えていくとき

以下はコンフリクト・マネジメントのさまざまな種類を適用した事例である。

コンフリクト・マネジメント技法

問題解決：ジョーはベンに彼のプロジェクトで1週間余計に作業してもらう必要があったが、ベンは、ジェニファーのプロジェクトに異動することになっていた。ジョー、ベン、ジェニファーはいくつかの選択肢を考えた結果、ベンをジョーのプロジェクトで2日間働き、ベンはその間に別の誰かにベンの役割をトレーニングし、新任者にその週の残りの日数を働いてもらうことになった。ジェニファーは、プロジェクトのクリティカル・パスに影響することなく、アクティビティの開始を先送りすることができた。

協働：ある顧客が、デザインが承認された後になってプロジェクトに新機能を取入れることを要求してきた。その顧客は変更に対し支払いをする用意があった。コンフリクトは、新しいスコープを組み込む上で最善の処置を見つけることであった。プロジェクト・マネジャーは、解決策と決定基準を特定することでグループをリードした。プロジェクト・マネジャーは、ブレーンストーミングのセッションの間、ファシリテーターとして行動し、すべてのアイデアを記録した。全員がアイデアを出し尽くした時点で、チームは解決策を決定基準にて評価し、この状況に対する最善の解決策を見つけ出した。

> **妥協**：要員を管理しているボスがあなたに、「あなたのところにいる最も優秀なエンジニアは来週から別のプロジェクトに必要だ」と告げた。あなたは、「今がプロジェクトのクリティカルな時であり、当該エンジニアはクリティカル・パスの仕事をしている」と言って抵抗した。そのボスは、別のエンジニアを1名フルタイムで、またもう1人のエンジニアをパートタイムで代わりに用意することに同意した。両名のエンジニアは異動させるエンジニアと同様の資格を持っている者である。新しい要員にあなたのプロジェクトの詳細を訓練するのに追加の時間がかかるものの、あなたのニーズは満たすことができるのでこの解決策に合意した。
> **沈静**：プロジェクト・スポンサーが、「会社のために新任のプロジェクト・マネジャーのトレーニングを引き受けてほしい」とあなたに言ってきた。あなたは、本当はその時間の余裕はないが、結果として会社の利益になることでもあり、また実際にスポンサーにノーとは言い難いので、同意した。
> **強制**：品質保証の重役が、来週、あなたのプロジェクトを監査すると連結してきた。あなたは、来週は極めて多忙であるので、3週間先ではどうかと提案した。品質保証の重役は、自分の直属の上司はCEOであることに触れながら、月曜日朝一番に準備しておくように言ってきた。
> **撤退**：あなたは、プロジェクトの将来を検討する会議を行っている。ピートとマギーは2人ともあなたのプロジェクトにおけるシニアのコスト見積り担当者である。彼らは、完了時の見積りとしてそれぞれの見積り結果を出してきたが、15パーセントの差異があった。2人は、現在、モンテカルロ分析がボトムアップ分析よりも正確であるか否かについて白熱した議論をしている。この間、残りの会議参加者は、激しくなるばかりのコンフリクトに相当不愉快になり始めていた。あなたは、自分が根本的な前提条件を調べる時間、かつ全員が状況を理解する時間がもてるように、後日までその議論を棚上げすることを提案した。

　人間関係のスキルは、チームのマネジメントを成功させる鍵である。傾聴スキルとコミュニケーション・スキルは、チーム・メンバーをマネジメントすること本当に必要なものであるが、それは第17章の「コミュニケーション・マネジメントの実行」のところで論じる。本章では、影響力、意思決定、文化の認識等に焦点を絞って論じる。先のプロセスのツールと技法ではリーダーシップについて論じた。リーダーシップはチームのマネジメントに必要なものであるが、ここでは改めてその説明を繰り返さない。

　影響を及ぼすとは、他の要員に特定のやり方で特定の活動や振る舞いをさせる方法を見つけることである。多くの場合、プロジェクト・マネジャーは職位として大きな力をもっていないので、目標達成には人に影響力を及ばす能力を活用しなければならない。人に影響を及ばす上で重要な要素は、信頼を得ることである。今一つの側面として、プロジェクトの成果の達成に助力してもらうことによりもたらされる利益を要員に理解してもらうことである。

　意思決定の技法にはさまざまなモデルがある。あるものはコンセンサスを使い、あるものは多数決や相対多数を使い、あるものは命令を使う。たとえ最終決定を下すのがプロジェクト・マネジャーであるにせよ、プロジェクトに関してはコンセンサスを得ること、あるいは少なくともステークホルダーに相談することで、たいがい、より良い結果が得られる。意思決定の成果を改善することに役立つプロセスは、まず問題あるいは下すべき決定についてより明確な定義を行うこと、それから複数のオプションに適用する意思決定の基準を設けることである。チームに代替案を準備する仕事に関与させた上で意思決定基準を適用すれば、最終決定への賛同が得やすくなる。

　文化の認識は国際的な多様性への認識のみならず、組織が置かれている環境に関わる文化を認識することも意味する。誰が権限を持っており、その人にどのように影響を及ばしたらよいかを知ることは、プロジェクトをマネジメントする上で役に立つ情報である。

アウトプット

　計画で予定した要員が得られない、あるいはプロジェクトの最中に変更された場合、**変更要求**に記入することにより変更管理プロセスを通して記録しておくとよい。要員配置の変更はコスト、スケジュール、品質等におそらく影響を及ぼすであろうし、その影響を分析しなければならない。

　人的資源マネジメント計画書、スケジュール、予算、**プロジェクトマネジメント計画書**のその他の要素等は更新される必要がある。**更新すべきプロジェクト文書**には、課題ログ、役割と責任、要員配置等がある。

　組織体の環境要因更新版は、パフォーマンス評価あるいは人的資源スキルのデータ・ベース等へのインプットが含まれる。**組織のプロセス資産の更新版**には、教訓、およびチームの効果的なマネジメントに使用されたやり方やプロセスがある。例えば、効果的な意思決定プロセス、あるいはコンフリクト解決の優れたプロセスを開発したならば、それは、教訓やプロジェクト文書に記録することにより他のプロジェクトと共有できる。

第17章 コミュニケーション・マネジメントの実行

この章のトピック
☞ コミュニケーション・マネジメント

コミュニケーション・マネジメント

　コミュニケーション・マネジメントは、コミュニケーション・マネジメント計画書に従ってプロジェクト情報を生成、収集、配布、保管、検索、および最終的な廃棄を行うプロセスである。プロジェクト・マネジャーが、プロジェクトに関するすべてのことを遂行するために使用する主な方法は、コミュニケーションである。したがって、コミュニケーションのマネジメントはプロジェクトの開始から終了まで発生する。コミュニケーションは、口頭、文書、あるいは電子的に行われる。それは、公式または非公式であったり、計画的または自然発生的であったり、意図的または無意識であったりする。このプロセスでは、プロジェクトの情報を伝達する手段と方法を検討する。すなわち、それはコミュニケーション・マネジメント計画書を実践することである。

　図17-1はコミュニケーション・マネジメント・プロセスのインプット、ツールと技法、アウトプットを示す。図17-2はコミュニケーション・マネジメント・プロセスのデータ・フロー図である。

インプット

　コミュニケーション・マネジメント計画書には、情報を必要とするステークホルダー、必要とする時期、およびコミュニケーションに用いられる方法を特定する。

　作業パフォーマンス報告書には、過去の実績（すでに達成されたもの）、現在の状況（現在、実際に作業されているもの）、および予測情報（将来起こると予想されているもの）に関する情報がある。パフォーマンス報告書とは、プロジェクトのステークホルダーに配布される最も一般的な公式な情報である。

インプット	ツールと技法	アウトプット
.1 コミュニケーション・マネジメント計画書 .2 作業パフォーマンス報告書 .3 組織体の環境要因 .4 組織のプロセス資産	.1 コミュニケーション技術 .2 コミュニケーション・モデル .3 コミュニケーション方法 .4 情報マネジメント・システム .5 パフォーマンス報告	.1 プロジェクト伝達事項 .2 プロジェクトマネジメント計画書更新版 .3 プロジェクト文書更新版 .4 組織のプロセス資産更新版

図17-1　コミュニケーション・マネジメントのインプット、ツールと技法、アウトプット
（出典：PMBOK® ガイド　第5版　297頁）

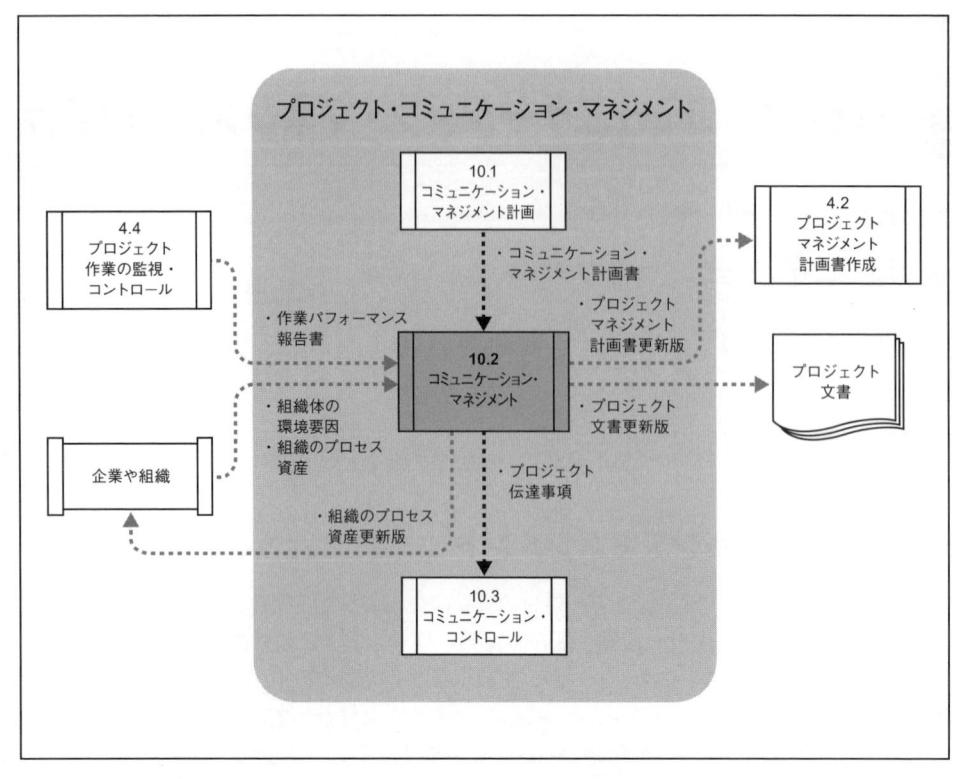

図17-2　コミュニケーション・マネジメントのデータ・フロー図
（出典：PMBOK® ガイド　第5版　298頁）

　コミュニケーションのマネジメントは、情報マネジメント・システム、文化、業界標準、成果物に固有な特性等のような**組織体の環境要因**から影響を受ける。
　組織のプロセス資産には、方針と手順、および情報配布に使うテンプレートがある。それには、プロジェクトや組織の外部の当事者と共有してもよい情報に関する指針がある。

ツールと技法
　コミュニケーション・マネジメント計画書に記述された**コミュニケーション技術**、**コミュニケーション・モデル**、**コミュニケーション方法**等はプロジェクトのコミュニケーションをマネジメントするために使用される。
　使用される**情報マネジメント・システム**は、その情報がステークホルダーに発信されるプッシュ型とするか、ひとつの個所から引き出すプル型のいずれにするかに影響する。技術の進歩により、情報マネジメント・システムを使用する配布手段がかつてないほど多く存在する。ウェブ・コンファレンス、テレビ会議をすること、インターネット・メッセンジャー（IM）、携帯メールで語り合うこと等は普通のことになっている。日々のビジネスをタブレット上で行い、毎夜、それをメイン・システムと同期させている人もいる。このため、コミュニケーションを計画し、マネジメントするときには、効果的なコミュニケーションを行うために考慮する選択肢は多岐に渡る。
　パフォーマンス報告とは、プロジェクトのパフォーマンス情報を収集して配布することである。報告書には、状況報告書、進捗報告書、予測等がある。パフォーマンス報告書は1ページの簡単なものから、複数の情報システムから情報を集めて作成した電子版のダッ

シュボードのような複雑なものまである。

アウトプット

コミュニケーション・マネジメント・プロセスの主要なアウトプットは**プロジェクトの伝達事項**を扱うコミュニケーションそのものである。これには、報告書、メモ、会議、プレゼンテーション、およびその他のあらゆる種類の公式と非公式のコミュニケーションが含まれる。

プロジェクト文書と**プロジェクトマネジメント計画書の更新**は、プロジェクト期間中に行われるさまざまな種類のコミュニケーションに基づいて行なわれる。

すべての公式なコミュニケーションおよび多くの非公式なコミュニケーションは**組織のプロセス資産更新版**に入れられる。言い換えれば、それらはプロジェクト記録の一部となる。状況報告書、プレゼンテーション、教訓、議事録、決定のログ、書簡、その他のプロジェクト情報に関する文書のほとんどはプロジェクト文書の一部となり、やがてプロジェクト終結時にはアーカイブに保管される。

第18章　調達マネジメントの実行

この章のトピック

☞ 調達実行

調達実行

　調達実行は、納入候補から回答を得て、納入者を選定し、契約を締結するプロセスである。調達実行プロセスに掲示されているインプットおよびツールと技法には、同時ではなく、順を追って起こらねばならないものがあることに気がつくであろう。例えば、インプットには、調達文書および納入候補者のプロポーザルがある。ツールと技法では、入札説明会とプロポーザル評価技法がある。入札説明会より以前に、調達文書と適格納入者リストというインプットが必要であろう。納入候補のプロポーザル（もう１つのインプット）を受領してから、プロポーザル評価技法を適用する。調達という業務に馴染みがなければわかりにくいと思うので、調達実行において起こるすべての出来事およびその発生順序について理解しやすいように、できるだけ論理的に説明する。

　図 18-1 は調達実行プロセスのインプット、ツールと技法、アウトプットを示す。図 18-2 は調達実行プロセスのデータ・フロー図である。

インプット

　調達マネジメント計画書には、調達プロセスの実施の方法が記述されている。このプロセスにおいて、とりわけ取り上げるべきものは、調達文書の配布についての役割と責任、入札説明会のマネジメント、発注先選定委員会への参加、使用される契約の種類である。

インプット	ツールと技法	アウトプット
.1 調達マネジメント計画書 .2 調達文書 .3 発注先選定基準 .4 納入候補のプロポーザル .5 プロジェクト文書 .6 内外製決定 .7 調達作業範囲記述書 .8 組織のプロセス資産	.1 入札説明会 .2 プロポーザル評価法 .3 独自見積り .4 専門家の判断 .5 公告 .6 分析技法 .7 調達交渉	.1 選定済み納入者 .2 合意書 .3 資源カレンダー .4 変更要求 .5 プロジェクトマネジメント計画書更新版 .6 プロジェクト文書更新版

図 18-1　調達実行のインプット、ツールと技法、アウトプット
（出典：PMBOK® ガイド　第5版　371頁）

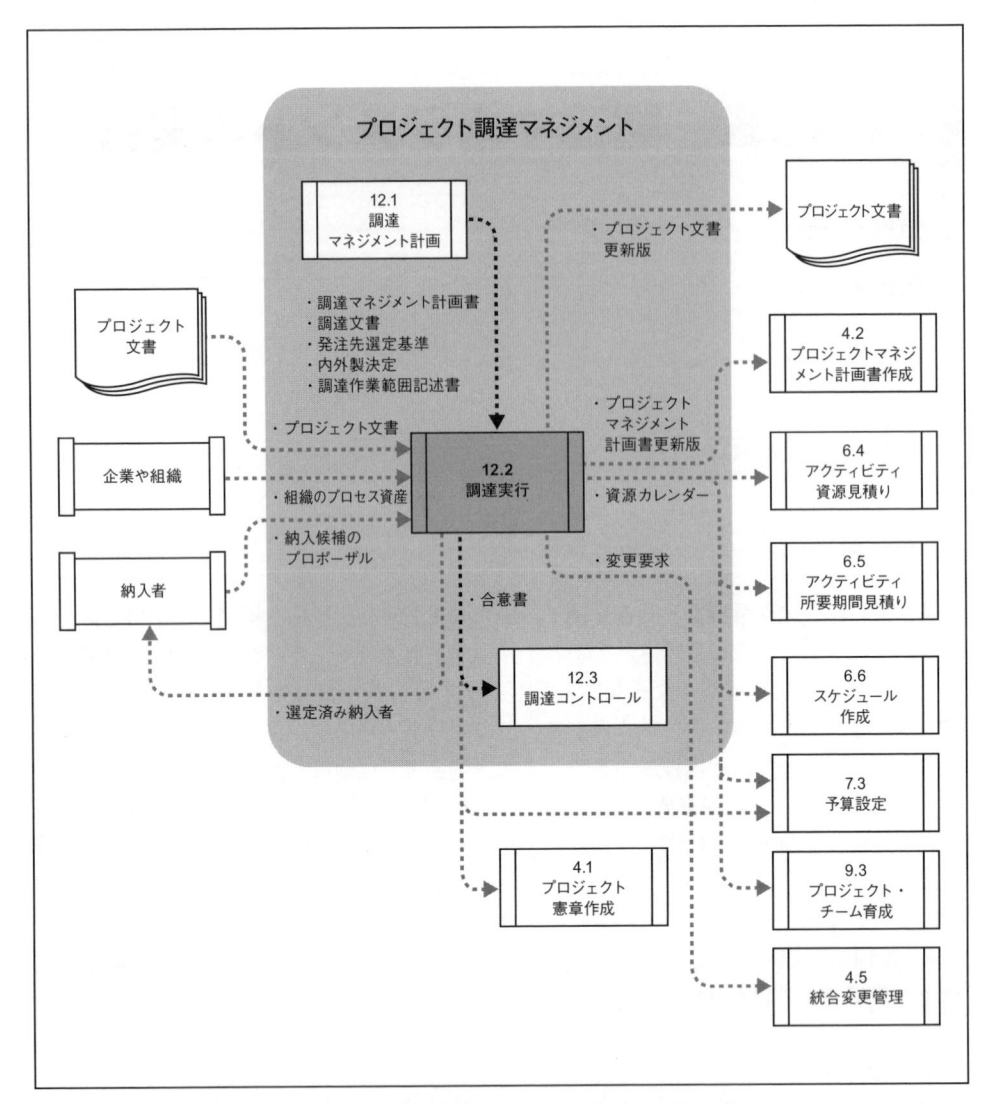

図 18-2　調達実行のデータ・フロー図
（出典：PMBOK® ガイド　第 5 版　372 頁）

　調達文書は、提案依頼書（RFP）、入札招請書（IFB）、見積依頼書（RFQ）等の形式をとることを思い出してほしい。入札書類には別の種類もあるが、これらが一般的なものである。入札書類には**調達作業範囲記述書**があり、これは調達の目標、要求事項、成果物、成果を文書化したものである。
　最も一般的な**プロジェクト文書**は、リスク対応計画プロセスからのもので、契約により転嫁されたリスク関連の決定事項の文書を含むリスク登録簿である。例えば、組織として、ある特定のアクティビティに従事する要員が不足するリスクがあれば、リスク対応策として、当該作業を外注するか、あるいは外部よりの臨時作業員を導入するかのいずれかを採用するであろう。
　内外製決定によって、プロジェクトのために購入が必要となるすべての品目リストが提供される。購入リストに加えて、チームは、受注者選定に使用する**発注先選定基準**を決定する。

このプロセスに使用される**組織のプロセス資産**には、適格納入者リストがある。このようなリストがない場合は、さまざまなベンダーの過去の仕事の履歴およびそのベンダーの仕事ぶりに関する情報もまた組織のプロセス資産である。

最後のインプットは、**納入候補のプロポーザル**である。これは、このプロセスのツールと技法の一部が適用された後に得られるインプットである。納入候補のプロポーザルは入札書類への応答である。先に適用されなかった残りのツールと技法は、この時点でプロポーザルに適用される。

ツールと技法

組織に適格納入者リストや協業契約がない場合、応札者を広げるために、時には、インターネット検索を行うことや公告を出すことがある。政府の契約においては、入札の機会を**公告**することを義務付けている規則がある。

多くの場合、購入する組織は、**入札説明会**を開く。入札説明会は、対面、電話、バーチャルな環境等のいずれかで行われる。その目的は、全応札者にたいして、完全な情報の提供、契約および技術上の要求事項の明確な理解、平等な条件を保証することにある。

プロポーザルを受取り次第、評価委員会は**プロポーザル評価法**に基づきプロポーザルの評価を行う。評価委員会は、発注先選定基準の適用において**専門家の判断**を活用する。

入札説明会

多くの場合、建設の説明会は作業の実施場所にて開催される。その他の場合、説明会は購入者のオフィスあるいはホテルの会議室のような中立的な場所で開かれる。

誰かに討議内容をメモさせ、すべてのコメントあるいは質問を文書化することは一般的に行われている実務慣行である。質問への回答は出席者全員に発送されるか、ウェブサイトに掲示されるか、あるいは修正文書として入札文書に組み入れられる。

説明会がバーチャルあるいは電話で行われる場合、説明会の録音は契約が締結されるまで保持される。

当該分野専門家は、技術専門家、法務部門の代理人、契約専門家、プロジェクト・マネジャー、必要に応じてその他の分野の専門家等から構成される。専門家の判断はまた、スコープ、スケジュール、コスト、資源およびリスクの観点から現実的であるかを判断するために、プロポーザルを評価することに使用される**分析技法**により適用される。

大規模な調達については、組織内あるいは外部の第三者のいずれかにより独自見積りが作成される。独自見積りは、提出された入札と比較される。相当な差異がある場合には、入札書類が曖昧であったか、あるいは応札者が作業のスコープを理解しなかったかのいずれかである。

1社あるいは複数の最終候補者を特定したら、チームは調達交渉を開始する。交渉は、技術情報、契約条件、支払条件と支払時期、報告とプロジェクト支援作業、スケジュール、それに勿論のことであるが価格と料金体系等が対象となる。

アウトプット

交渉がすべて決着すれば、**納入者が選定**され、調達契約が締結される。契約は、単なる注文書であったり、内訳のある料金、詳細な作業範囲記述書、パフォーマンス基準、報告の要求事項などが記述された非常に複雑な契約書であったりする。囲み記事には、良くできた契約書に含まれる項目のリストの例が示されている。

アクティビティ資源見積りプロセスにて作られた**資源カレンダー**は、調達に伴う情報に応じて更新される。その他の**プロジェクト文書**や**プロジェクトマネジメント計画書**の構成要素は調達の結果に基づき更新が必要になる可能性がある。文書がコンフィギュレーション・コントロールの対象であるか、あるいはベースラインの一部である場合、その**変更要求**は統合変更管理に基づき処理する必要がある。

契約交渉の対象項目
作業範囲記述書
スケジュール
履行期間
履行と納入場所
役割と責任
報告の要求事項
価格、コスト、料金等の詳細
検査と受入基準
製品サポート、法的責任、保証に関する情報
変更マネジメント
契約解除と紛争解決

第19章　ステークホルダー・マネジメントの実行

この章のトピック
☞ ステークホルダー・エンゲージメント・マネジメント

ステークホルダー・エンゲージメント・マネジメント

　ステークホルダー・エンゲージメント・マネジメントは、ステークホルダーのニーズや期待を満足させるために、プロジェクト・ライフサイクルを通して、コミュニケーションし、ともに働き、課題の発生に対処し、プロジェクトの活動についてステークホルダーの適切な関与を強化するプロセスである。ステークホルダー・エンゲージメント・マネジメントは、プロジェクトの立上げプロセス群にあるステークホルダー・マネジメント計画のプロセスにて作成されたステークホルダー・マネジメント計画書の実行を行う。このプロセスは、グループのステークホルダーおよび個人のステークホルダーがもつ期待と関与に影響を及ぼし、かつそれをマネジメントしようとするものである。例えば、プロダクトのエンド・ユーザーに影響を及ぼそうとするかもしれないし、顧客に影響を及ぼそうとするかもしれない。
　望ましい成果は以下のようになる。

- ステークホルダーの支援の増加と抵抗の減少
- プロダクトとプロジェクトに対する現実的な期待
- 起ころうとしている課題や実際に抱えている課題への取組み
- 先を見越したコミュニケーション

　図 19-1 はステークホルダー・エンゲージメント・マネジメント・プロセスのインプット、ツールと技法、アウトプットを示す。図 19-2 はステークホルダー・エンゲージメント・マネジメント・プロセスのデータ・フロー図である。

インプット	ツールと技法	アウトプット
.1 ステークホルダー・マネジメント計画書 .2 コミュニケーション・マネジメント計画書 .3 変更ログ .4 組織のプロセス資産	.1 コミュニケーション方法 .2 人間関係のスキル .3 マネジメント・スキル	.1 課題ログ .2 変更要求 .3 プロジェクトマネジメント計画書更新版 .4 プロジェクト文書更新版 .5 組織のプロセス資産更新版

図 19-1　ステークホルダー・エンゲージメント・マネジメントのインプット、ツールと技法、アウトプット（出典：PMBOK® ガイド　第 5 版　404 頁）

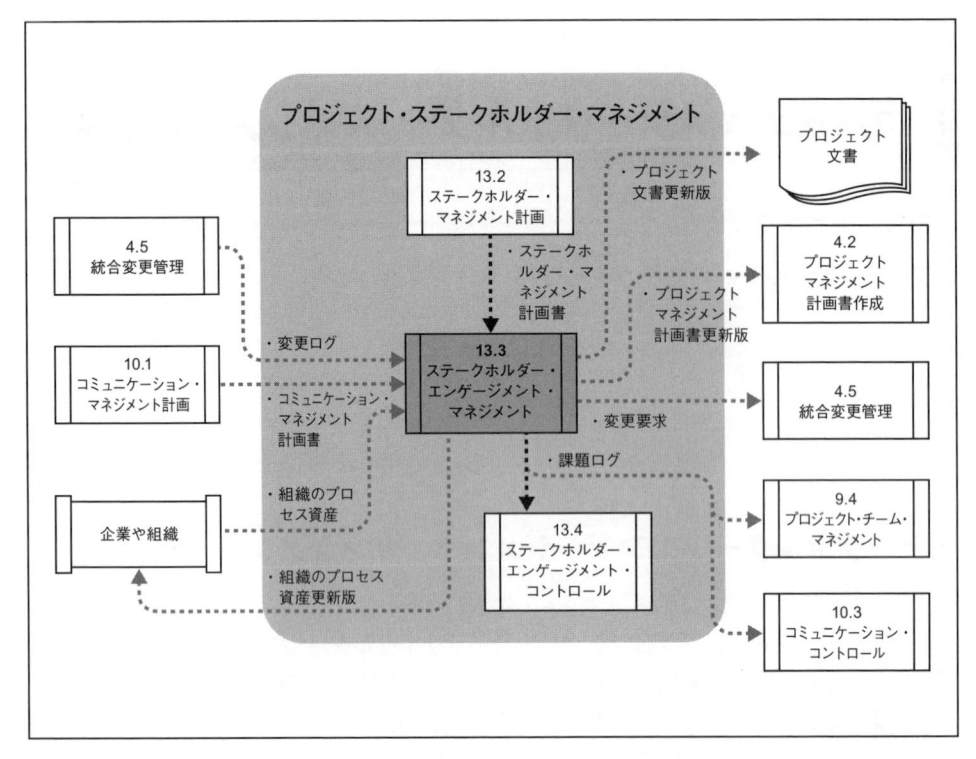

図 19-2　ステークホルダー・エンゲージメント・マネジメントのデータ・フロー図
（出典：PMBOK® ガイド　第 5 版　405 頁）

インプット

ステークホルダー・マネジメント計画書では、支援してくれるステークホルダーの影響を最大にし、否定的なステークホルダーの影響を最小にするための取組み方を選択し、それを定義している。**コミュニケーション・マネジメント計画書**は、ステークホルダーに届けるコミュニケーションの形式、手段、頻度、内容を記述する。また、さまざまなステークホルダーのコミュニケーション・ニーズを満たすために用いられるニュース・レター、状況報告書、プレゼンテーション、会議、その他のものの概略を記述する。

変更ログには、変更とその影響が記述されている。多くの場合、変更があると単なるコミュニケーション以上のものが必要になるので、変更の影響および変更の理由を説明するために、さまざまなステークホルダーと会議を持つ必要がある。変更に基づく再計画の支援を得るため、ステークホルダーを招集することもある。

このプロセスで使用された**組織のプロセス資産**には、方針、手順、課題のマネジメント、変更マネジメント、コミュニケーション等のためのテンプレートが含まれる。過去のプロジェクトからの情報もまた役に立つ。

変更ログのコンテンツ
変更ログは少なくとも以下を含む。
変更 ID
変更区分
変更の記述
変更要求の提出者名
提出日
状況
最終処置

ツールと技法

コミュニケーション・マネジメント計画書では、ステークホルダーとのコミュニケーションに使用される**コミュニケーション方法**を定義する。これには、会議、メモ、ウェブ会議、電話、プレゼンテーション、その他の手段がある。プレゼンテーションや状況報告書のような公式なコミュニケーションもあれば、ブレーンストーミング、会話、問題解決のセッションなどの非公式なコミュニケーションもある。よいプロジェクト・マネジャーは、ステークホルダーとのコミュニケーションにとってどの手段が最も良いかを見定める。

プッシュ型コミュニケーション：特定のステークホルダーに計画的に情報を送ること。例えば、Eメール、メモ、プレゼンテーション、その他の類似のもの。

プル型コミュニケーション：ステークホルダーが必要に応じて情報にアクセスできるようにすること。この例には、ウェブサイト、イントラネット、知識リポジトリ、その他がある。

双方向型コミュニケーション：二人またはそれ以上による議論。これには、会議、電話、テレビ会議等がある。

プロジェクト・マネジャーにとっては、特に信頼の構築、コンフリクトの解決、積極的傾聴、変更への抵抗の克服という**人間関係のスキル**が大変重要な分野である。ここで、各々についてもう少し詳しく考察する。

信頼の構築：上述の通り、話を聴くこと、それから約束を遂行すること、いつでも連絡を取り合える状態にしておくこと、何時も透明な意思決定を行うこと等により、チーム・メンバー、顧客、その他のステークホルダー等との信頼の構築が始まる。

コンフリクトの解決：コンフリクトの解決については、人的資源の個所で論じた。したがって、ここではコンフリクトがあるのはチーム・メンバーだけではないと言うだけで十分であろう。チームをうまく機能させるために使用する技法が、他のステークホルダーをマネジメントする上でも同じく有効である。

積極的傾聴：ステークホルダーの期待、望み、ニーズ等を理解することは、プロジェクトに対する彼らの支援を獲得する上で最も重要なことである。ステークホルダーに向かって、彼らが必要とするものおよび必要とする理由を話すことは、大きな成功をもたらす取組み方ではない。傾聴する能力、聴いたことを要約する能力、それを達成する方法を示す能力等を身につけることは、ステークホルダーの満足を築きあげる上で大きな役割を果たす。

変更への抵抗の克服：多くの場合、ステークホルダーは現状で満足しているものである。もし変更しなくてもよいことが完全ではないが満足の行く程度に回避できるのであれば、往々にして自分たちの振る舞いの変更を望まない。そのような抵抗を克服するためには、その変更が自分たちにとっても、組織にとっても利益になることをステークホルダーに理解してもらう必要がある。変更をできるだけスムーズに行う方法をブレーンストーミングにかけることもまた、変更への抵抗を軽減することに役立つ。

マネジメント・スキルは一般に広範な知識の蓄積があり、かつプロジェクト・マネジャーの毎日の活動の大きな部分を占めるものでもある。PMBOK® ガイドでは4つのスキルを取り上げているのが、それについて本書でもう少し詳しく検討する。

1. **プロジェクトの達成目標に向けた合意を促進すること**：ステークホルダーによりそれぞれ目標が異なる。すべてのステークホルダーに、一連の定義されたプロジェクトの達成目標に合意させることは困難な場合がある。ノミナル・グループ技法（第5章参

照）は、ステークホルダーのグループに目標の優先順位について合意に至らせることに役立つ。過半数あるいは相対多数（最大得票ではあっても必ずしも過半数である必要はない）の意見が採択される投票プロセスを用いることができる。もし自分のチームにチーム運営合意書があったなら、その文書に記述されている意思決定基準を適用することができる。
2. **プロジェクトを支援するようステークホルダーに影響を与えること**：ステークホルダーに影響を与えることは、単に支援を要求するだけのように簡単な場合もあれば、交渉、変更への抵抗の克服、ステークホルダーがプロジェクトの利益を理解するために時間を取る等が必要になる場合もある。
3. **プロジェクトのニーズを満足するように協定の交渉をすること**：成功する交渉とは、交渉当事者が共に価値あるものを得て終わったと感じることである。プロジェクト・マネジャーは、交渉相手のニーズを分析し、プロジェクトのニーズが確実に満たされているようにしながら、相手のニーズも達成することができなければならない。仕事上の関係を維持するには、過去の課題や個人的問題にとらわれることなく、現在の課題に集中しなければならない。
4. **プロジェクトの成果を受け入れるように組織の行動様式を変革すること**：組織の行動様式の変革には、ステークホルダーの行動様式をマネジメントすること、および新しい製品やサービスの導入や運用を促進するためのプロセスを確実に機能させることがある。

アウトプット

ステークホルダーとのやり取りに応えて**課題ログ**に記入され、統合変更管理プロセスへと**変更要求**がだされる。

プロジェクトマネジメント計画書の更新は、変更要求、課題マネジメント、コミュニケーション・マネジメント計画書とステークホルダー・マネジメント計画書に対する変更等に基づいて行なわれる。**更新されたプロジェクト文書**には、ステークホルダー登録簿、課題ログ、変更ログがある。

このプロセスの結果として通常**更新される組織のプロセス資産**には、ステークホルダーに配布する文書やステークホルダーから受け取る文書、報告書とプレゼンテーション、および教訓がある。

第20章　プロジェクトの監視・コントロール

この章のトピック
☞ 監視・コントロール・プロセス群
☞ プロジェクト作業の監視・コントロール
☞ 統合変更管理

監視・コントロール・プロセス群

　監視・コントロール・プロセス群は、プロジェクトの進捗やパフォーマンスを追跡し、レビューし、統制し、計画の変更が必要な分野を特定し、それらの変更を開始するために必要なプロセスからなる。多くの監視・コントロール・プロセスで、プロジェクトマネジメント計画書や作業パフォーマンス・データのような類似のインプットがあることに気がつくであろう。アウトプットでも同じく、作業パフォーマンス情報、各種の更新版、変更要求等がある。いろいろなプロセスを検討していきながら、こうしたパターンを見ていこう。
　もう一つの目につくパターンは、作業の指揮・マネジメント・プロセスのアウトプットである作業パフォーマンス・データが9つのコントロール・プロセスのインプットになっていることである。その作業パフォーマンス・データはコントロール・プロセスのアウトプットとして作業パフォーマンス情報になる。作業パフォーマンス情報は、プロジェクト作業の監視・コントロールのインプットとなる。プロジェクト作業の監視・コントロール・プロセスを通ることで、作業パフォーマンス情報は、作業パフォーマンス報告書というアウトプットになる。図20-1は、データが情報へ、さらに報告書へと発展していく様子を示している。

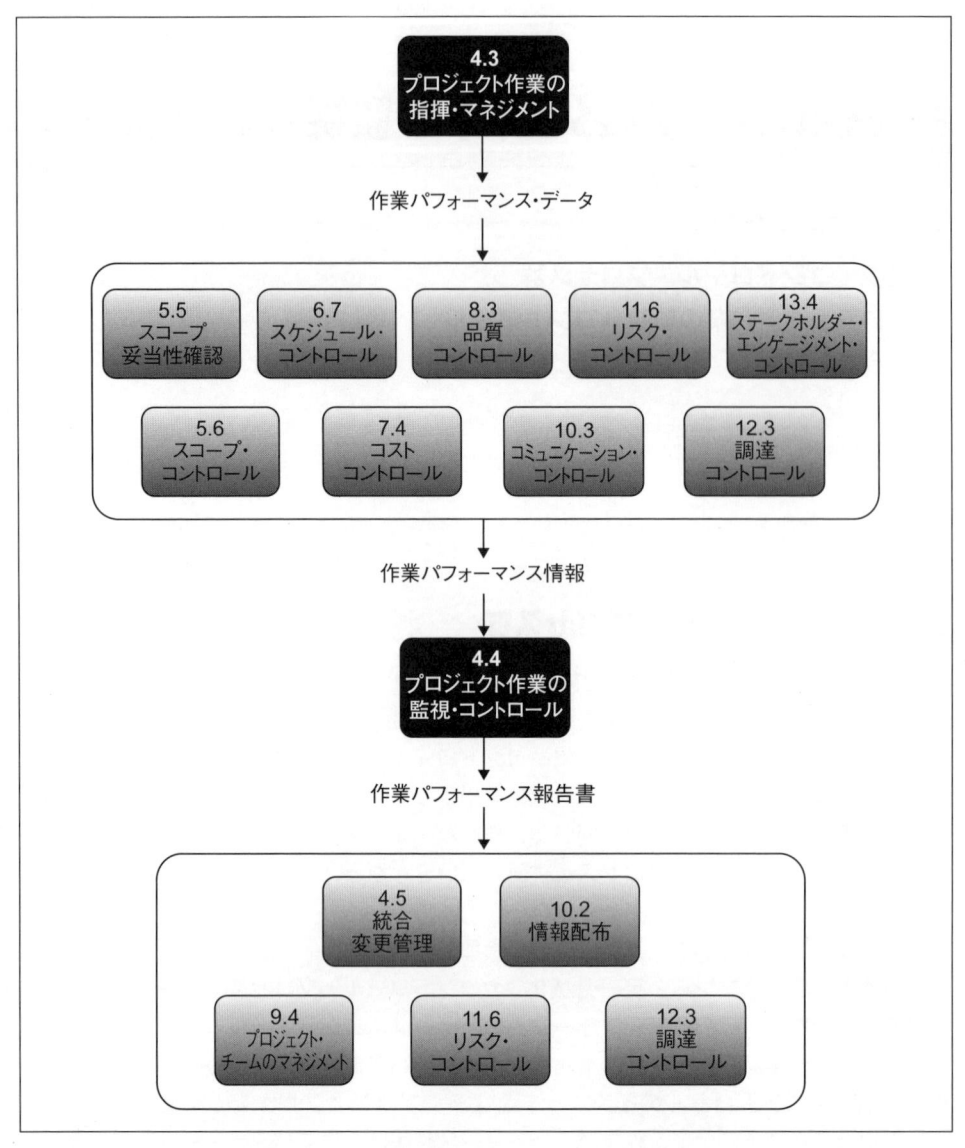

図20-1　作業パフォーマンス・データ、作業パフォーマンス情報、作業パフォーマンス報告書

プロジェクト作業の監視・コントロール

　プロジェクト作業の監視・コントロールは、プロジェクトマネジメント計画書に定義されたパフォーマンス目標を達成するため、進捗を追跡し、レビューし、かつ報告するプロセスである。このプロセスは、プロジェクト全体の状況に関与する。
　そのアクティビティには次のようなものがある。

- 計画した作業結果と実際の結果を比較する。
- 処置が必要か否か、および正しい処置とは何かを決定する。
- パフォーマンスを報告する。
- プロジェクト全体のパフォーマンスを評価する。

- 予測を提示する。
- 承認された変更が正しく実施されることを確認する。

プロジェクト作業の監視は、プロジェクトの情報収集、データの編集と分析、状況の伝達、測定結果と傾向の評価等よりなる。プロジェクト作業のコントロールは、プロジェクトのニーズに一致するように、是正処置と予防処置の策定とその実行を行うことである。

図 20-2 はプロジェクト作業の監視・コントロール・プロセスのインプット、ツールと技法、アウトプットを示す。図 20-3 はプロジェクト作業の監視・コントロール・プロセスのデータ・フロー図である。

インプット

プロジェクトマネジメント計画書には、プロジェクトのそれぞれの知識エリアをマネジメントする方法を定義したすべての補助計画書がある。プロジェクトマネジメント計画書にはまた、スコープ、スケジュール、コストのベースラインがあり、また個々のプロジェクト達成目標に対する差異の限界値を定義している。ベースラインと差異の限界値は、さまざまな他のコントロール・プロセスより生まれる**作業パフォーマンス情報**と比較される。

スケジュール予測と**コスト予測**は、現在のパフォーマンス傾向が持続するなら、将来スケジュールとコストのパフォーマンスがどうなるかを示す。予測情報には、コストの完了時見積り（EAC）等の計算による予測もあれば、ボトムアップで改めて行う予測もある。

統合変更管理プロセスにより承認された変更は、プロジェクト作業の指揮・マネジメント・プロセスにて実行される。プロジェクト作業の監視・コントロール・プロセスでは、チームは**妥当性確認済み変更**が適切に実行されたことを検証する。

インプット	ツールと技法	アウトプット
.1 プロジェクトマネジメント計画書 .2 スケジュール予測 .3 コスト予測 .4 妥当性確認済み変更 .5 作業パフォーマンス情報 .6 組織体の環境要因 .7 組織のプロセス資産	.1 専門家の判断 .2 分析技法 .3 プロジェクトマネジメント情報システム .4 会議	.1 変更要求 .2 作業パフォーマンス報告書 .3 プロジェクトマネジメント計画書更新版 .4 プロジェクト文書更新版

図 20-2　プロジェクト作業の監視・コントロールのインプット、ツールと技法、アウトプット
（出典：PMBOK® ガイド　第 5 版　86 頁）

業界標準、ベンチマーク、規制、組織の情報マネジメント・システム等は、このプロセスの実行方法を形作る**組織体の環境要因**である。**組織のプロセス資産**には、財務管理、リスク・マネジメント、コミュニケーション指針等のためのガイドラインや方針がある。

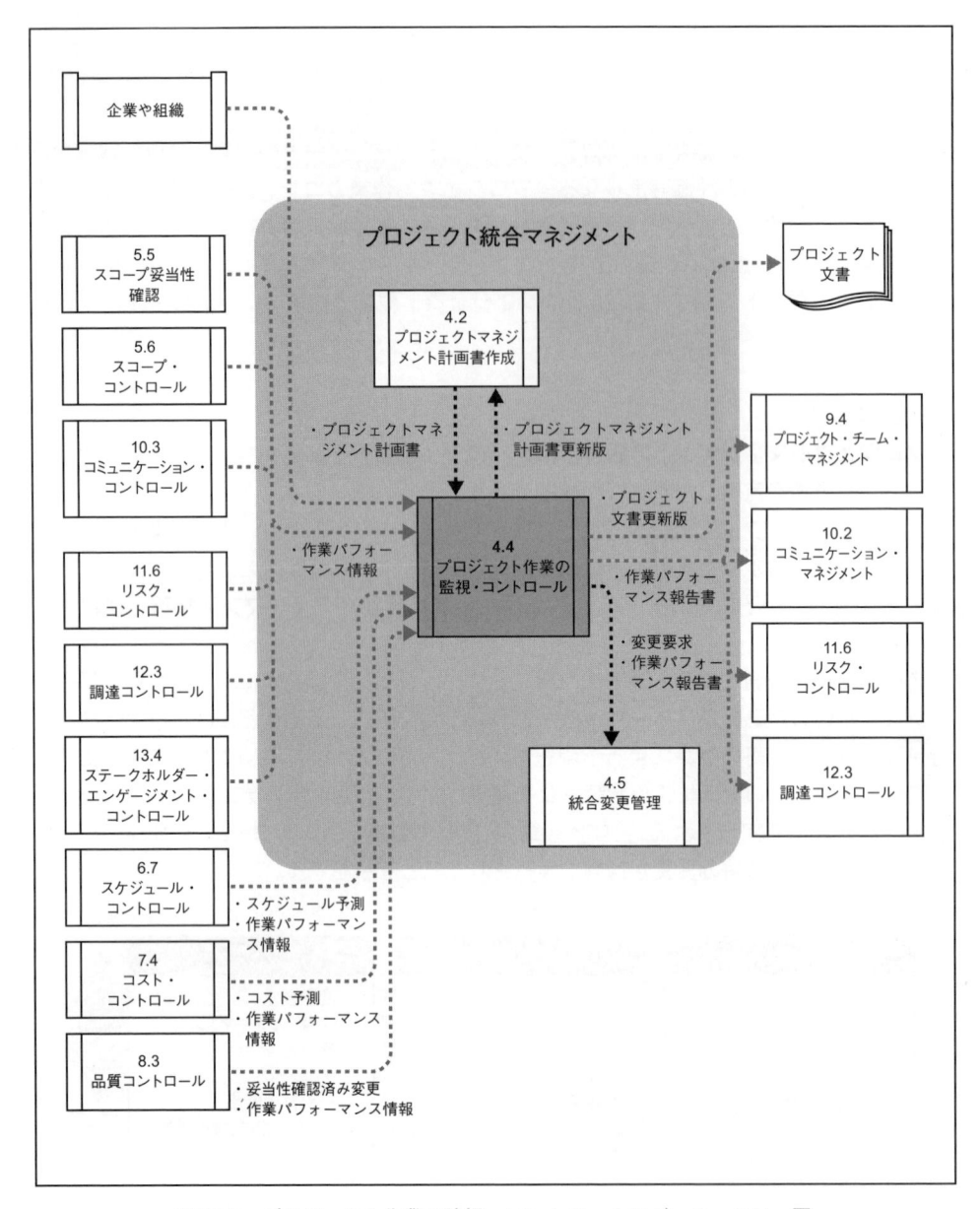

図20-3　プロジェクト作業の監視・コントロールのデータ・フロー図
（出典：PMBOK® ガイド　第5版　87頁）

ツールと技法

　作業結果に関わる計画と実績の比較に基づき、チーム・メンバーは、**専門家の判断**と**分析技法**を用いて、最善の対応策を決め、適切な行動を決定する。

　分析技法にはしばしば、どの変数が受容し難い差異あるいは好ましくない傾向を引き起こしているかを決定するために、回帰分析や根本原因分析を行うための**プロジェクトマネジメント情報システム**が必要である。別の良く用いられる分析技法は、実施した作業の量に対して支出された予備の量を比較することである。もしプロジェクトが35％を完了している時点で60％の予備がすでに使われているなら、プロジェクトが好ましくない状態にあることを示している。

パフォーマンスが悪化の傾向を示しているなら、プロジェクト・マネジャーはチーム会議を招集して、悪化したパフォーマンスの原因と解決策をブレーストーミングするチーム会議を招集することもある。

アウトプット

さまざまな知識エリアからの情報は分析され、そして編集されて作業パフォーマンス報告書になる。作業パフォーマンス報告書には、前の期間に達成されたものの情報（進捗報告書）、プロジェクトの現状に関する情報（状況報告書）、想定される達成の情報（予測）等を含める。その他の報告書の内容として、現在のリスクや課題に関する情報、およびその他の適切なデータを含める。パフォーマンス報告書は、状況と予測の情報を包括的で論理的な様式に体系立て、要約したものである。報告書には、表や図、および文章での説明を記述する。作業パフォーマンス報告書は、比較的簡単なものであるときもあれば、コンピュータから出力した報告書と状況をダッシュボードの形で見せたもののときもある。

作業結果が受け入れられるものでなければ、チームは、是正処置や予防処置、さらに欠陥修正をも対象とした変更要求を提案する。出現した課題によっては、**プロジェクトマネジメント計画書**の補助計画書またはベースラインになんらかの更新が必要になるであろう。予測、課題、リスクは、状況により更新が必要となる**プロジェクト文書**である。

パフォーマンス報告書の情報
- 過去のパフォーマンス
- 前のサイクル期間に完了した作業
- 次の期間に完了する予定の作業
- 差異分析の測定結果や分析結果
- 現在のリスク、課題、保留している変更に関する情報
- 予測した完了期日
- 予測したコスト

統合変更管理

統合変更管理は、すべての変更要求をレビューし、変更を承認して、成果物、組織のプロセス資産、プロジェクト文書、プロジェクトマネジメント計画書などへの変更をマネジメントし、それらの最終的な処置を伝達するプロセスである。変更管理はプロジェクトの全期間を通して行われる。変更管理は成果物、文書、プロジェクトマネジメント計画書の構成要素等に適用される。

この変更管理を忠実に実行することで、スコープ・クリープおよび残余作業があるにもかかわらず資金が底をつく事態からプロジェクトを守ることができる。変更を取り上げ、評価し、伝達する公式のプロセスを有する変更管理委員会（CCB）は、変更プロセスが円滑に機能し続けることに役立つ。

統合変更管理プロセスにて、コンフィギュレーション・マネジメントに関するほとんどの情報が統合される。大規模プロジェクトあるいは多くの部品、文書、成果物を伴うプロジェクトにおいては、プロダクトの部品やプロジェクトマネジメント文書を特定し、名称を付するシステムの開発を行うことが重要である。小部品、部品、コンポーネント、設計図面、プロジェクト文書等の監査可能な痕跡を追跡し、維持する厳格なプロセスがあれば、複雑なプロジェクトがコントロール不能になる事態の回避に役立つ。

組織によっては、変更管理システムは、コンフィギュレーション・コントロール・システムの一部分とみなされている。この場合は、コンフィギュレーション・マネジメント・

システムが、変更の特定とマネジメントの方法を定義し、変更マネジメント・システムが実際の変更マネジメントの日常業務を実行する。

別の組織では、変更マネジメント・システムが変更管理プロセスを定義し、コンフィギュレーション・システムがその一部分として、個々の項目の定義、特定、組織化、マネジメントを行っている。

プロジェクトマネジメントでは何事もそうであるが、その設定の仕方は組織とプロジェクトに依存している。コンフィギュレーション・マネジメントに用いられるいくつかの定義を考察してみよう。

コンフィギュレーション・マネジメント・システム：包括的プロジェクトマネジメント・システムのサブシステム。正式に文書化された手順を集めたもの。技術的および管理的な指示と監視を行うために使用される。その対象は、プロダクト、サービス、所産、構成要素などの機能的および物理的な特性を特定して文書化すること、これらの特性への変更をコントロールすること、各変更と実施状況の記録と報告をすること、要求事項への適合を検証するためプロダクト、所産、あるいは構成要素に対する監査を支援することなどである。コンフィギュレーション・マネジメント・システムには、変更の認可とコントロールに必要な文書化、追跡システム、明確な承認レベルなどが含まれる。

コンフィギュレーションの特定：コンフィギュレーション品目の特定と選定により、プロダクト・コンフィギュレーションの定義と検証、プロダクトと文書のラベル付け、変更のマネジメント、説明責任の維持の基盤を提供する。

コンフィギュレーションの現状把握：コンフィギュレーション品目に関する適切なデータが提供された時に合わせて、情報を記録し、報告する。この情報には、承認済みコンフィギュレーションの特定、コンフィギュレーションに対して提案された変更の状況、承認済み変更の実施状況の一覧が含まれる。

コンフィギュレーションの検証と監査：コンフィギュレーションの検証と監査により、構成が正しく、かつプロジェクトのコンフィギュレーション品目の対応する変更を登録、評価、承認、追跡、正しく実行されることを確保する。これにより、コンフィギュレーション文書に定義された機能的要求事項が確実に満たされていることが確認される。

これらの定義はかなり技術的なものである。以下の例は適用の事例を示す。この事例を読めば、おそらく理解が進むであろう。

車のコンフィギュレーション

新しい車を開発しているとしよう。プロジェクトの設計フェーズにおいて、車に組み込まれるさまざまなシステムや部品の図面が大量にある。考えを深めて修正するに伴い、図面に変更を加えていく。デザインの着想が1つ変われば、他のコンポーネントの配置や設計に影響するかもしれない。図面の数や図面の正確性を確保することが、プロジェクトのコントロールを維持する上で最も重要であることがわかるであろう。図面のコントロールを確実に行うために、"英字符号"ですべてのシステムを分類することを決める。よって、エンジンの図面はEで始まり、トランスミッションの図面はT、シャーシーの図面はCなどと決める。それから、さまざまなシステムの個々の部品を特定し、それぞれ1つの番号を割り当てる。次に、各図面に「製作番号」を付けて、それが構想フェーズであるか、設計フェーズか、詳細設計フェーズにあるか等々を示す。各図面の下部に日付・時刻の識別子を付ける。

> さて、車を製作する詳細設計フェーズに入ったと仮定しよう。プロジェクトのこのフェーズに含める必要のある項目およびこれら項目について、記録に残したい情報を特定する。例えば、すべての物理的要素をそのサイズ、重量、材料組成、納入者名を付してリストにする。コンフィギュレーション・コントロール一覧表を調べることによって、この情報を特定できるはずであり、これら項目への変更要求の提出の有無、提出の時期、その変更の処理等についても確認できるはずである。これが、コンフィギュレーションの特定である。
> 　車を製作する生産サイクルにおいて、多くの変更の発生に遭遇し、絶えず生産ラインの再編成が必要になる。分析していると、図面（エンジニアリング）ツリー内のある特定の分枝内にて多くの変更が発生していることに気がつく。このデータを集め、その分枝内の出来事を示す報告書を発行することは、コンフィギュレーションの現状把握の一例である。この種の報告における情報伝達には、尺度および統計報告書を用いる。
> 　プロトタイプの車を生産しているとき、実際の車の部品が図面の部品と一致していることを確認したいであろう。また、部品へのすべての変更を文書化することに、コンフィグレーション・マネジメント・システムが確実に使用されるようにしたいと望むであろう。これが、コンフィギュレーションの検証と監査である。

　統合変更管理プロセスの今一つの側面として、適切な変更管理のプロセスを決めることがある。これには、変更管理委員会を1回とするか複数回とするかについて決定すること、および変更の承認に必要な権限レベルを文書化することがある。さらに、変更要求の様式、変更ログ、変更提出プロセスの設定も含まれる。

　変更管理プロセスの一部として、変更の影響を理解するために要する時間の計上方法を定めることがある。変更の影響とは、言い換えれば、提案された変更がコスト、スケジュール、品質尺度、リスク、ステークホルダーの満足度、その他にどのように影響するかということである。このような事項の判定に必要な時間は、プロジェクト作業から時間を奪い去ることになる。時々、変更要求を提出する要員は、このような決定を下す権限がなく、作業は他のプロジェクトの要員の負担になる。変更要求の影響度の評価に要する時間とコストを計上できなければ、スケジュールと予算に有害な影響を与える。

　図20-4は統合変更管理プロセスのインプット、ツールと技法、アウトプットを示す。図20-5は統合変更管理プロセスのデータ・フロー図である。

インプット	ツールと技法	アウトプット
.1 プロジェクトマネジメント計画書 .2 作業パフォーマンス報告書 .3 変更要求 .4 組織体の環境要因 .5 組織のプロセス資産	.1 専門家の判断 .2 会議 .3 変更管理ツール	.1 承認済み変更要求 .2 変更ログ .3 プロジェクトマネジメント計画書更新版 .4 プロジェクト文書更新版

図20-4　統合変更管理　インプット、ツールと技法、アウトプット
（出典：PMBOK® ガイド　第5版　94頁）

インプット

プロジェクトマネジメント計画書には、変更マネジメント計画書、すべての補助計画書、プロジェクト・ベースライン等がある。**変更要求**の性質によって、プロジェクトマネジメント計画書にあるあらゆる補助計画書やベースラインはこのプロセスのインプットに

なり得る。変更要求は、プロダクトあるいはプロジェクト作業に関わる。変更要求は成果物やプロジェクト文書に影響を与える。**作業パフォーマンス報告書**は、プロジェクトのスコープ、スケジュール、コストのパフォーマンス等の状況に関する情報、また進行中の作業の状況に関する情報を提示する。

　コンピューターで行うコンフィギュレーション・マネジメント・システムあるいは変更管理システムは、**組織体の環境要因**とみなされる。変更管理システムは、**組織のプロセス資産**である方針、手順、テンプレートと共に、変更管理のプロセスを実施する仕組みを構成する。

> **変更要求**
> 　変更要求は以下の16のプロセスの内、どれからでも発生する。
> - プロジェクト作業の指揮・マネジメント
> - プロジェクト作業の監視・コントロール
> - スコープ妥当性確認
> - スコープ・コントロール
> - スケジュール・コントロール
> - コスト・コントロール
> - 品質保証
> - 品質コントロール
> - プロジェクト・チーム・マネジメント
> - コミュニケーション・コントロール
> - リスク・コントロール
> - 調達マネジメント計画
> - 調達実行
> - 調達コントロール
> - ステークホルダー・エンゲージメント・マネジメント
> - ステークホルダー・エンゲージメント・コントロール

ツールと技法

　変更管理会議は正式な**会議**であり、そこで各変更要求がレビューされ、適切な処置が決定される。ある場合には、変更要求の影響度に関しさらなる調査が求められる。**専門家の判断**は、変更する場合や変更しない場合の技術的な影響の理解を促進するために、変更管理会議にて活用される。時には、変更要求がコストやスケジュールに与える影響を数値にて把握するために、専門家の判断が使われる。**変更管理ツール**には、変更を提出し、変更管理システムに入った変更を追跡し、変更要求の最終処置を伝達するための自動（または手動）のシステムがある。

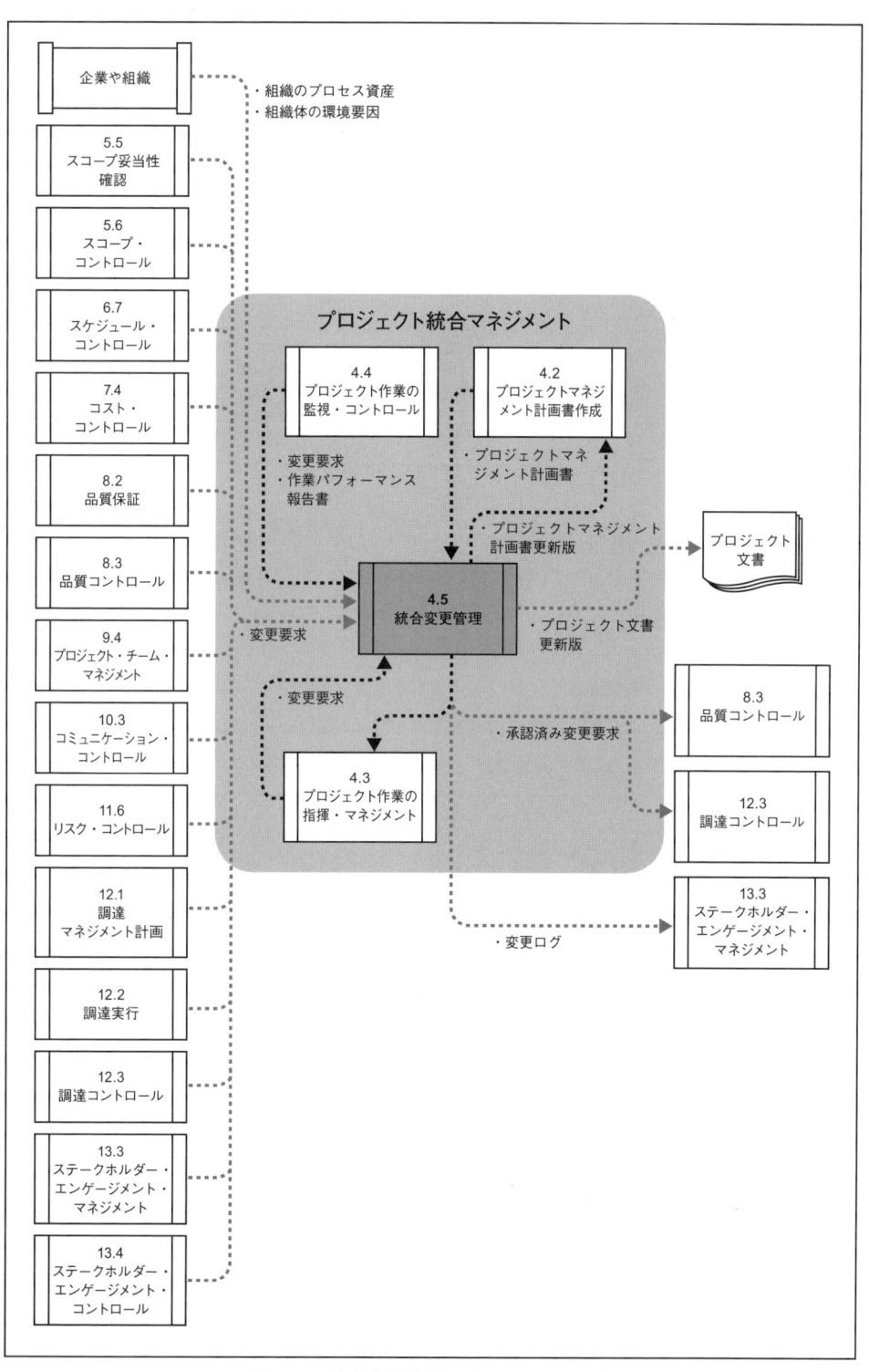

図20-5　統合変更管理のデータ・フロー図
（出典：PMBOK® ガイド　第5版　95頁）

アウトプット

承認済み変更要求は、プロジェクト作業の指揮・マネジメント・プロセスで提示された変更が、品質管理プロセスでその妥当性を評価されたものである。保留された変更には、通常、決定が下される前にさらなる情報が必要となる。拒否された変更要求は、その拒否理由とともに、**変更ログ**に記録される。変更要求の状況に関わりなく、その結果は要求を出した本人に伝達されなければならない。変更要求様式の例は付図-15を参照されたい。

変更要求

プロジェクト名：＿＿＿＿＿＿＿＿＿＿＿＿　　作成日：＿＿＿＿＿＿＿＿＿＿＿＿

変更要求者名：＿＿＿＿＿＿＿＿＿＿＿＿　　変更番号：＿＿＿＿＿＿＿＿＿＿＿＿

変更区分：

☐ スコープ　　　☐ 品質　　　☐ 要求事項

☐ コスト　　　　☐ スケジュール　　☐ 文書

変更提案の詳細な記述：

変更提案の正当化事由：

変更の影響度：

スコープ	☐ 増加	☐ 減少	☐ 修正
説明：			

等級	☐ 増加	☐ 減少	☐ 修正
説明：			

付図-15　変更要求

要求事項	□ 増加	□ 減少	□ 修正
説明：			

コスト	□ 増加	□ 減少	□ 修正
説明：			

スケジュール	□ 増加	□ 減少	□ 修正
説明：			

ステークホルダーへの影響度	□ 高リスク	□ 中リスク	□ 低リスク
説明：			
プロジェクト文書：			

コメント：

処置：　　　□ 承認　　　□ 保留　　　□ 拒否

正当事由：

変更管理委員会のサイン：

氏名	役割	サイン

日付：＿＿＿＿＿＿＿＿

付図-15　変更要求（続き）

受け入れられた変更の性質によって、**プロジェクトマネジメント計画書**のいずれかの補助マネジメント計画書またはベースラインが更新される。**プロジェクト文書更新版**には、変更ログ、および変更要求の結果として更新されたプロジェクト文書がある。

第21章 スコープの監視・コントロール

この章のトピック
☞ スコープ妥当性確認
☞ スコープ・コントロール

スコープ妥当性確認

　スコープ妥当性確認は、完成したプロジェクトの成果物を公式に受入れるプロセスである。プロジェクト・スコープとプロダクト・スコープのスコープ妥当性確認は、プロジェクト・スポンサーと顧客のいずれか、あるいは両者と共に行う。各成果物が完成する度に行うべきである。それは、顧客やスポンサーが成果物を承認し、受入れることを意味する。プロジェクトの全期間にわたってスコープ妥当性確認を行うことで、「それは、私が考えていたことと全く違う」といった類の言葉を聞く可能性を下げる。
　図21-1はスコープ妥当性確認プロセスのインプット、ツールと技法、アウトプットを示す。図21-2はスコープ妥当性確認プロセスのデータ・フロー図である。

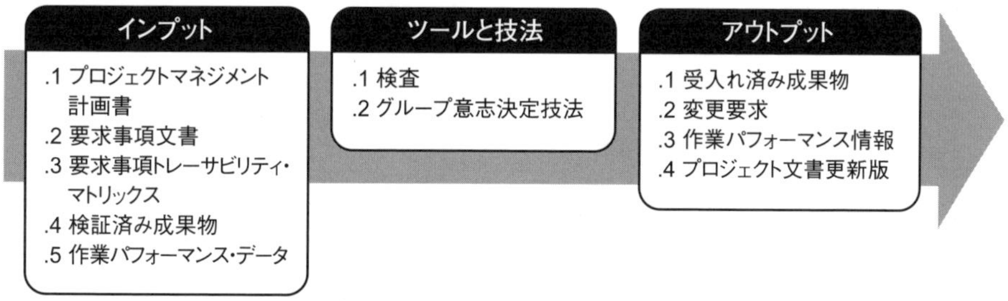

インプット	ツールと技法	アウトプット
.1 プロジェクトマネジメント計画書 .2 要求事項文書 .3 要求事項トレーサビリティ・マトリックス .4 検証済み成果物 .5 作業パフォーマンス・データ	.1 検査 .2 グループ意志決定技法	.1 受入れ済み成果物 .2 変更要求 .3 作業パフォーマンス情報 .4 プロジェクト文書更新版

図21-1　スコープ妥当性確認のインプット、ツールと技法、アウトプット
（出典：PMBOK® ガイド　第5版　133頁）

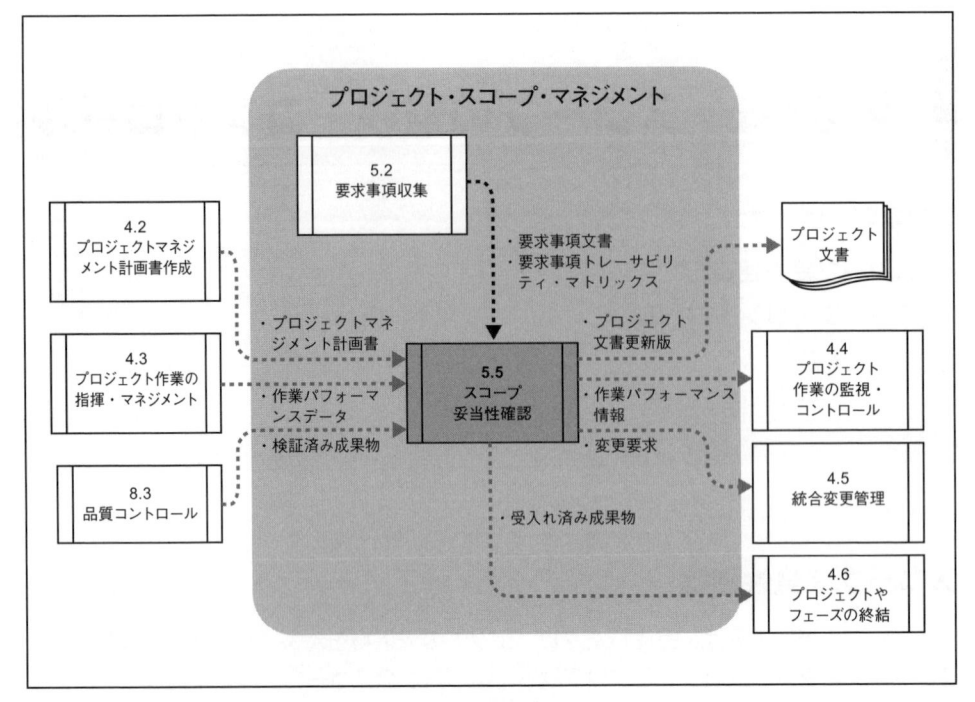

図21-2　スコープ妥当性確認のデータ・フロー図
（出典：PMBOK® ガイド　第5版　133頁）

> **スコープ妥当性確認プロセスと品質コントロール・プロセス**
> この2つのプロセスは補完的な関係にある。これらは同時に実行される場合もある。しかしながら、両者には微妙な違いがある。品質コントロールは、成果物が正しくかつ計画に従って生成されていることを確保するプロセスである。一方、スコープ妥当性確認は、顧客の受入れと承認を得るプロセスである。

インプット

プロジェクトマネジメント計画書には、スコープ・マネジメント計画書およびプロジェクトのスコープ・ベースラインが含まれている。**要求事項文書**と**要求事項トレーサビリティ・マトリックス**には、すべての求められる成果物や成果物に関連する詳細が含まれる。これらの情報は、**検証済み成果物**と比較される。検証済み成果物とは、品質マネジメント計画書と既定の品質尺度にて大枠が規定されている品質仕様へ確実に適合させるため、品質コントロール・プロセスにて検証された成果物である。**作業パフォーマンス・データ**には、欠陥の数と種類あるいは不適合なアウトプットも含める。

ツールと技法

スコープ・ベースライン、要求事項、成果物等を比較するために用いられる主要な技法は**検査**である。検査には、成果物が仕様通りに機能しているかの監視、パフォーマンスの測定、プロセスの実地検証、テスト結果のチェックなどの形態がある。多くの場合、受入れ基準はスコープ記述書に記述されている。このような検査は、その受入れ基準が満たされていることを確保するプロセスである。もし複数の当事者がスコープの妥当性確認を行う場合、過半数あるいは相対多数の投票、同意あるいは満場一致による決定、あるいはひ

とりの人間が最終決定を行う独裁等の**グループ意志決定技法**を使用する必要がある。

アウトプット
受入基準を満たす成果物が**受入れ済み成果物**である。成果物が受入れ基準を満たさない場合は、通常、欠陥修正の形式で**変更要求**が提起される。その欠陥はログに記録され、修正されるが、場合によっては、変更要求が出され、統合変更管理プロセスを経由して実行される。このプロセスから得られる**作業パフォーマンス情報**には、どの成果物が受入れられたか、およびいくつの欠陥修正がログに記録されたかという情報がある。**プロジェクト文書更新版**には、進捗を追跡する文書および顧客の受入れを記録する文書がある。

スコープ・コントロール
スコープ・コントロールは、プロジェクト・スコープとプロダクト・スコープの状況を監視し、スコープ・ベースラインに対する変更をマネジメントするプロセスである。「スコープ・クリープ」という用語を耳にしたことがあるかもしれない。このプロセスは、スコープ・クリープが生じないようにスコープをマネジメントすることに関わるものであり、またスコープを計画に従って確実に生成することに関わるものである。

図21-3はスコープ・コントロール・プロセスのインプット、ツールと技法、アウトプットを示す。図21-4はスコープ・コントロール・プロセス・プロセスのデータ・フロー図である。

> **スコープ・クリープ**：時間、コスト、および資源を調整することなく、プロダクトまたはプロジェクトのスコープをコントロールせず拡大すること。

インプット
プロジェクトマネジメント計画書には、このプロセスに使われる要素が多々ある。スコープ・ベースラインを**作業パフォーマンスデータ**と比較し、成果物や作業結果の現在の進捗状況を理解する。スコープのマネジメントに使用される補助のマネジメント文書には、スコープ・マネジメント計画書、要求事項マネジメント計画書、変更マネジメント計画書、コンフィグレーション・マネジメント計画書等がある。

インプット	ツールと技法	アウトプット
.1 プロジェクトマネジメント計画書 .2 要求事項文書 .3 要求事項トレーサビリティ・マトリックス .4 作業パフォーマンス・データ .5 組織のプロセス資産	.1 差異分析	.1 作業パフォーマンス情報 .2 変更要求 .3 プロジェクトマネジメント計画書更新版 .4 プロジェクト文書更新版 .5 組織のプロセス資産更新版

図21-3　スコープ・コントロールのインプット、ツールと技法、アウトプット
(出典：PMBOK® ガイド　第5版　136頁)

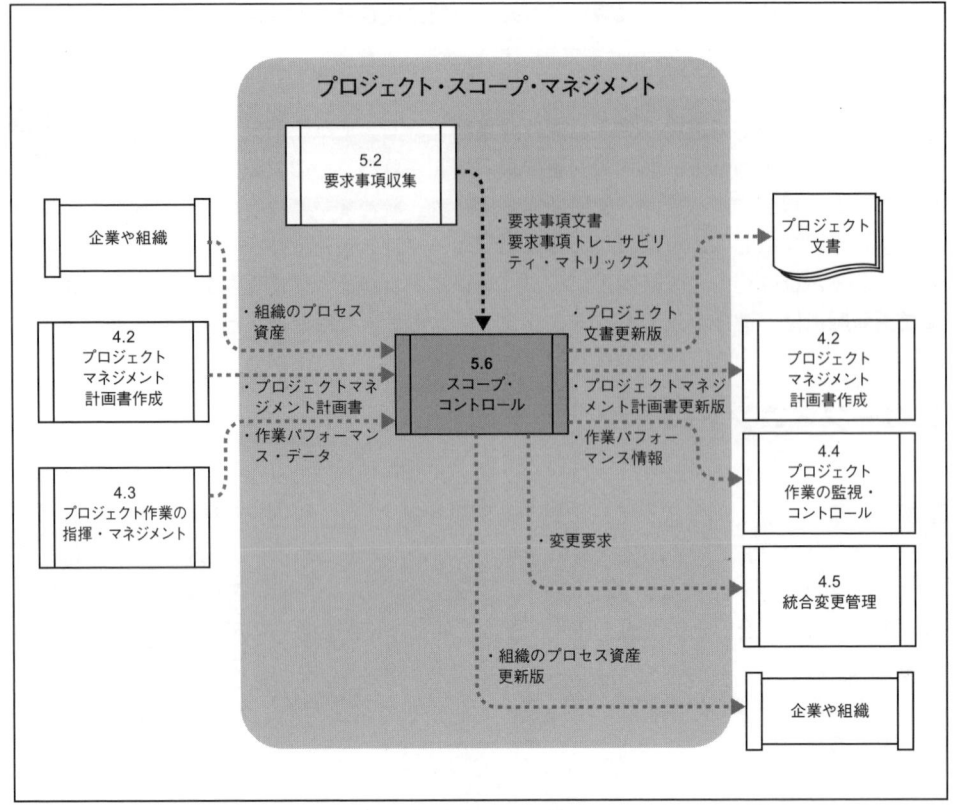

第21章 スコープの監視・コントロール

図21-4　スコープ・コントロールのデータ・フロー図
（出典：PMBOK® ガイド　第5版　137頁）

　スコープ・マネジメント計画書は、スコープをコントロールすることに使われるプロセスと定義に関する記述がある。それは、変更マネジメント計画書と密接に関係する。コンフィギュレーションのコントロールの対象である成果物を特定し、かつ成果物の特定とマネジメントの方法を規定するコンフィギュレーション・マネジメント計画書はこれら2つの計画書と関連する。
　要求事項マネジメント計画書は、要求事項のコントロール、その変更、更新等のやり方を記述する。**要求事項文書**と**要求事項トレーサビリティ・マトリックス**には、詳細な機能、パフォーマンス、セキュリティ、プロジェクトの成功を達成するために必要な、その他の側面のスコープ等がある。
　適用する可能性のある**組織のプロセス資産**には、変更マネジメント方針等がある。この方針は、プロジェクトの変更管理およびコンフィギュレーション・マネジメント計画書と整合を取る。

ツールと技法
　差異分析は、計画書と作業パフォーマンス情報との差異の程度を判定する。差異分析は差異の原因を特定し、必要があれば、差異について何をなすべきかも追求する。

> **差異分析の事例**
> 　極度の温度環境下で作動するある製品を開発していると仮定する。製品の部品に温度センサーがある。その要求事項文書によると、センサーは10分の1度の温度増分の変化を感知する能力がなければならない。品質管理プロセスにおいて計器の感度を測定した結果、実際には100分の1度の増分の変化を感知することがわかった。これが差異である。調査の結果、より敏感な材料が用いられていたことが判明したが、コストとスケジュールにはマイナスの影響はなかった。この材料について、この製品の別の側面に影響があるかを確認するために、科学者やエンジニアと議論した。その結果、これ以外の影響はないとの回答を得た。この分析の結果を承けて変更することを決めたが、唯一必要な行動は、その新材料を文書化し、センサーの実際のパフォーマンスを反映させてプロジェクト文書を更新するという変更管理プロセスに従うことであった。

アウトプット

作業パフォーマンス情報は、技術とスコープのパフォーマンスに関する計画と実際を記録したものである。差異の原因と採用した対応策および対応策の裏付けとなったロジックは組織のプロセス資産の更新に使われる。囲み記事にあるセンサーに関する差異分析の事例は、技術的測定結果の比較、根本原因解析、対応策、組織のプロセス資産とプロジェクト文書への更新の事例である。

　状況によっては、差異は**変更要求**の様式に記入され、統合変更管理プロセスを通して提出される必要がある。変更には、プロジェクトあるいはプロダクトの変更、是正処置と予防処置、さらに欠陥修正がある。

　プロダクトやプロジェクトについて文書にすべき変更があれば、**プロジェクトマネジメント計画書**は更新される。とりわけ、スコープ・ベースラインが対象となり、恐らくコストとスケジュールのベースラインも更新の対象になるであろう。要求事項文書と要求事項トレーサビリティ・マトリックスは、更新対象となる可能性のある**プロジェクト文書**である。

　組織のプロセス資産更新版には、差異の原因、是正処置により差異に対処した方法、教訓等がある。

第22章　スケジュールの監視・コントロール

この章のトピック

☞ スケジュール・コントロール

スケジュール・コントロール

　スケジュール・コントロールは、プロジェクトの進捗を更新するためにプロジェクトの状況を監視し、計画を達成するためにスケジュール・ベースラインに対する変更をマネジメントするプロセスである。スケジュールのコントロールは、ありとあらゆるプロジェクト・スケジュールの監視とコントロールが対象である。プロジェクトにおいては、マネジメントに使っているスケジュールはさまざまなものがある。例えば以下のものである。

- マイルストーン・スケジュール
- ベースライン・スケジュール
- 目標スケジュール
- 成果物スケジュール
- 詳細テストスケジュール
- ネットワーク図

　このプロセスは、スケジュール・マネジメント計画書に示されたガイドラインを適用することで、すべてのスケジュールをマネジメントすることに関わるものである。スケジュールを予定通りに進めるには、多くの監視すべきことがある。それらは、適切な要員が予定通り作業していること、所要期間見積りが確かであること、さまざまなアクティビティの開始と終了が予定通りであること、クリティカル・パスについて常に監視を怠らないこと等である。

　作業が定額の給与が支払われている環境で行われている場合、要員は自己の仕事を完了するために残業をする傾向があるが、残業を報告しないかもしれない。もし要員が時間給で支払いを受けていればコスト差異として表に出るが、この場合にはコスト差異としては表に出てこない。この行動により不正確な見積りの原因が隠れてしまい、これが所要期間を過小評価するサイクルの始まりとなる。すなわち、プロジェクトの記録では所要期間が達成されたことになるが、所要期間を満たすために実際にかかった作業時間数を示していないからである。見積りを行う要員には、当該アクティビティを行う要員がスケジュールを維持するために作業する必要があった残業の影響がわからない。

　図22-1 はスケジュール・コントロール・プロセスのインプット、ツールと技法、アウ

トプットを示す。図22-2はスケジュール・コントロール・プロセスのデータ・フロー図である。

> **アジャイル環境におけるスケジュール**
> 　アジャイル環境で行われる作業では、あるスプリント内にて受入れられた作業を見積もられた作業と比較するためにスケジュールの情報を使用する。スプリントにおける作業は、チームのベロシティを基に見積もる。ある特定のスプリント期間で、チームが困難に陥れば、そのスプリントにおけるベロシティに差異が出る。作業の優先順位を変えるということは、実際の作業結果に基づいてバックログを調整することあるいはユーザ・ストーリーの優先順位を変更することである。

インプット

プロジェクトマネジメント計画書には、スケジュール・マネジメント計画書およびベースライン・スケジュールがある。スケジュール・マネジメント計画書は、さまざまなスケジュールをコントロールする方法の概要を記述している。「**プロジェクト・スケジュール**」という用語は通常、固定的なスケジュール・ベースラインとは対照的に、日常的に使われるスケジュールを意味する。

スケジュール・ベースライン、プロジェクト・スケジュール、使用しているその他のスケジュールは、すべてのアクティビティの進捗を示す**作業パフォーマンス・データ**と比較される。作業パフォーマンス・データは、開始されたアクティビティ、終了したアクティビティ、および進行中のアクティビティの状況を示す。

プロジェクト・カレンダーは、複数のシフト勤務、複数の組織、複数の拠点で仕事をするプロジェクトがあるときに使用される。例えば、休日は国によって異なるし、企業によっても勤務時間や休日や休暇に関する方針が異なる。

インプット	ツールと技法	アウトプット
.1 プロジェクトマネジメント計画書 .2 プロジェクト・スケジュール .3 作業パフォーマンス・データ .4 プロジェクト・カレンダー .5 スケジュール・データ .6 組織のプロセス資産	.1 パフォーマンス・レビュー .2 プロジェクトマネジメント・ソフトウェア .3 資源最適化技法 .4 モデリング技法 .5 リードとラグ .6 スケジュール短縮 .7 スケジューリング・ツール	.1 作業パフォーマンス情報 .2 スケジュール予測 .3 変更要求 .4 プロジェクトマネジメント計画書更新版 .5 プロジェクト文書更新版 .6 組織のプロセス資産更新版

図22-1　プロジェクト作業の監視・コントロールのインプット、ツールと技法、アウトプット
（出典：PMBOK® ガイド　第5版　185頁）

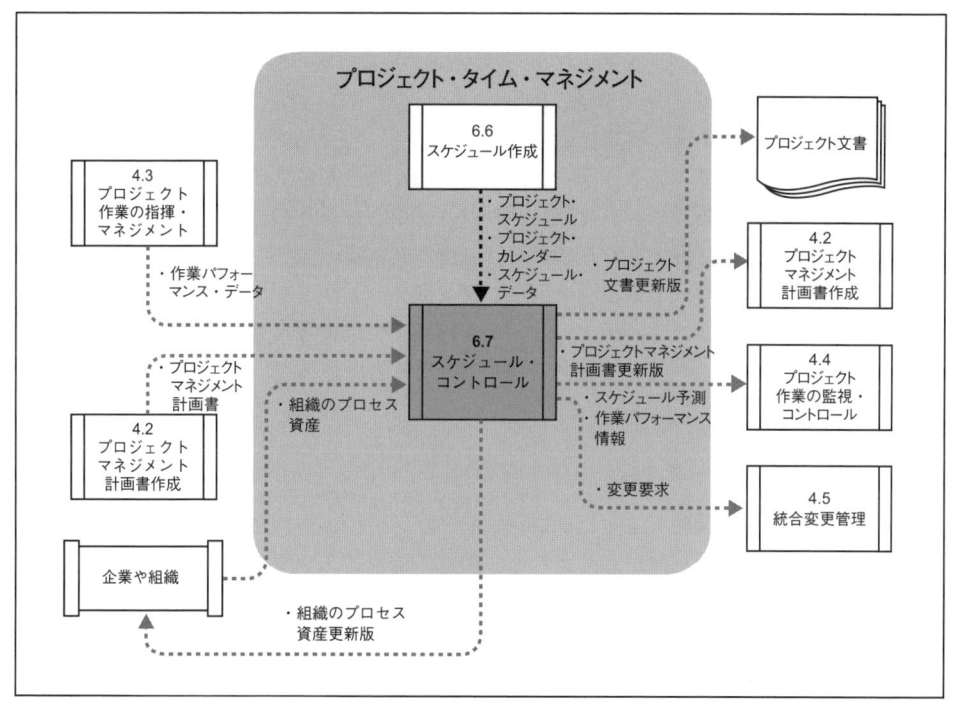

図 22-2　スケジュール・コントロールのデータ・フロー図
（出典：PMBOK® ガイド　第 5 版　186 頁）

　スケジュール・データには、資源ヒストグラム、代替スケジュール、スケジュール予備の情報、スケジュールに関わる前提条件や制約事項等がある。
　組織のプロセス資産には、方針、手順、スケジュールをコントロールするためのガイドライン等が含まれる。アーンド・バリュー測定が行われているならば、それを適用するためのガイドラインも含まれる。

ツールと技法

　このプロセスにおいて、**パフォーマンス・レビュー**と差異分析は連携して機能する。パフォーマンス・レビューでは、実際の開始日、残余期間、完了済みパーセント、計画上の完了日等についての詳細な分析が行われる。これは、開始日、所要期間、完了日等の計画と実際を比較する差異分析と組み合わされる。プロジェクト・マネジャーは、この情報を使って差異の程度を算出するとともに、クリティカル・パスを評価し、取るべき適切な行動の決定に役立たせる。
　状況によっては、差異の是正に向けた行動が不要であることもある。たとえば、アクティビティがクリティカル・パスにあるが、予定日より前に終わる場合、あるいはアクティビティが 5 日遅れで完了すると見積もられているが、そのアクティビティのために 15 日のフリー・フロートがある場合である。
　差異分析の 1 つの方法は、アーンド・バリューのメトリックスを用いて、プランド・バリューとアーンド・バリューを比べることである。これには、スケジュール差異（SV）とスケジュール効率指数（SPI）を算出する。アーンド・バリュー・マネジメントの用語の説明は、第 23 章のコスト・コントロールに記載している。
　プロジェクトマネジメント・ソフトウェア、とりわけ**スケジューリング・ツール**によ

り、差異の程度、フロートへの影響度、完成予定日等の特定ができる。そのソフトウェアを使い、**資源最適化技法**（ファスト・トラッキングのような）や What-if シナリオ分析のような**モデリング技法**を使用できる。What-if シナリオ分析は、差異に対する最善の対応策と最も実行可能な対応策の特定に役立つ。

差異への対応に際して、スケジュール作成時に踏んだと同じステップの一部を繰り返して実行する必要が生じるかもしれない。これは、プロジェクトの全期間にわたって普通に起こることである。具体的なステップには、遅れているアクティビティを早める**スケジュール短縮**、および**リードやラグ**を調整しファスト・トラックや部分的に平行作業を行う方法を見つけることがある。スケジュールを短縮すれば資源最適化技法を再度適用することが必要になるだろう。そして要員を週 90 時間も働かせるようなことがないようにする。

アウトプット

作業パフォーマンス情報により、プロジェクトがスケジュールと対比して先行ないし遅延している量と程度を定量的に定められる。前述の通り、スケジュール差異は差異の量を測定し、スケジュール効率指数はスケジュール・パフォーマンスの程度あるいは割合を測定する。

スケジュール予測は、作業パフォーマンス情報を用いて将来のパフォーマンスを予測しようとするものである。ある事例では、予測は傾向分析に基づいて行われ、他の事例ではリスク要因に基づいて行われる。資源を加えるかあるいは差引くかおよび予防処置と是正処置を考慮する。

状況によっては、変更要求様式に記入する必要がある性質の差異がある。**変更要求**は通常、スコープまたは資源の変更と関連し、さらに予算変更の原因となるのが普通である。したがって、統合変更管理プロセスを経由して処理することが重要である。

更新の対象となる**プロジェクトマネジメント計画書**の要素には、スケジュール・ベースライン、スケジュール・マネジメント計画書、コスト・パフォーマンス・ベースライン等がある。**プロジェクト文書更新版**には、スケジュール・ベースライン以外のスケジュール、資源カレンダー、詳細スケジュール・データ等がある。

差異の原因および取られた行動とその裏付けの理由は、**組織のプロセス資産更新版**に反映される。

第23章　コストの監視・コントロール

この章のトピック
☞ コスト・コントロール

コスト・コントロール

　コスト・コントロールは、プロジェクト・コストを更新するためにプロジェクトの状況を監視し、コスト・ベースラインの変更をマネジメントするプロセスである。コスト・コントロールのかなりの部分は、成果物の状況とそのコストとの比較を行うことである。これは当たり前のように見えるが、多くの人はある特定時点での予算を見て、計画上の支出額と実際の支出額を比較するものの、費やした金額で達成した実際の成果に目を向けようとはしない。達成された成果に対して費やした金額との間で差異があれば、その原因を調査すべきである。

　現時点での支出の状況、これから起きる出来事、抱えているリスク等に基づいて、将来の資金の需要を予測できる。現在の支出あるいは将来の支出見通しが認可された資金額を超える場合には、変更要求が必要になる。

　図23-1はコスト・コントロール・プロセスのインプット、ツールと技法、アウトプットを示す。図23-2はコスト・コントロール・プロセスのデータ・フロー図である。

インプット

　プロジェクトマネジメント計画書には、コスト・マネジメント計画書とコスト・ベースライン（パフォーマンス測定ベースラインとも言われる）が含まれる。コスト・マネジメント計画書には、コスト・パフォーマンスの測定法、差異の限界値、報告様式等の概要を記述する。コスト・パフォーマンス・ベースラインは、時間軸にて示したプロジェクトの予算額を示す。コスト・コントロールのプロセスでは、コスト・ベースラインを作業パフォーマンス・データと比較する。**作業パフォーマンス・データ**は、作業を開始したアクティビティ、完了したアクティビティ、進行中のアクティビティの状況、実行したもののコスト等を記述する。このデータは、コストの効率性とコスト差異を決定するために、計画上の成果およびそのための予算と対比される。

　プロジェクト資金要求事項は、四半期や年度などの一定期間において漸増する、必要な資金量を表示する。**組織のプロセス資産**には、コスト・コントロールの方針、手順、ガイドライン等がある。これに、アーンド・バリュー測定とその計算を行うためのガイドラインが入ることもある。

図 23-1　コスト・コントロールのインプット、ツールと技法、アウトプット
（出典：PMBOK®ガイド　第5版　215頁）

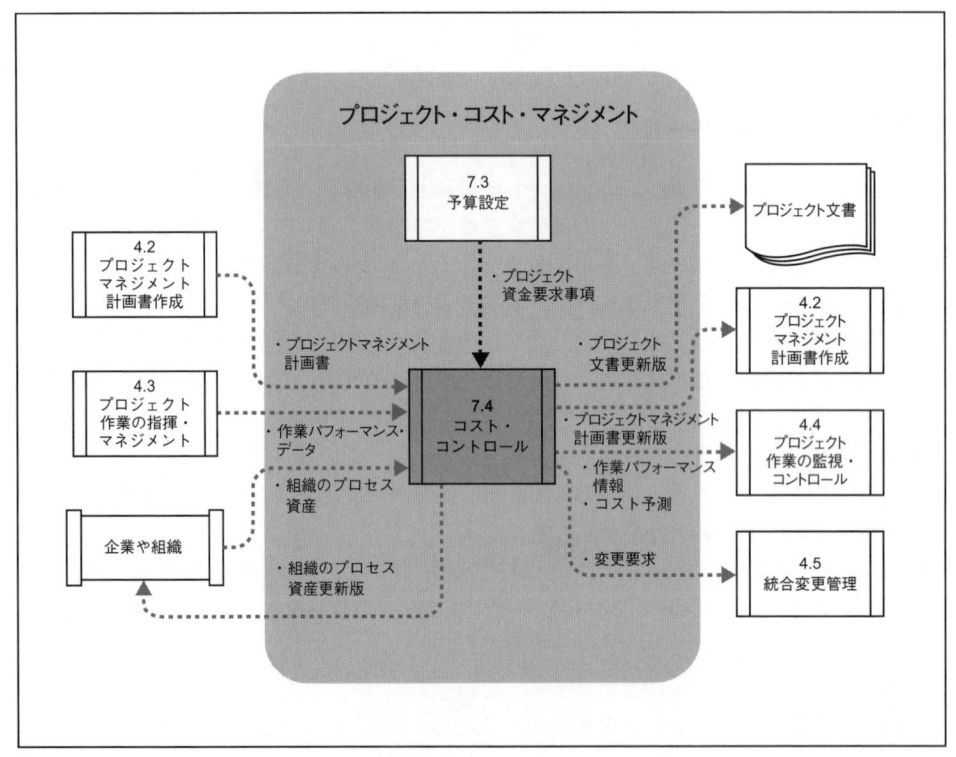

図 23-2　コスト・コントロールのデータ・フロー図
（出典：PMBOK®ガイド　第5版　215頁）

ツールと技法

アーンド・バリュー・マネジメントは、大規模プロジェクト、とりわけ政府や軍事関係のプロジェクトに用いられる技法である。政府が「公認した」アーンド・バリュー・システムの実行には、時間とお金の面でかなりの投資が必要になる。しかしながら、アーンド・バリューの考え方は非常に論理的であり、どのようなプロジェクトにも適用できる（むしろ、適用すべきである）。アーンド・バリュー・マネジメントに特有の用語や定義がいろいろある。本書ではその定義を示すが、定義だけでは少々退屈になるので、説明と例示をもって示す。

アーンド・バリュー・マネジメント：プロジェクトのパフォーマンスと進捗を評価するために、スコープ、スケジュール、および資源の測定値を結び付ける方法論

プランド・バリュー（PV）：予定作業に割り当てられた認可済みの予算

アーンド・バリュー（EV）：その作業に計上された予算で表す遂行作業量。出来高ともいう。

実コスト（AC）：所定の期間においてアクティビティの作業実行時に実際にかかったコスト

完成時総予算（BAC）：作業を実施するために確定された予算をすべて合計したもの。

定義が終わったので、今度はそれぞれの説明を行い、その例を見て行こう。

プランド・バリューは、作業を達成することに費やす予定の時間と予算である。すべての作業の予算の合計は、完成時総予算（BAC）である。家の裏庭を作り直すことにしたとしよう。スコープを完全に定義し、以下のワーク・ブレークダウン・ストラクチャーを作成した。

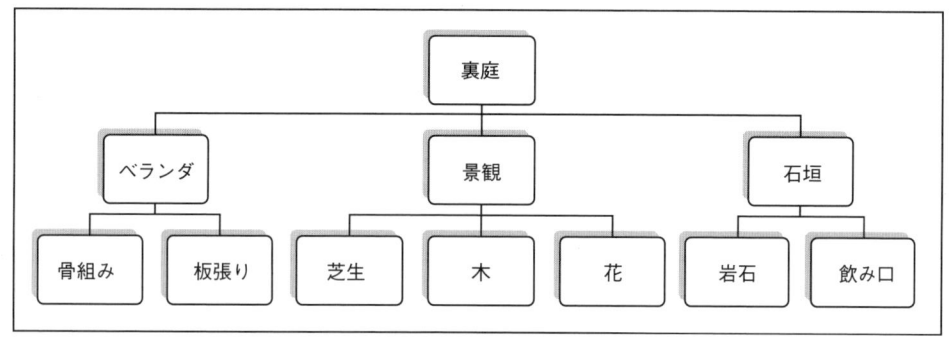

図 23-3　裏庭の WBS

スケジュール計画の章（第 6 章）に記述したプロセスを使い、アクティビティの定義と順序関係を決め、資源と所要期間を見積もり、図 23-4 に示すようにスケジュールを作成する。

次に、作業のコストを見積もり、予算を作成する。アーンド・バリューでは、その予算をパフォーマンス測定ベースライン（表 23-1 および図 23-5）と呼ぶ。

この予算、あるいはパフォーマンス測定ベースラインは、作業の各要素に対するプランド・バリューを定め、経時的にスコープを展開し、予算を割り当てた時の様子を示す。したがって、パフォーマンス測定ベースラインは、スコープ、スケジュール、およびコストを統合したものを示している。これがプロジェクトのプランド・バリューである。12,300 ドルというプランド・バリューの最終点は、完成時総予算である。

次のステップは、進捗を測定することである。これは、アーンド・バリューを決めることを意味する。アーンド・バリューは、実際に達成された作業の価値である。あるタスクを 1,000 ドルと見積もったとし、それが 50 パーセント完成したならば、アーンド・バリューは 500 ドルとなる。

	見積り	第1週	第2週	第3週
骨組み	2,500	2,500		
板	2,500		2,500	
芝	1,500			1,500
木	1,800			1,800
花	1,000			1,000
飲み水	1,500	1,500		
岩石	1,500			1,500
週合計		4,000	2,500	5,800
累計		4,000	6,500	12,300

図 23-4　予算

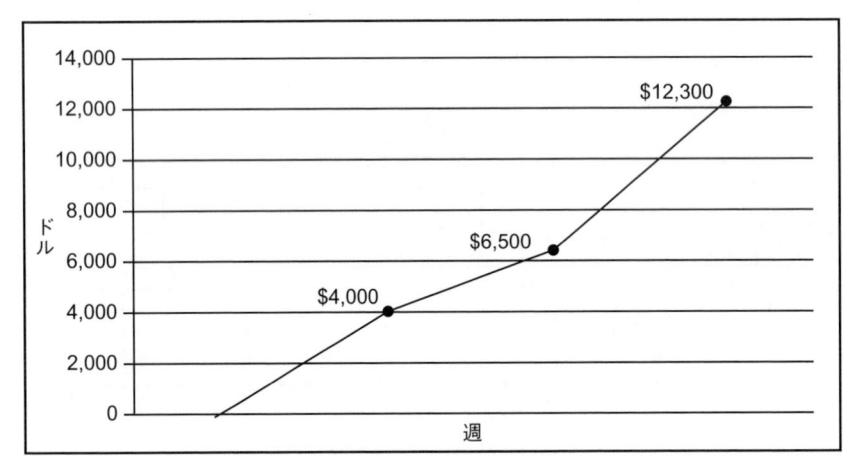

図 23-5　パフォーマンス測定ベースライン

　裏庭のシナリオを見てみよう。第 2 週の終わりに、骨組みが 100％完成し、板張りが 80％終わり、飲み口を発注したとする。景観あるいは石垣の材料は何も発注していない。その場合、アーンド・バリューの価格は表 23-2 のようになる。

　ここでは、実施した作業の経費は表示しておらず、プランド・バリューとアーンド・バリューのみであることに注意してほしい。実コストは、当該作業に関する支払い済みの請求書を合計することで算出される。この場合、骨組みに 2,500 ドル、板張りに 2,500 ドル、噴水に 1,575 ドルを支払った。ここで実コストが分かる（表 23-3）。

表 23-1　裏庭のスケジュール

	アクティビティ	所要期間	先行アクティビティ	担当者
1	**ベランダ**	10日		マイケル
2	骨組み	4日		マイケル
3	均し	1日		マイケル
4	支柱取付け	1日	3	マイケル
5	骨組み取付け	2日	4	マイケル
6	板張り	6日		マイケル
7	板取付け	3日	5	マイケル
8	作業仕上げ	1日	7	マイケル
9	ベランダのステイン仕上げ	1日	8	マイケル
10	ベランダのシーリング	1日	9	マイケル
11	**造園**	4日		ホセ
12	芝	3日		ホセ
13	芝購入	1日	8	ラリー
14	芝植え	2日	13	ホセ
15	木	4日		ホセ
16	木の購入	1日	13SS	ラリー
17	木の植付け	3日	16	ホルヘ
18	花	4日		ホセ
19	花の購入	1日	13SS	ラリー
20	花の植付け	3日	19	ジョン
21	**景観**	12日		マーク
22	飲み口	12日		マーク
23	飲み口購入	1日		ラリー
24	飲み口据付け	1日	23FS+2週間	マーク
25	岩石	3日		マーク
26	岩石購入	1日	13SS	ラリー
27	岩石据付け	2日	26	マーク

表 23-2　アーンド・バリュー計算

作業	プランド・バリュー	完了率	アーンド・バリュー
骨組み	2,500	100	2,500
板張り	2,500	80	2,000
飲み口	1,500	100	1,500
合計	6,500		6,000

　次に、実績が計画した結果およびコストと比較してどうであるかを見る。表 23-3 を見れば、直感的にうまく進んでいないことがわかる。計画したものよりもアーンド・バリューが低く、コストも計画したものより多くかかっていることが極めて明白である。アーンド・バリュー技法により、簡単な計算で結果を定量化できる。

> **スケジュール差異（SV）**：スケジュール・パフォーマンスの尺度で、アーンド・バリュー（EV）とプランド・バリュー（PV）の差
> **コスト差異（CV）**：アーンド・バリュー（EV：出来高）と実コスト（AC）の値の違いを表したもので、ある時点での予算に対する過不足額
> **スケジュール効率指数（SPI）**：アーンド・バリュー（EV）とプランド・バリュー（PV）の比で表す、スケジュールの効率を測る尺度
> **コスト効率指数（CPI）**：アーンド・バリュー（EV：出来高）に対する実コスト（AC）の比率として表す予算化された資源のコスト効率の尺度

これら4つの単純な測定結果により、プロジェクトのパフォーマンスについて多くの情報が得られる。しかも、その情報は客観的であり主観的ではない。マイナスのスケジュール差異は、達成した作業が計画よりも少ないことを示している。必ずしもクリティカル・パスが遅れているわけではないが、達成率が予想よりも低い。プラスのスケジュール差異は、計画よりも多く達成したことを示している。繰り返して言うが、スケジュールが進んでいるか遅れているかを判定するには、クリティカル・パスについて進捗を比べなければならない。

コスト差異は、作業を達成するための予算に比べて使った経費が多いか少ないかを示す。マイナスのコスト差異は、達成が予定より低いことを表す。プラスの差異は、予定より多く達成したことを示す。

コスト効率指数（CPI）あるいはスケジュール効率指数（SPI）を調べるのは、効率の程度を確認しようとしている時である。1.00未満のSPIまたはCPIは、パフォーマンスが標準を下回っていることを表している。言い換えれば、作業の達成が遅れているか、予算が超過しているかである。逆に、1.00を超えるSPIまたはCPIは、効率が良いことを示している。計画よりも多くの作業を達成しているか、その作業の実行に費やしている費用が計画より低いことを示している。

指標のしきたり
SPIとCPIの測定値の表示は、小数第2位までとする。

測定のガイドライン
差異を見たとき、マイナスであれば、パフォーマンスが望むようにうまくいっていないこと示す。計画よりも達成が少ないか、費用を使いすぎている。
指標を見たとき、1.00未満であれば、パフォーマンスが思うようにうまくいっていないことを表す。0.90のCPIは、1ドル使って90セントの価値しか得ていないことを示している。

表23-3 実コストを含んだ計算

作業	プランド・バリュー	完了率	アーンド・バリュー	実コスト
骨組み	2,500	100	2,500	2,500
板張り	2,500	80	2,000	2,500
噴水	1,500	100	1,500	1,575
合計	6,500		6,000	6,575

では、裏庭プロジェクトの差異と指標を見てみよう。もしお望みならば、表23-4を見る前に独自に計算してみるとよい。
この情報により、遅れの程度と予算超過の程度がわかる。
情報を表示する一般的な方法の1つは、PV、EV、ACを並べた図を作成することであ

る（図 23-6 を参照）。

予測は、それまでに達成された作業からの情報を用い、それまでのプロジェクトでの経験、これからのリスク、プロジェクトに影響する将来に関わる情報を前提として、今後の作業のコストを見積もるのである。今後の作業の見積りにしばしば用いられる用語は、残作業のコスト見積り（ETC）と呼ばれる。ETC をそれまでのコスト（AC）に加えることで、完成時総コスト見積り（EAC）を確定することができる。

> **SV と SPI**
> マイナスの SV あるいは 1.0 以下の SPI の表示は、スケジュールより遅れていることを示しているのではなく、達成が遅れていることを意味する。スケジュールが遅れているかどうかを判定するには、クリティカル・パスを見る必要がある。

残作業見積り（ETC）：プロジェクトのすべての残作業を終了するために予測されるコスト
完成時総コスト見積り（EAC）：全作業完了までに予測される総コスト。実コストと 残作業見積りの合計として表される。

表 23-4 差異と指標の例

作業	プランド・バリュー	完了率（%）	アーンド・バリュー	実コスト	スケジュール差異	コスト差異	スケジュール効率指数	コスト効率指数
骨組み	2,500	100	2,500	2,500	0	0	1	1.00
板張り	2,500	80	2,000	2,500	500	500	0.8	0.80
噴水	1,500	100	1,500	1,575	0	275	1	0.95
合計	6,500		6,000	6,575	500	575	0.92	0.91

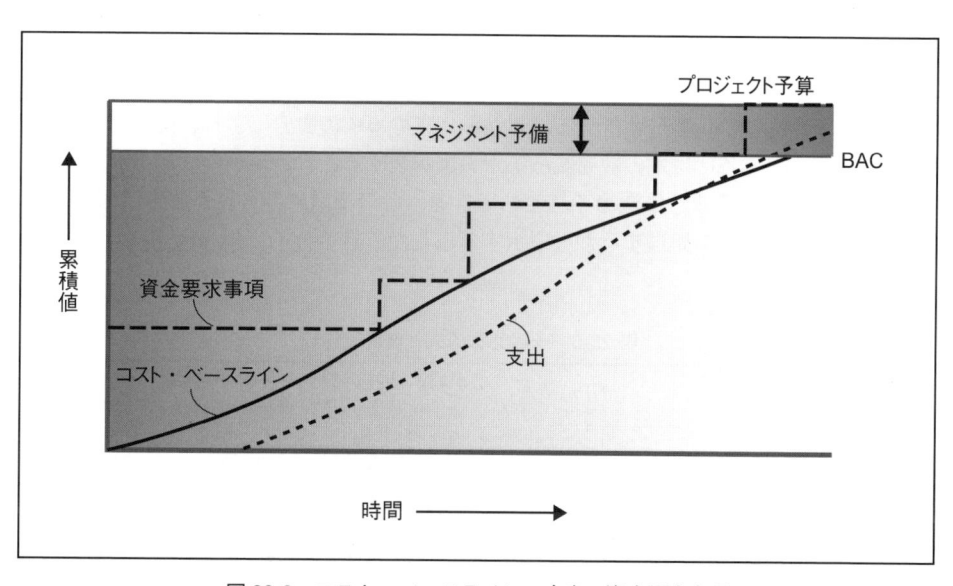

図 23-6 コスト・ベースライン、支出、資金要求事項
（出典：PMBOK® ガイド 第 5 版 214 頁）

ETC を決定する最も正確な方法は、チームが当初の見積りを作成して以来、理解が深まっていることを考慮して、残作業を再見積りすることである。しかしながら、大規模プロジェクトであれば、これには時間もコストもかけられる。この種の見積りは、ボトムアップ見積りと呼ばれる。

EACの予測を作成することに使用できる数式はいろいろある。数式それぞれには、今後の作業に関する特定の前提条件を基にしている。できることならば、ボトムアップ見積りに代えてこれらの数式を使うべきでない。これらの数式は、新しく行う見積りが基本的な間違いを犯していないことを確保するために、ボトムアップ見積りと比較する範囲を提示するにとどめるべきである。EACの基本とする公式はETC＋ACであることを思い出してほしい。よって、すべてのEACの計算はこの要素からなっている。表23-5は、より一般的な計算のうちの3つと、それに付随する前提条件を示している。

EACがBACよりもかなり大きな場合、チームは、パフォーマンスを改善するか、スコープを縮小するか、あるいはもっと多くの資金を獲得するか等、いずれかの方策を見つける必要がある。

残作業効率指数（TCPI）は、興味深い簡単な方程式であり、残作業（BAC − EV）を残資金（EAC − AC または BAC − AC）にて割ったものである。これは、チームがBACあるいはEAC（分母にどちらの要素を使ったとしても）を達成するために必要な残余の作業の効率指数を示す。

> **残作業効率指数（TCPI）**：特定のマネジメント上の目標を達成するために、残資源で達成しなければならないコスト効率指数。それは、残作業のコストの残予算に対する比で表示される。残作業の完了にかかるコストと予算残額の比率で表す。

裏庭の例では、残作業効率指数は（12,300 − 6,000）/（12,300 − 6,575）＝ 1.10となる。これは、プロジェクトを元のBACで達成するには、残作業は、元の見積りよりも効率を10％向上しなければならないことを意味する。CPIが0.92である現在の作業は、見積りよりも8パーセント効率が劣っていることに注意されたい。よってこれが実際に意味することは、残りの作業は18パーセントもの改善が必要であるということであり、実際に起こりそうもないシナリオである。しかし、この事前の警告により、価格の高くない木を発注するか、あるいは木の数を減らすかの選択をすることができる。あるいは、花の一部をなしで済ませるように決めることもできる。この事前に得られる警告情報により、コスト超過問題をいかに処理するかを選択することができる。

表23-5　一般的な公式と前提条件

EAC ＝ BAC − EV ＋ AC	これは、現在のコスト差異が継続すると予想されない場合に使われる。現行の差異は、1回限りのことと仮定される。たいていの人は、これをEAC計算の有効な方法とみなしていない。
$EAC = \left(\dfrac{(BAC - EV)}{CPI}\right) + AC$ この方程式には簡略式がある：$\dfrac{BAC}{CPI}$	これは、現行コスト差異が同じ割合で継続すると予想される場合に使用される。これをEACの最善の場合のシナリオとみなす人もある。
$EAC = \left(\dfrac{(BAC - EV)}{(CPI \times SPI)}\right) + AC$	これは、スケジュールとコストがプロジェクトの成功の重要な要素で、かつそのパフォーマンスが同じ率で継続すると予想される場合に使われる。これを最も起こり得るシナリオとみなす人もあれば、最悪のシナリオであると考える人もある。

アーンド・バリュー分析

省略形	名称	用語定義	使用法	方程式	結果の解釈
PV	プランド・バリュー	スケジュール上の作業に割り当てられた承認済みの予算	ある時点で完了するように計画された作業の価値。時点とは通常データを採取した日付あるいはプロジェクト完了時点		
EV	アーンド・バリュー	実行された作業を、その作業に対する承認済み予算を用いて表示した値	完了したすべての作業のある時点における計画された価値。時点とは通常データを採取した日付あるいはプロジェクト完了時点	EV= 完了した作業の計画された価値の合計	
AC	実コスト	1つのアクティビティに対してある所定期間内に行われた作業で実際に発生したコスト	完了したすべての作業のある時点における実際の価値。通常データを採取した日付		
BAC	完了時予算	実行を予定する作業に対し確定されたすべての予算の合計	計画されたすべての作業の合計の価値。プロジェクトのコスト・ベースライン		
CV	コスト差異	アーンド・バリュー（EV）と実コスト（AC）との差で表示したある時点における予算の赤字あるいは黒字の量	ある時点で完了した作業の価値（通常データを採取した日付）と同じ時点の実コストとの差	CV=EV-AC	プラス = 計画したコスト未満 0= 計画したコスト通り マイナス = 計画したコスト超過
SV	スケジュール差異	アーンド・バリュー（EV）とプランド・バリュー（PV）の差で表示したスケジュール実績の値	ある時点で完了した作業の価値（通常データを採取した日付）と同じ時点で完了するよう計画された作業の価値との差	SV=EV-PV	
VAC	完了時差異	予算の赤字あるいは黒字の量の予測。 完了時予算（BAC）と完成時総コスト見積り（EAC）の差で表示される。	プロジェクト完了時点でのコストの見積りの差	VAC=BAC-EAC	プラス = 計画したコスト未満 0= 計画したコスト通り マイナス = 計画したコスト超過
CPI	コスト効率指数	実コスト（AC）に対するアーンド・バリュー（EV）の日で表示したプロジェクトのコスト効率の尺度	CPIが1.0であることはプロジェクトがぴったり予算通りであり、これまで実際に行われた作業がぴったりこれまでの計画と同じということである。その他の値は達成した作業の予算化された量をどれほど超過あるいは下回っているかのパーセンテージを示す。	CPI=EV/AC	1.0 より大 = 計画したコスト未満 ぴったり1.0= 計画したコスト通り 1.0 未満 = 計画したコスト超過
SPI	スケジュール効率指数	プランド・バリュー（PV）に対するアーンド・バリューの比で表示したスケジュール効率の尺度	SPIが1.0であることはプロジェクトがぴったりスケジュール通りであり、これまで実際に行われた作業がぴったりこれまでの計画された作業と同じということである。その他の値は達成した作業の予算化された量をどれほど超過あるいは下回っているかのパーセンテージを示す。	SPI=EV/PV	1.0 より大 = スケジュールに先行 ぴったり1.0= スケジュール通り 1.0 未満 = スケジュール遅延
EAC	完成時総コスト見積り	それまでの実コスト（AC）と完了までのコスト見積りの合計として表示される。	・CPIがプロジェクトの残期間で同じであると期待される場合右記の式で計算される	EAC=BAC/CPI	
			・もし将来の作業が計画された率で達成されるなら、右記の式を使う	EAC=AC+BAC-EV	
			・初期の計画がもはや妥当でない場合右記の式を使う	EAC=AC+ ボトムアップ ETC	
			・CPIとSPIが共に残作業に影響を与える場合右記式を使う	EC=AC+{(BAC-EV)/(CPI × SPI)}	
ETC	残作業のコスト見積り	すべての作業を完了するための予想総コスト	・作業が計画どおり進んでいると仮定すると承認済残作業を完了するコストは右記の式で計算される	ETC=EAC-AC	
			・残作業をボトムアップで再見積りする	ETC= 再見積り	
TCPI	残作業効率指数	特定のマネジメント上の目標を達成するために、残資源にて達成しなければならない、コスト効率の尺度。それは、残作業のコストの残予算に対する比で表示される	計画通り完了するために維持しなければならない作業効率	TCPI=(BAC-EV)/(BAC-AC)	1.0 より大 = 完了は難しい ぴったり1.0 = 予定どおり完了 1.0 未満 = 完了は容易
			現在のEACを完了するために維持しなければならない作業効率	TCPI=(BAC-EV)/(EAC-AC)	1.0 より大 = 完了は難しい ぴったり1.0 = 予定どおり完了 1.0 未満 = 完了は容易

図 23-7　アーンド・バリュー計算要約表（出典：PMBOK® ガイド　第 5 版　224 頁）

　傾向分析では、改善傾向にあるのか、悪化傾向にあるのかを決定するために、以前のパフォーマンス・レビューと現在の状況を比較する。
　プロジェクトマネジメント・ソフトウェアは、差異、指標、予測、傾向、およびその他

の有用なシナリオと傾向の割出し等に用いられる。

予備設定分析は、プロジェクトのコスト予備の枯渇割合を監視するために使用される。プロジェクトの50%完了時に、すでに70%の予備費が費やされている場合、チームは結局追加の予備費を要求することになるだろう。逆に、予備費が過剰に残っていれば、他のプロジェクトあるいはビジネス活動のためにその資金を解放することができる。

アウトプット

作業パフォーマンス情報は、差異分析からの情報を受け取り、計算できる形にする。差異分析では、作業パフォーマンス・データとコスト・ベースラインと比較して差異を確認する。コスト・マネジメント計画書で決定されている差異限界値を参照して、その差異が受容可能であるか、また是正措置または予防措置が必要だありかを決定する。その差異が限界値に近づく傾向にある場合、いくつかの予防処置がアウトプットとなる。その差異がすでに限界値を超えている場合、是正処置をアウトプットとするのが妥当である。

作業パフォーマンス情報で、CPIやSPIのようなアーンド・バリューの数字を目にする。**コストの予測**は、次のフェーズ、次の報告期間、プロジェクトの残りの期間に必要な資金を見積もる。チームがアーンド・バリューを使っている場合、ETCとEACはここで計算される。図23-7のアーンド・バリュー計算要約表は、最も一般的なアーンド・バリュー計算の概観を示している。

差異の原因や取られた行動およびその行動の背後にあるロジックは、**組織のプロセス資産**を更新するために使用される。

状況によって、差異は変更要求様式に記入を要する類のものになっている場合がある。**変更要求**は通常、スコープ変更あるいはコスト超過と関連付けて起こされる。それは、統合変更管理プロセスにより処理される。予防処置と是正処置は、それがプロジェクトマネジメント計画書あるいはプロジェクト文書の要素に影響を及ばす類のものである場合は、変更要求とみなされるであろう。

プロジェクトマネジメント計画書更新の対象となる要素には、コスト・パフォーマンス・ベースラインとコスト・マネジメント計画書がある。**プロジェクト文書更新版**には、コスト見積り、見積りの根拠、資金要求事項等がある。

第24章　品質の監視・コントロール

この章のトピック

☞ 品質コントロール

品質コントロール

　品質コントロールとは、パフォーマンスを査定し、必要な変更を提案するために品質活動の実行結果を監視し、記録するプロセスである。品質は、プロジェクトとプロダクトの双方と関係しているということを思い出して欲しい。このプロセスでは、プロジェクトの作業結果をレビューし、次いで予算のパフォーマンスと差異やスケジュールのパフォーマンスと差異のようなプロジェクトの尺度と作業結果を比較する。また、成果物が品質尺度や要求事項を満足する度合いを評価する。先に述べた通り、プロダクトの品質尺度は特定のプロダクトに固有のものであり、また組織にも固有のものである。

　品質コントロール・プロセスは、すでにお馴染みの適合性測定に関連した特定の概念である。ここで、その概念を見てみよう。

品質コントロールの用語

検査：アクティビティ、構成要素、プロダクト、所産、またはサービスが規定の要求事項に適合するかどうかを検証するために試験や測定を行うこと

計数サンプリング：検討の対象となる各ユニットの特性（属性）が存在するか（しないか）に注目する品質測定方法。各ユニットを検査した後、ロットの合格か、不合格か、または別のユニットを検査するか決める。

許容度：品質要求の受容範囲を表す定量情報

管理限界：管理図上に記された正規分布データに対して、中心線または平均値線の両側に標準偏差の3倍の幅をとった領域で、データの予想変動領域を示す。

表 24-1　品質コントロールの用語の例

予防：エラーまたは欠陥が発生しないことを確実にするプロセスを確立すること。加熱部品を製造する場合、過去に問題を起さなかった部品の情報を用い、最上級の設計者を使い、主たるデバイスが起動しないあるいは途中で故障した場合に用いる、バックアップ用の予備のデバイスを装備する。

検査：承認する前に、要求事項についてすべての加熱部品をテストする。

計数サンプリング：オーブンが525度まで熱くなることを尺度にしていれば、温度が525度に達するか否かは温度計を使えば測定できる。もっと簡易な計数サンプリングは作業結果が適合しているかいないかを確認することである。

計量サンプリング：適合の度合いを確認すること。525度まで熱することが目標である場合に、オーブンの温度が510度であれば、目標の97パーセントを達成した。

許容度：目標が525度であれば、プラス・マイナス10度の許容範囲がある。言い換えれば、515度から535度までの測定結果であれば受入れることができる。

管理限界：オーブンが525度に達するのに要する時間を測定し、その平均時間は12分であり、その振れ幅が8分から16分であった。オーブンをテストして、それよりも早くあるいは遅く提示温度に達するオーブンはすべて期待通りの動作をしていないと判定する。管理限界外となるには何かの原因があるので、その動作を引き起こす変数を決定すべきである。管理限界についてもっと易しく考えると、それはプロセスが管理内か管理外かを判定する限界値と考えることである。

これらの定義のうちのいくつかは非常に複雑である。表24-1は、品質コントロールという概念の中で用語の理解が容易になるように例示したものである。この表はさらに、「予防」および「計量サンプリング」の定義も含んでいる。これらはPMBOK® ガイド第5版の用語集には含まれていないが、品質をコントロールするときに使用するものである。

品質マネジメント計画プロセスにおいて、このプロセスで考察する技法と同じものを一部使用している。その計画プロセスでは、管理限界と許容範囲を設定し、サンプル集合を特定した。このプロセスでは、管理限界内および許容範囲内にあるか否かを判定するために、これらのツールを使って、成果物の正しさを決めるための測定を行う。すべてのコントロール・プロセスと同様に、計画と作業結果を比較した上で是正処置または予防処置を取ることの必要性、欠陥の修理の必要性、あるいは変更する必要性等を決定する。

図24-1は品質コントロール・プロセスのインプット、ツールと技法、アウトプットを示す。図24-2は品質コントロール・プロセスのデータ・フロー図である。

インプット

プロジェクトマネジメント計画書には、チームがプロジェクトとプロダクトの**品質尺度**、標準、要求事項等を満たす方法の概要を記述した品質マネジメント計画書がある。場合によっては、チームが品質に対する要求事項を満たす上で必要な一連のステップを確実に実行するために、**品質チェックリスト**を使用する。

インプット	ツールと技法	アウトプット
.1 プロジェクトマネジメント計画書 .2 品質尺度 .3 品質チェックリスト .4 作業パフォーマンス・データ .5 承認済み変更要求 .6 成果物 .7 プロジェクト文書 .8 組織のプロセス資産	.1 QC七つ道具 .2 統計的サンプリング .3 検査 .4 承認済み変更要求のレビュー	.1 品質コントロール測定結果 .2 妥当性確認済み変更 .3 検証済み成果物 .4 作業パフォーマンス情報 .5 変更要求 .6 プロジェクトマネジメント計画書更新版 .7 プロジェクト文書更新版 .8 組織のプロセス資産更新版

図24-1　品質コントロールのインプット、ツールと技法、アウトプット
（出典：PMBOK® ガイド　第5版　249頁）

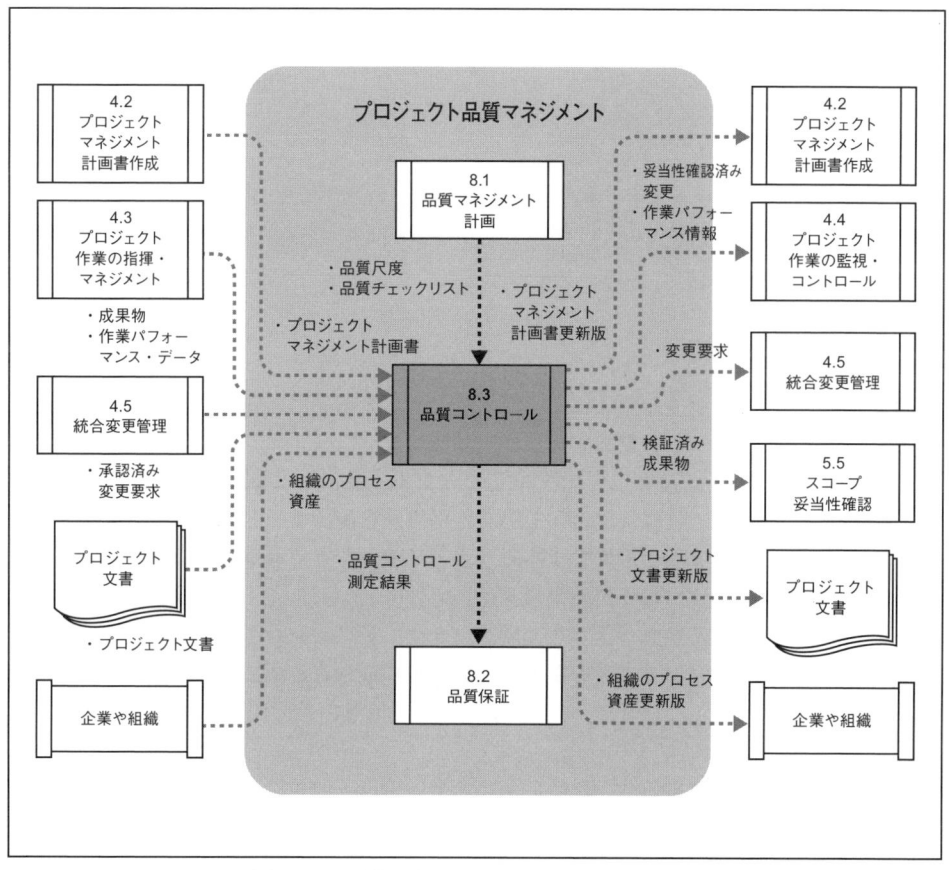

図 24-2　品質コントロールのデータ・フロー図
（出典：PMBOK® ガイド　第 5 版　249 頁）

　作業パフォーマンス・データは設定済みの許容範囲や限界値と比較され、プロジェクトのスコープ、スケジュール、コスト等のパフォーマンスが受入れできる状況であるか否かが判定される。**成果物**は品質尺度と比較され、特定の受入基準を満たしているか否かが確認される。
　統合変更管理プロセスのアウトプットの 1 つに**承認済み変更要求**がある。承認された変更については、変更がタイムリーかつ適切に実行されることを確認することが必要である。
　品質保証プロセスからの監査報告書、是正処置計画書、プロセス文書、あらゆる品質マネジメントのツールと技法を用いた結果などのような**プロジェクト文書**は、品質コントロール・プロセスにて使用される。
　組織のプロセス資産には、プロジェクトとプロダクトのパフォーマンスの標準、品質マネジメント方針、手順、様式やテンプレート、欠陥マネジメント手順等がある。これらは、品質マネジメント計画書を組織のインフラと整合性を保って適用する方法に関するシステムやガイダンスとなる。

ツールと技法

　品質マネジメント計画プロセスで述べた **QC 七つ道具**は、成果物が尺度や品質要求および仕様を満たしているかを判定するために、このプロセスで実行される。QC 七つ道具

は以下のものである。

- 特性要因図
- フローチャート
- チェックシート
- パレート図
- ヒストグラム
- 管理図
- 散布図

　品質マネジメント計画プロセスにおいては、テストする品目の数およびそのタイミングを決定する**統計的サンプリング**を考察した。品質コントロール・プロセスにおいては、品目の実テストを実行し、確実に要求事項を順守する。品目を選択したら、**検査**を実行する。検査は、目視により仕様に適合しているかどうかを確認するという目に見える形をとることもあるが、要求事項や標準のすべてが目視で確認できるとは限らない。時には、寸法、重量、比率などのような作業結果の測定が必要である。また、当該品目が予定通りのパフォーマンスとなっているか否かを確認するためにテストを行う必要がある。プロセスを検査する場合あるいはいくつかの要素や部品から構成される成果物を検査する場合、その検査はウォークスルー、レビュー、あるいは業界特有の他の用語で呼ばれることがある。

　適切に実行されたことの確認のために、統合変更管理プロセスのアウトプットを対象に**承認済み変更要求のレビュー**が行われる。

アウトプット

　このプロセスにおいて適用されるすべてのテストおよびツールと技法から、**品質コントロール測定結果**が得られる。これは、品質コントロール活動の定量的な作業結果と成果である。作業結果が満足のいくものであれば、それが文書化され、**検証済み成果物**として検収される。その後、スコープ妥当性確認プロセスに委ねられる。作業結果が満足のいくものでなければ、**変更要求**が開始される。変更要求では、その成果物の欠陥修正を必要とするかもしれないし、その成果物作成に関与するプロセスへの予防処置または是正処置を必要とするかもしれない。承認済み変更要求は、これと同じやり方を使用して**妥当性確認済み変更**になる。

　作業パフォーマンス情報には、品質プロセスのパフォーマンスの良さ、欠陥の発生率や発生原因、手直しと拒絶の原因、改良や改善が必要なあらゆるプロセス等についての状況を説明した情報等がふくまれる。

　品質マネジメント計画書およびプロセス改善計画書は、**更新されるプロジェクトマネジメント計画書**の構成要素である。品質標準または尺度は、**更新されるプロジェクト文書**である。

　記入済みチェックリスト、検査結果、その他の類似の文書等は、**組織のプロセス資産更新版**となる。欠陥の原因についての教訓およびその結果としての修正あるいは是正処置も記録され、組織のプロセス資産に追加すべきである。

第25章　コミュニケーションの監視・コントロール

この章のトピック

☞ コミュニケーション・コントロール

コミュニケーション・コントロール

　コミュニケーション・コントロールは、プロジェクトのライフサイクルを通して、プロジェクト・ステークホルダーの情報ニーズを満たすためにコミュニケーションを監視し、コントロールするプロセスである。基本的に、コミュニケーション・コントロール・プロセスでは確実に正しい人々が正しい情報をタイムリーに得られるようにすることを目指す。もし、それができなければ、このプロセスにより変更プロセスが発動される。

　図25-1はコミュニケーション・コントロール・プロセスのインプット、ツールと技法、アウトプットを示す。図25-2はコミュニケーション・コントロール・プロセスのデータ・フロー図である。

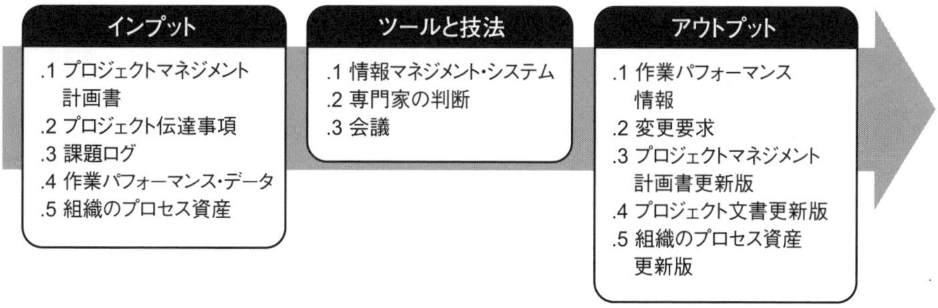

インプット	ツールと技法	アウトプット
.1 プロジェクトマネジメント計画書 .2 プロジェクト伝達事項 .3 課題ログ .4 作業パフォーマンス・データ .5 組織のプロセス資産	.1 情報マネジメント・システム .2 専門家の判断 .3 会議	.1 作業パフォーマンス情報 .2 変更要求 .3 プロジェクトマネジメント計画書更新版 .4 プロジェクト文書更新版 .5 組織のプロセス資産更新版

図25-1　コミュニケーション・コントロールのインプット、ツールと技法、アウトプット
（出典：PMBOK® ガイド　第5版　303頁）

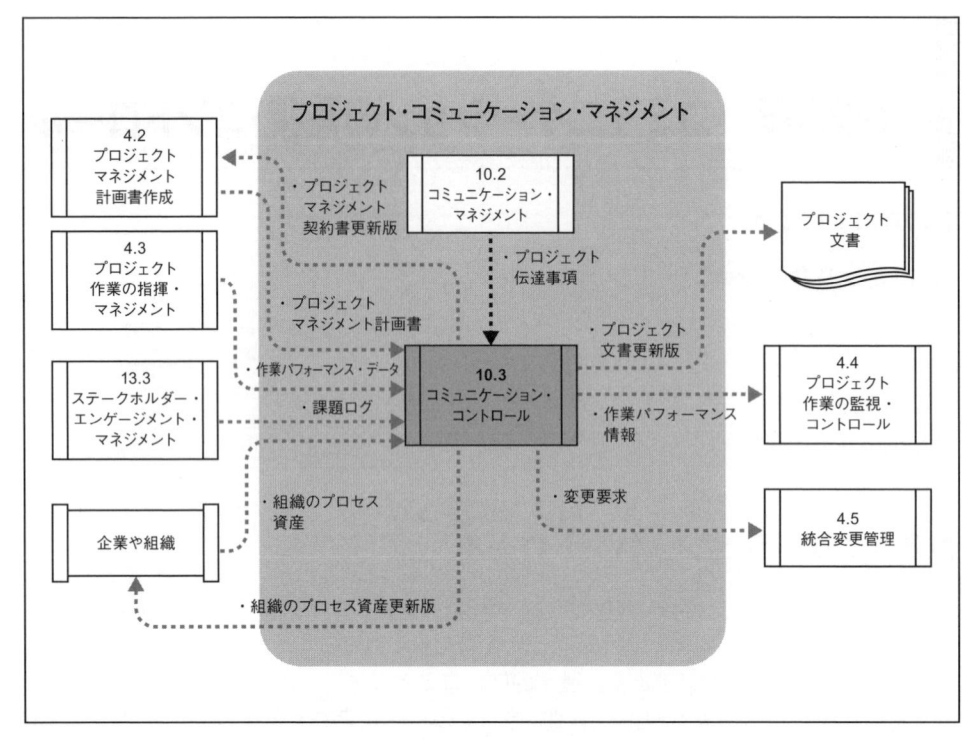

図25-2　コミュニケーション・コントロールのデータ・フロー図
（出典：PMBOK® ガイド　第5版　304頁）

インプット

プロジェクトマネジメント計画書には、コミュニケーション・マネジメント計画書およびステークホルダー・マネジメント計画書が含まれる。これらの計画書には、プロジェクトのコミュニケーションを必要とするステークホルダー、ステークホルダーが情報を受け取る時期、情報の書式等が記述されている。

課題ログには、コミュニケーションに関連した課題および課題を解決する責任者が文書化されている。**作業パフォーマンス・データ**はプロジェクト作業の指揮・マネジメント・プロセスから出される。方針、手順、テンプレート、技術、セキュリティーに関する要求事項等の**組織のプロセス資産**は、コミュニケーションのすべての側面に影響を与える。

ツールと技法

情報マネジメント・システムにより、組織の報告システムは、プロジェクトの情報を収集し、集約し、配布する。**専門家の判断**は、コミュニケーション・プロセスが意図したように機能しているかを判断するために使用される。もし機能していないなら、課題を決め、その課題を解決するための選択肢を作成するための**会議**を1回ないし複数回開催する必要がある。

アウトプット

作業パフォーマンス情報は、プロジェクトのパフォーマンスがどのような状況にあるかを説明する情報を記載している。もしパフォーマンスが期待通りでなければ、プロジェクトのニーズにコミュニケーション・プロセスを整合させるために、**変更要求**が提示され

る。

　このプロセスにより更新される**プロジェクトマネジメント計画書**を構成する計画書には、コミュニケーション・マネジメント計画書、ステークホルダー・マネジメンント計画書、人的資源マネジメンント計画書等がある。

　課題ログ、パフォーマンス報告書、予測等は更新の対象となる**プロジェクト文書**である。もしコミュニケーション・プロセスが機能していないように見えるなら、テンプレート、手順書、報告書の書式等の**組織のプロセス資産**が**更新**される。

第26章　リスクの監視・コントロール

この章のトピック

☞ リスク・コントロール

リスク・コントロール

　リスク・コントロールは、プロジェクト全期間にわたりリスク対応計画を実施し、特定したリスクを追跡し、残存リスクを監視し、新しいリスクを特定し、さらにリスク・プロセスの有効性評価などを行うプロセスである。このプロセスには、リスク対応計画の実行、特定した対応策の有効性に加えてリスク・マネジメント・プロセス全体の監視等が含まれる。プロジェクトの進捗に伴って、プロジェクトの全期間にわたり、チームは引き続きすべてのリスク・マネジメント計画プロセスに立ち返り、リスクと好機の特定、分析、対応を行う。

　プロジェクト・パフォーマンスについての情報は、プロジェクトの全期間にわたって、レビューされる。そしてプロジェクト作業結果の落ち込み、適切ではなくなった前提条件、スケジュールとコストのコンティンジェンシー予備の利用等につながる恐れのある事態を特定する。

　作業結果が好ましくない場合、プロジェクト・チームは前もって定めた戦略の展開ないし適用を行い、予防処置か是正処置を取り、必要に応じて、コンティンジェンシー計画と代替計画に則して行動する。

　図 26-1 はリスク・コントロール・プロセスのインプット、ツールと技法、アウトプットを示す。図 26-2 はリスク・コントロール・プロセスのデータ・フロー図である。

インプット

　プロジェクトマネジメント計画書には、リスク・マネジメント計画書およびプロジェクトのベースラインがある。リスク・マネジメント計画書には、リスクを再査定する頻度、リスクの監視に使用するツールと技法、リスク予備の利用法等に関するガイダンスを記述する。

第26章 リスクの監視・コントロール

インプット	ツールと技法	アウトプット
.1 プロジェクトマネジメント計画書 .2 リスク登録簿 .3 作業パフォーマンス・データ .4 作業パフォーマンス報告書	.1 リスク再査定 .2 リスク監査 .3 差異と傾向の分析 .4 技術的パフォーマンスの測定 .5 予備設定分析 .6 会議	.1 作業パフォーマンス情報 .2 変更要求 .3 プロジェクトマネジメント計画書更新版 .4 プロジェクト文書更新版 .5 組織のプロセス資産更新版

図 26-1 リスク・コントロールのインプット、ツールと技法、アウトプット
（出典：PMBOK® ガイド　第5版　349頁）

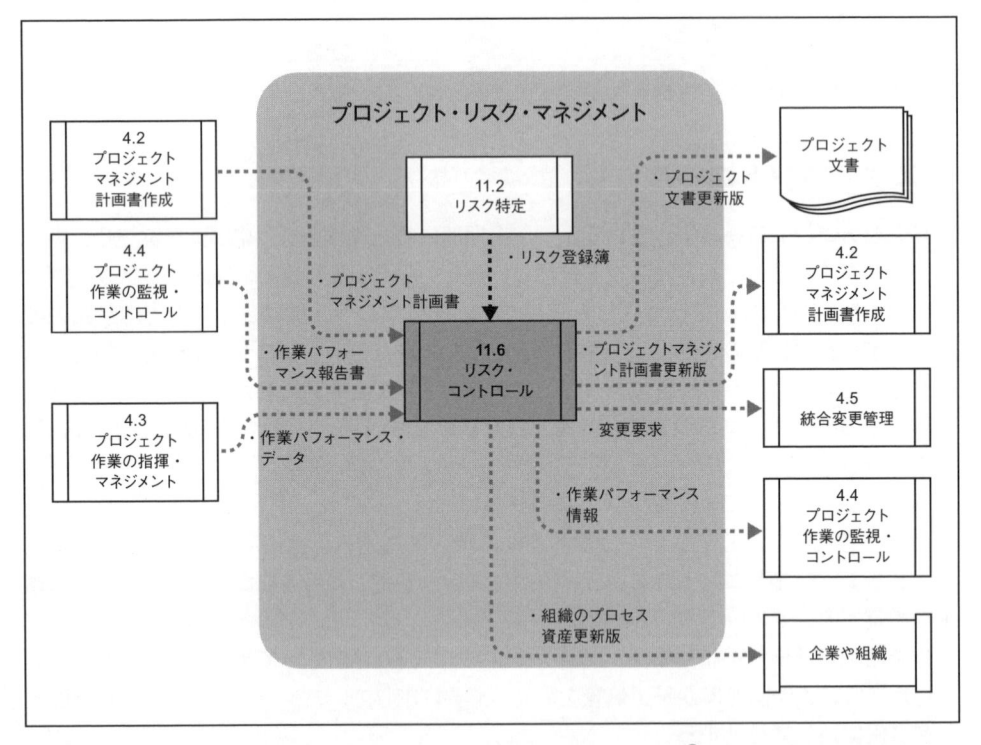

図 26-2 リスク・コントロールのデータ・フロー図（出典：PMBOK®ガイド　第5版　349頁）

リスク登録簿には、すべての特定されたリスク、発生確率と影響度の分析、リスク対応策等がある。また、リスク登録簿はリスクとリスクのトリガーに責任をもつ者も特定する。

ベースラインを**作業パフォーマンス・データ**と**作業パフォーマンス報告書**とともに使い、プロジェクトのパフォーマンスがリスクにさらされているか否かを確認する。作業パフォーマンス・データは、進行中の作業の状況と発生したコストを示している。作業パフォーマンス報告書は、差異分析、アーンド・バリュー、予測等を統合した情報がある。

ツールと技法

リスク再査定は、リスク登録簿に現在記載されている情報のレビューおよびその更新のプロセスである。そこに含める一般的事項には以下ものがある。

- 新たなリスクの有無
- 現有リスクの発生確率と影響度の変化
- 抹消するリスクの有無
- トリガー事象の発生の有無
- リスク対応戦略の有効性の確認

リスク監査は、リスク・マネジメント・プロセスをレビューし、その有効性の判定に用いられる。プロジェクトにマイナスの影響を与える多くの事象が発生しているならば、リスク特定プロセスかリスク対応計画プロセスのいずれかに含まれているものが、充分ではないとみなすことができる。リスク監査は、リスクのプロセスが計画通りに実行されているかも判定する。リスクを検討する会議は開催されているか。発生確率・影響度マトリックスはプロジェクトに適切に用いられているか。リスク・オーナーは最後まで責任をもって対処しているか。最後に、リスク監査はリスク・トリガーとリスク対応の有効性も追跡し、トリガーが適切であったか、あるいは、対応策はチームが期待した通りにリスクをマネジメントしているかを確認する。

技術的パフォーマンスの測定は、成果物の技術的成果を調べ、計画通り進行しているかを確認する。たとえば、あるプロセスが一定量の生産量を達成することになっており、特定した数量を達成したところで中間チェックポイントを設けた場合、このプロセスにおいて実績と計画上の技術成果が比べられる。

差異と傾向の分析は、コスト、スケジュール、技術成果の傾向を考察し、現在と予見した将来のパフォーマンスに基づき、プロジェクトの達成目標がリスクにさらされているかを確認する。

予備設定分析は、想定したプロジェクトの残余期間、データ時点までの進捗、プロジェクト完成時の予測の見積り等を考慮して、現在保有している予備がプロジェクトにとって適切であるかを判定するために実施される。組織によっては、プロジェクトのさまざまな時点で残っているべき予備を示す特定の尺度をもっているところもある。このような尺度は、プロジェクトマネジメント・チームが、組織が設定したベンチマークと比較して当該プロジェクトがどのような状態であるかを判定することに役立つ。

状況確認ミーティングは、上記の技法の実践のために利用するとよい。毎週開催される**会議**で新たなリスクの有無について問いかけることが定例の議事になっていたとしても、状況確認ミーティングにて毎回リスクを取り上げることは良い実務慣行である。

アウトプット

作業パフォーマンス情報は、プロジェクトの意思決定と代替案分析の基本情報として使用される。例えば、チームが是正処置を幾つか行う予定なら、リスク・コントロール・プロセスの作業パフォーマンス情報をみることで、プロジェクトにおけるコンティンジェンシーの使用割合、予測に伴うリスク、現在のリスクについての有益な情報等を得ることができる。

リスク・マネジメントの計画

計画のプロセスはプロジェクトの全期間にわたって継続されるので、ここで、それを監視・コントロール・プロセスに入れる必要は必ずしもない。しかしながら、継続的にリスク対応の特定、分析、作成等を行うことが重要であるので、リスクを再査定する活動を明確に特定し、プロジェクト・マネジャーに対しリスクは開始時のみならず、プロジェクトの全期間にわたって発生するものであることに気づかせることにした。

プロジェクトのパフォーマンスを維持するためには、差異分析と傾向分析の成果に基づいて、予防処置または是正処置の形で**変更要求**を行うことが必要になるかもしれない。

　プロジェクトマネジメント計画書更新版には、プロジェクトマネジメントの補助計画書あるいはベースライン等がある。これらは、リスク再査定、コンティンジェンシーの実行、リスク対応の実行等により変化する。**更新されるプロジェクト文書**には、リスク登録簿、前提条件ログ、技術文書等がある。

　組織のプロセス資産は更新され、将来のプロジェクトに対する情報、とりわけリスク登録簿、発生確率・影響度マトリックス、リスク対応計画等に関する情報を提供する。

第27章　調達の監視・コントロール

この章のトピック

☞ 調達コントロール

調達コントロール

　調達コントロールは、調達先との関係をマネジメントし、契約上のパフォーマンスを監視し、適切な変更と是正を行うプロセスである。このプロセスでは、当該プロジェクトとの間、およびプロジェクトのベンダーとの間で相当な調整と統合が必要となる。調達をコントロールする項目として、以下のことを行う。

- パフォーマンスをレビューし、パフォーマンスを合意済み計画および契約条項と比較
- 適切な予防処置・是正処置の実行
- 成果物と合意に対する変更と修正のマネジメント
- ベンダーに対する適切な決済
- ベンダーとプロジェクトとの間の作業の調整

　契約書は法的文書であるので、通常は契約部門または調達部門の要員がチームに加わり、すべての契約上の課題や義務を取り扱う。

　図 27-1 は調達コントロール・プロセスのインプット、ツールと技法、アウトプットを示す。図 27-2 は調達コントロール・プロセスのデータ・フロー図である。

インプット	ツールと技法	アウトプット
.1 プロジェクトマネジメント計画書 .2 調達文書 .3 合意書 .4 承認済み変更要求 .5 作業パフォーマンス報告書 .6 作業パフォーマンス・データ	.1 契約変更管理システム .2 調達パフォーマンス・レビュー .3 検査と監査 .4 パフォーマンス報告 .5 支払システム .6 クレーム管理 .7 記録マネジメント・システム	.1 作業パフォーマンス情報 .2 変更要求 .3 プロジェクトマネジメント計画書更新版 .4 プロジェクト文書更新版 .5 組織のプロセス資産更新版

図 27-1　調達管理のインプット、ツールと技法、アウトプット
（出典：PMBOK® ガイド　第5版　379頁）

インプット

プロジェクトマネジメント計画書には、調達マネジメント計画書がある。それは、以下の事項の指針となる。

- 複数の納入者のマネジメント
- スケジュールやパフォーマンス報告などのプロジェクトの別の側面と調達との調整
- 契約をマネジメントするために使用する尺度

調達文書には、作業範囲記述書が含まれる。**合意書**は契約当事者間の法的基盤を形成している。合意書には、契約をマネジメントするときに使用する以下の情報が含まれる。

- 成果物の技術情報
- スケジュール・ベースライン
- パフォーマンス報告に対する要求事項
- 役割と責任
- 支払条件
- 受入基準

承認済み変更要求は、統合変更管理プロセスを経由して得られたものである。**変更要求**には、作業範囲記述書、成果物、締切日、コスト見積り、契約条件、サービスや所産等がある。

作業パフォーマンス報告書および**作業パフォーマンス・データ**により、ベンダーの状況についての詳細な情報が得られる。組織内で作られる作業パフォーマンス報告書や作業パフォーマンス・データとほぼ同様に、これらには、着手した作業、その時点までの進捗、完了した作業、決定済みコスト、予測、その時点までの技術の成果、その他の必要な情報等が記述される。

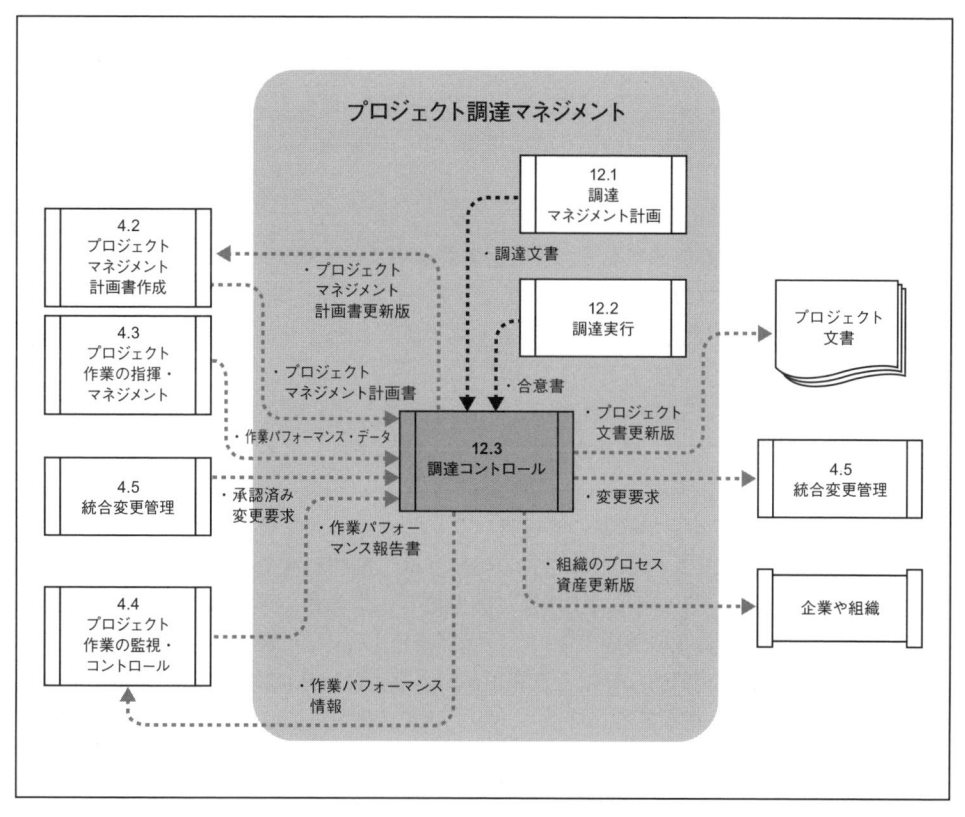

図 27-2　調達コントロールのデータ・フロー図
（出典：PMBOK® ガイド　第 5 版　380 頁）

ツールと技法

納入者のマネジメントに使用するシステムは多々ある。

- **契約変更管理システム**：契約変更管理システムは、統合変更管理システムの一部であり、それに準拠する。それには、契約変更認可の承認のレベル、契約変更に必要な書類事務、追跡システムに関する情報等も含まれる。
- **支払システム**：支払システムには、課金の提出に必要な書類事務、請求額と実際に行われた作業との一致を確認するプロセス、組織内の買掛金勘定の業務等がある。
- **記録マネジメント・システム**：契約にはしばしば、多量の書類事務と文書作成が伴う。記録マネジメント・システムでは、すべての契約文書を体系化する仕組みを定め、文書のやりとりを管理し、セキュリティを守り、かつ容易にアクセスできるようにする仕組みを整える。

　ベンダーについての**パフォーマンス報告**は、内部作業に対するものと、ほとんど同じである。ベースラインは作業パフォーマンス情報と比較され、技術、スケジュール、コストのパフォーマンスが確認される。**調達パフォーマンス・レビュー**は、契約状況について、より掘り下げられた構造化されたレビューである。これらのレビューは、購入者が進行中の作業状況を観察できるように顧客の仕事場で実行されることがある。大規模プロジェク

トでは、終日かかることがある。計画からの差異がある場合には、購入者と納入者は、差異の原因およびいずれか一方の適切な当事者がとるべき是正処置について議論する。両当事者はまた、最近のレビュー以降発生したリスクや課題、現有のリスクや課題、前回のレビュー以来の状況の変化等についても議論する。多くの場合、これらのレビューには、プロジェクト・マネジャー、技術の第一人者、プロジェクトのビジネス関係者、契約の担当者等が参加する。

契約では**検査と監査**が必要である。検査と監査はパフォーマンス・レビューと同じではない。検査と監査は、プロセス、手順へのコンプライアンス、契約条項の順守等に焦点を絞って実施される。言い換えれば、パフォーマンス・レビューは、納入者の進捗を確認し、監査は、その進捗を達成する方法を確認する。

時々、プロジェクトには紛争が起きる。このような紛争に対処する作業は**クレーム管理**と呼ばれる。クレームは、変更をめぐる論争（購入者は、それはスコープ内であるといい、納入者は、それは新たなスコープであるという）、あるいは変更の対価に関する意見の相違などで発生する。契約書には通常、クレームを解決するために講じる予定の係争解決手段が規定されている。たいていの契約では、裁判制度ではなく裁判外紛争処理（ADR）の適用を規定している。ADR は、調停あるいは仲裁の形を取る。調停は、第三者を起用し、ある種の合意の達成のために、両当事者に働きかけをさせる。合意は当事者にて決める。仲裁は、専門的な仲裁者を起用し、当事者は結果に拘束されることに同意する。ADR の長所は、正式な訴訟に伴うルール、時間、費用等に煩わされないことである。

アウトプット

作業パフォーマンス情報には、内部作業における作業パフォーマンス報告と同様に、ベンダーの作業に関する状況が記載される。ベンダーが契約に沿ったパフォーマンスをしているかを判定するために、スコープ、スケジュール、コスト、品質等の情報が使用される。作業パフォーマンス情報はまた、将来の仕事にそのベンダーを使用するかどうかについての示唆を与える。

変更要求は、契約の変更という形を取る。ベンダーのパフォーマンスにより、変更がスケジュール・ベースライン、予算、スコープ・ベースラインのようなプロジェクトマネジメント計画書に影響を及ぼす。すべての変更要求は、統合変更管理プロセスを経て処理される。

プロジェクトマネジメント計画書更新版には、調達マネジメント計画書、またはスケジュールや予算への変更が含まれる。前述の通り、これらの変更は統合変更管理プロセスを経由する必要がある。

調達がもたらす良い面は文書の生成である。すべての記録、コミュニケーション、請求書、変更要求、状況報告書、その他の文書は更新対象となる**プロジェクト文書**あるいは**組織のプロセス資産**である。組織のプロセス資産にはまた、ベンダーとの往復書簡、監査と検査のプロセスに基づくベンダーの評価、パフォーマンス報告、レビューの結果等がある。それらの資産は、将来の調達に利用することができるベンダーのパフォーマンスの評価を追加して、更新される。

第28章　ステークホルダー・エンゲージメントの監視・コントロール

この章のトピック
☞ ステークホルダー・エンゲージメント・コントロール

ステークホルダー・エンゲージメント・コントロール

　ステークホルダー・エンゲージメント・コントロールは、プロジェクト・ステークホルダーの総合的な関係を監視し、ステークホルダーの関与を得るための戦略と計画を調整するプロセスである。このプロセスでは、ステークホルダー・マネジメント計画書とステークホルダーが関与した結果とを比較する。ステークホルダーの関与が望みどおりには起こらなかった場合には、変更要求が発行される。ステークホルダーの関与をコントロールするために使用するものは、コミュニケーションをコントロールするためのものと類似していることに気付くであろう。この2つのプロセスは非常に密に連携している。これらは、相互にあまり区別もなく同時に発生する。しかし、時として、もっとも効果的にステークホルダーに対する関与とマネジメントを行う方法に明白に焦点をあてることと、もっとも効果的にコミュニケーションする方法に焦点をあてることとを区別する場合がある。
　図28-1はステークホルダー・エンゲージメント・コントロール・プロセスのインプット、ツールと技法、アウトプットを示す。図28-2はステークホルダー・エンゲージメント・コントロール・プロセスのデータ・フロー図である。

インプット
　プロジェクトマネジメント計画書には、ステークホルダー・マネジメント計画書、プロジェクト・ライフサイクル、コミュニケーション・マネジメント計画書および人的資源マネジメント計画書がある。これらすべての情報を使い、ステークホルダーの関与の有効性を評価する。
　課題ログには、すべての課題とその解決の状況が特定されている。**作業パフォーマンス・データ**は、プロジェクトの作業結果に関する情報を提供する。ステークホルダーの関与の有効性を確認する**プロジェクト文書**には、スケジュール、変更ログ、ステークホルダー登録簿、さまざまなコミュニケーション等がある。

第28章 ステークホルダー・エンゲージメントの監視・コントロール

```
┌─────────────────┐ ┌─────────────────┐ ┌─────────────────┐
│   インプット     │ │  ツールと技法    │ │  アウトプット    │
│.1 プロジェクト   │ │.1 情報マネジメント│ │.1 作業パフォーマンス│
│   マネジメント   │ │   ・システム     │ │   情報           │
│   計画書         │ │.2 専門家の判断   │ │.2 変更要求        │
│.2 課題ログ       │ │.3 会議           │ │.3 プロジェクトマネジメント│
│.3 作業パフォーマンス・データ│ │                 │ │   計画書更新版    │
│.4 プロジェクト文書│ │                 │ │.4 プロジェクト文書更新版│
│                 │ │                 │ │.5 組織のプロセス資産│
│                 │ │                 │ │   更新版         │
└─────────────────┘ └─────────────────┘ └─────────────────┘
```

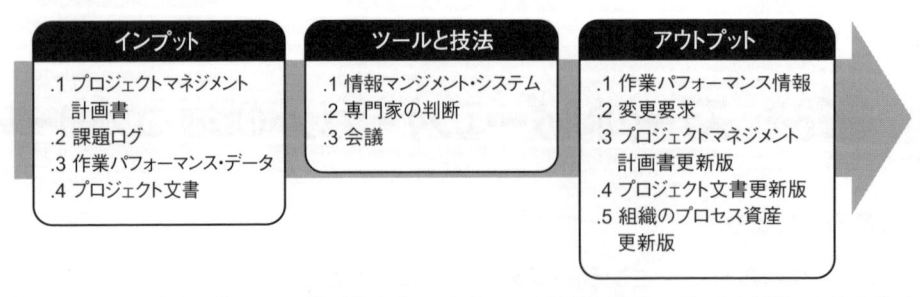

図28-1 ステークホルダー・エンゲージメント・コントロールのインプット、ツールと技法、アウトプット
(出典：PMBOK® ガイド 第5版 410頁)

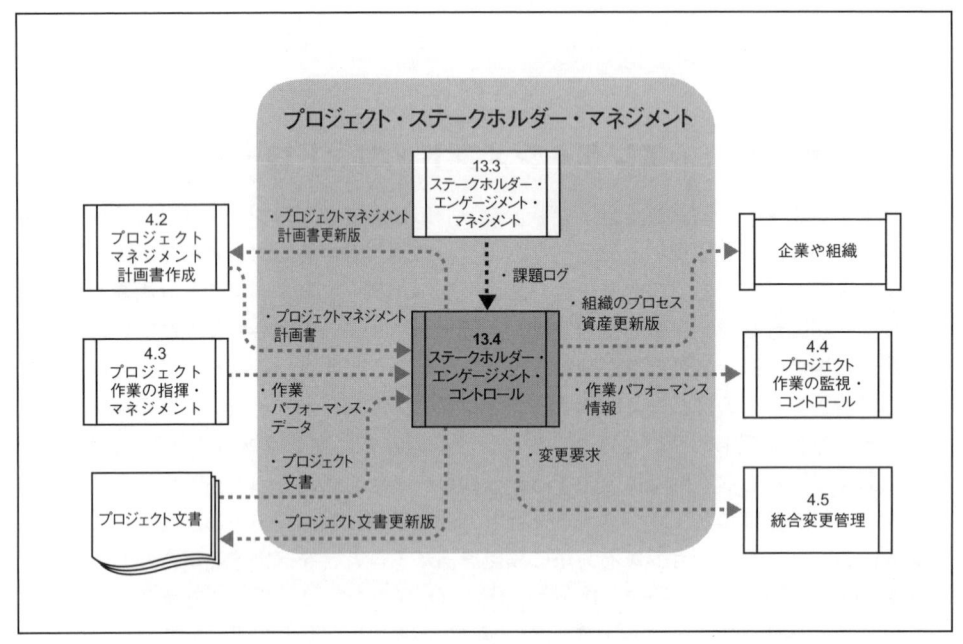

図28-2 ステークホルダー・エンゲージメント・コントロールのデータ・フロー図
(出典：PMBOK® ガイド 第5版 410頁)

ツールと技法

組織の**情報マネジメント・システム**はプロジェクトのパフォーマンスに関する情報を収集し、統合し、配布する。**専門家の判断**はステークホルダー・マネジメント・システムが意図されたとおり機能しているか判定するために使用される。機能していない場合は、ステークホルダーの関与に関する課題を定め、課題を解決するための選択肢を創り出すために、1回か複数回の**会議**を開催する必要がある。

アウトプット

作業パフォーマンス情報にはプロジェクトのパフォーマンスに関する状況を詳しく説明した情報がある。パフォーマンスが期待通りでない場合は、計画からの逸脱を是正し、予防するために**変更要求**が提示される。

ステークホルダーからのインプットに基づいて、**プロジェクトマネジメント計画書**のあらゆる個所が更新される。例えば、ステークホルダーとのコミュニケーションが効果的で

ない場合は、コミュニケーション・マネジメンント計画書が更新される。スコープ・クリープと段階的詳細化の対立に関する課題が多数あれば、スコープ・マネジメント計画書を更新する必要がある。

　課題ログやステークホルダー登録簿は、更新される**プロジェクト文書**である。**組織のプロセス資産**が更新される例には、プロジェクト報告書、記録、プレゼンテーション、フィードバック、教訓等がある。

第29章　プロジェクトの終結

この章のトピック
- ☞ 終結プロセス群
- ☞ プロジェクトやフェーズの終結
- ☞ 調達終結

終結プロセス群

　終結プロセス群は、プロジェクトやフェーズを公式に完結するために、すべてのプロジェクトマネジメント・プロセス群のすべてのアクティビティを終了するために実施するプロセスからなる。終結プロセス群における最も一般的な活動として以下のものがある。

- すべての成果物について公式な受入れの取得
- 最終的なプロジェクト作業結果に対しプロジェクトの達成目標、プロダクトに対する要求事項、スコープ、スケジュール、コスト等のベースラインとの比較
- 教訓のため、あるいは一連のセッションの開催、その結果の文書化、およびコミュニケーション・マネジメント計画書に従って結果の文書の配布
- プロジェクト要員の離任
- 最終プロダクトの移管
- すべてのプロジェクト文書の整理と保管
- すべての契約の終結
- チームへの表彰と成功の祝福

プロジェクトやフェーズの終結

　プロジェクトやフェーズの終結は、プロジェクトやフェーズを公式に終了するために、すべてのプロジェクトマネジメント・プロセス群のすべてのアクティビティを完結するプロセスである。このプロセスは、各フェーズの終りと、プロジェクトの終りに実施される。プロジェクトが完結する前に終了した場合は、このプロセスによってすべての文書の収集と保管を確実に実行する。

　このプロセスの間に、プロジェクトのライフサイクルの一つのフェーズを終結し、次のフェーズに進むためのすべての終了基準を満たす必要がある。フェーズあるいはプロジェクトの終わりに成果物あるいはプロダクトの移管がある場合には、移管活動も行われる。

　図 29-1 はプロジェクトやフェーズの終結プロセスのインプット、ツールと技法、アウ

トプットを示す。図29-2はプロジェクトやフェーズの終結プロセスのデータ・フロー図である。

インプット

プロジェクトマネジメント計画書には、フェーズ・ゲート・レビュー時に署名されるべき文書のリストのように、個々のフェーズを完結する上で必要なアクティビティおよびプロジェクトの完結に必要なアクティビティの記述がある。完了したプロジェクトはプロジェクトマネジメント計画書との対比で測定され、作業はベースラインとの対比で測定される。そして、すべての作業が計画通りかつ予算内で実行されたか、それも願わくば予算に近い線で実行されたことを確認する。

インプット	ツールと技法	アウトプット
.1 プロジェクトマネジメント計画書 .2 受入れ済み成果物 .3 組織のプロセス資産	.1 専門家の判断 .2 分析技法 .3 会議	.1 最終プロダクト、サービス、所産の移管 .2 組織のプロセス資産更新版

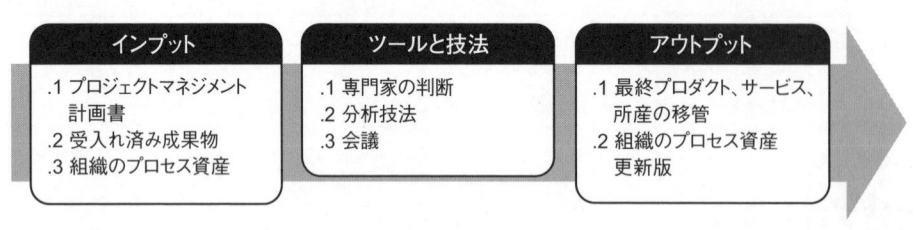

図29-1　プロジェクトやフェーズの終結のインプット、ツールと技法、アウトプット
（出典：PMBOK® ガイド　第5版　100頁）

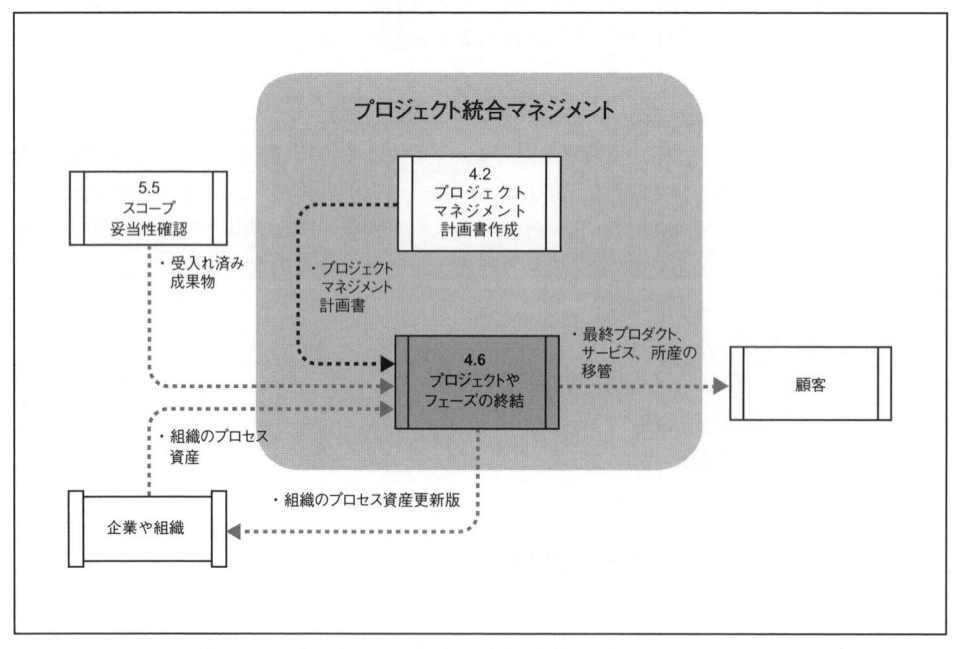

図29-2　プロジェクトやフェーズの終結のデータ・フロー図
（出典：PMBOK® ガイド　第5版　101頁）

受入れ済み成果物は、スコープ妥当性確認プロセスからもたらされる。プロジェクトに複数の成果物がある場合には、プロジェクトやフェーズの終結のプロセスにおける最終プロダクトの受入れに先立ち、成果物は1つ1つ完結済みとして受け入れておくべきである。プロジェクトの終結までに、従前のフェーズの終結時の文書および受入れ済み成果物を示す文書は、最終的なプロジェクトやプロダクトの受入れと署名を行うにあたって編集

され、提出される。
　プロジェクト終結に適用されるガイドライン、手順、様式等は、最も頻繁に利用される**組織のプロセス資産**である。

ツールと技法
　技術の**専門家の判断**は、プロダクトの承認の取得に用いられる。プロジェクトマネジメントの専門家、財務の専門家、時にはプロジェクトマネジメント・オフィスが参加することにより、誤りのない完璧なプロジェクトの終結が可能になる。プロジェクトの全部あるいは一部が請負契約で実施されている場合は、プロジェクトの契約上の義務を完結させるための専門的能力の提供を調達や法務の部門から受ける。
　分析技法は、プロジェクトの最終報告書を書き上げ、教訓を編集するために使用する。例えば、チームは、発生したリスク、論争を引き起こした課題、あるいはプロジェクトでの難題の根本原因を探り出すために回帰分析を使用する。
　プロダクトやサービスの移管の一部として**会議**を何回も行うことになろう。それにより、成果物を受け取る人または組織が十分な説明を受け、成果物をサポートし、メンテナンスする準備ができる。会議は、プロジェクトのチーム・メンバーと他のステークホルダーから教訓を引き出すためにも開催される。教訓のための会議、あるいは一連の会議で、パフォーマンスを分析し、うまくいったことや、将来改善すべきことを文書化する。見積りやリスク・マネジメントのような特定のプロセスに焦点を当てた会議であったり、チーム内部の力学に焦点を当てた会議であったりする。

アウトプット
　最終プロダクト、サービス、所産は顧客あるいは定常業務部門のいずれかに移管される。この時点では、実行すべき未決の事項が引き続きあるかもしれない。プロジェクト・マネジャーは誰かにこれを委託し、フォローアップを行わせる。移管には、オンザジョブ・トレーニング、移管会議、時には一定期間のオンサイト・サポートが行われる。
　更新対象となる**組織のプロセス資産**には、教訓、プロジェクト文書、移管文書等がある。組織のプロセス資産となるプロジェクトの最終報告書を書き上げる時に、プロジェクトの作業結果をプロジェクト憲章に定義された達成目標や成功基準と比較し、目標が達成された方法を文書化することは、よいアイデアである。
　教訓やプロジェクト終結文書の様式の例は付図-16と付図-17を参照されたい。

教　　訓

プロジェクト名：＿＿＿＿＿＿＿＿＿＿＿＿＿＿＿　　作成日：＿＿＿＿＿＿＿＿＿＿＿＿＿＿＿

プロジェクト・パフォーマンス分析

	うまくできた事項	改善すべき事項
要求事項の定義とマネジメント		
スコープ定義とマネジメント		
スケジュール作成とコントロール		
コスト見積りとコントロール		
品質計画とコントロール		
人的資源の可用性、チーム編成、パフォーマンス		
コミュニケーション・マネジメント		
ステークホルダー・マネジメント		
報告		
リスク・マネジメント		
調達計画とマネジメント		
プロセス改善情報		
プロジェクト特有の情報		
その他		

リスクや課題

リスクや課題の記述	対応	コメント

品質の欠陥

欠陥の記述	解決	コメント

ベンダーマネジメント

ベンダー	課題	解決	コメント

その他

パフォーマンスが優れていた分野	改善すべき分野

付図-16　教訓

プロジェクト終結文書

プロジェクト名：＿＿＿＿＿＿＿　作成日：＿＿＿＿＿＿＿　プロジェクト・マネジャー名：＿＿＿＿＿＿＿

プロジェクトの記述

パフォーマンスの要約

	プロジェクト達成目標	完成基準	達成方法
スコープ			
品質			
時間			
コスト			

付図-17　プロジェクト終結文書

調達終結

　調達終結は、プロジェクトにおける個々の調達を完結するプロセスである。契約は、完結、原因ある事由、都合等により、解除または終結する。ほんとどの契約は完結に基づき終結する。すなわち、すべての作業が契約した合意の通り終結する。契約が原因ある事由で解除される場合は、一方の当事者が契約違反を犯したか、まさに犯しそうになっているときである。例えば、その契約当事者が破産申し立てをしているか、契約を完結するための能力または資源を保有していない等である。都合による解除は、契約の相手方が、当該プロダクト、サービス、所産等をもはや必要としない、もしくは望んでいないという場合である。

　図 29-3 は調達終結プロセスのインプット、ツールと技法、アウトプットを示す。図 29-4 は調達終結プロセスのデータ・フロー図である。

第29章 プロジェクトの終結

インプット	ツールと技法	アウトプット
.1 プロジェクトマネジメント計画書 .2 調達文書	.1 調達監査 .2 調達交渉 .3 記録マネジメント・システム	.1 終結済み調達 .2 組織のプロセス資産更新版

図29-3 調達終結のインプット、ツールと技法、アウトプット
（出典：PMBOK®ガイド 第5版 386頁）

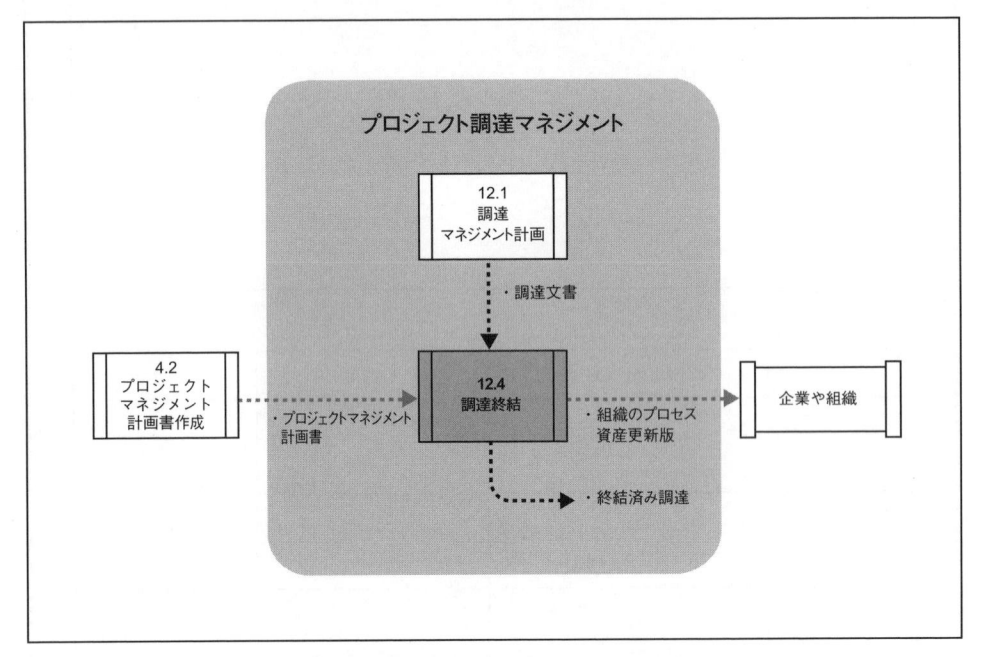

図29-4 調達終結のデータ・フロー図
（出典：PMBOK®ガイド 第5版 387頁）

インプット

プロジェクトマネジメント計画書には、個々の調達を終結するために必要なステップの概要を記述した調達マネジメント計画書がある。これには、完結すべき項目のチェックリスト、署名が必要な様式、返却を要する機器等がある。

調達文書には、契約期間中に作成したすべての往復書簡、実績報告書、請求書、検査結果文書、契約変更文書等がある。すなわち、契約に関連するすべての文書が対象となる。この文書は索引を付け、保管する必要がある。

ツールと技法

調達監査を実行し、プロジェクトあるいは特定の契約に関する調達プロセスが文書化される。調達のプラスとマイナスの両面にわたる記録を作成する。調達監査の様式の例は付図-18を参照されたい。

調達交渉は、購入者と納入者の間の未決のクレームや紛争を解決するために行われる。一般に、解決期間や費用の懸念があるので、訴訟よりも仲裁や調停が好まれる。**記録マネジメント・システム**では、すべての調達に関する文書を体系化し、編集する。

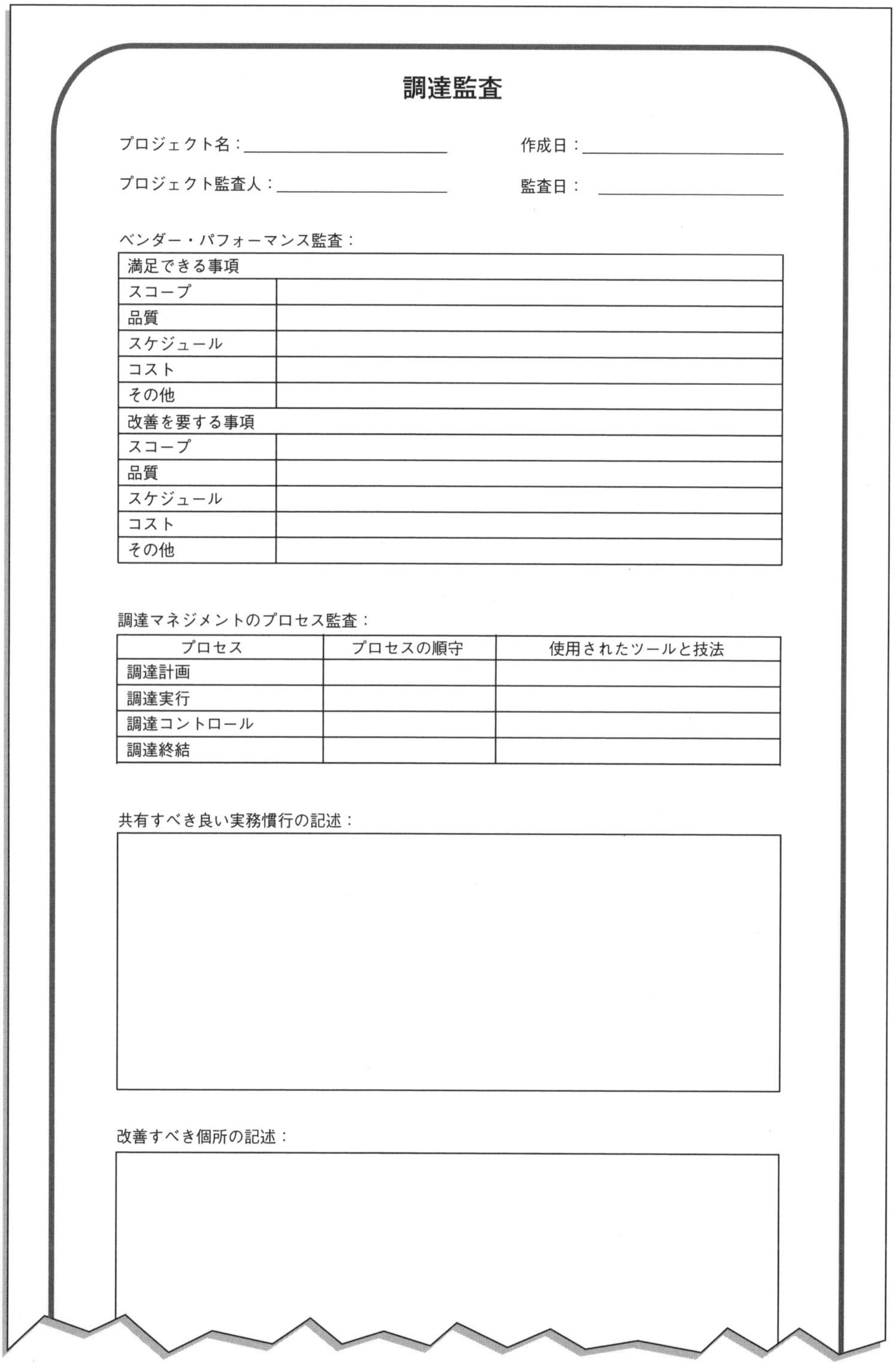

調達監査

プロジェクト名：＿＿＿＿＿＿＿＿＿＿＿＿　　作成日：＿＿＿＿＿＿＿＿＿＿

プロジェクト監査人：＿＿＿＿＿＿＿＿＿＿　　監査日：＿＿＿＿＿＿＿＿＿＿

ベンダー・パフォーマンス監査：

満足できる事項	
スコープ	
品質	
スケジュール	
コスト	
その他	
改善を要する事項	
スコープ	
品質	
スケジュール	
コスト	
その他	

調達マネジメントのプロセス監査：

プロセス	プロセスの順守	使用されたツールと技法
調達計画		
調達実行		
調達コントロール		
調達終結		

共有すべき良い実務慣行の記述：

改善すべき個所の記述：

付図-18　調達監査

アウトプット

　契約では、調達を完了させる権限をもつ者を定義している。通常は、プロジェクト・マネジャーが契約上の権限を有する者に作業範囲記述書が全て満足したことを通知し、これ

により公式な終結の書類事務が開始され、完結を証する文書が発行されて**調達は終結**する。

　更新対象となる**組織のプロセス資産**には、すべての調達に関する文書、すべての成果物の受入れ、調達監査の結果、調達に関する教訓等がある。

本書をより良く理解するために

本書を読むにあたり、本章の基本的なアプローチを知ることが理解の促進に役立ちます。ここでは、その概要を記述します。

本書の特色

本書には、2つの特色があります。
① 5つのプロセス群を大分類として、その順序に従って47のプロセスを記載しています。知識エリアを大分類として記述しているPMBOK® ガイドの構成とは異なります。
② PMBOK® ガイドの各プロセスのインプット、ツールと技法、アウトプットに含まれる個々の項目（「プロセス要素」と呼ぶ）を理解できるように説明しています。すなわち、プロセス要素の事例やそれを使用した文章を記述しています。これにより、プロセス要素を具体的に理解できる構成になっています。

PMBOK® ガイドの構成

PMBOK® ガイドは標準という位置づけにあることから、プロジェクトマネジメントに関わる要素を1つの体系として記述しています。PMBOK® ガイドは、次の図に示す要素から構成されています。

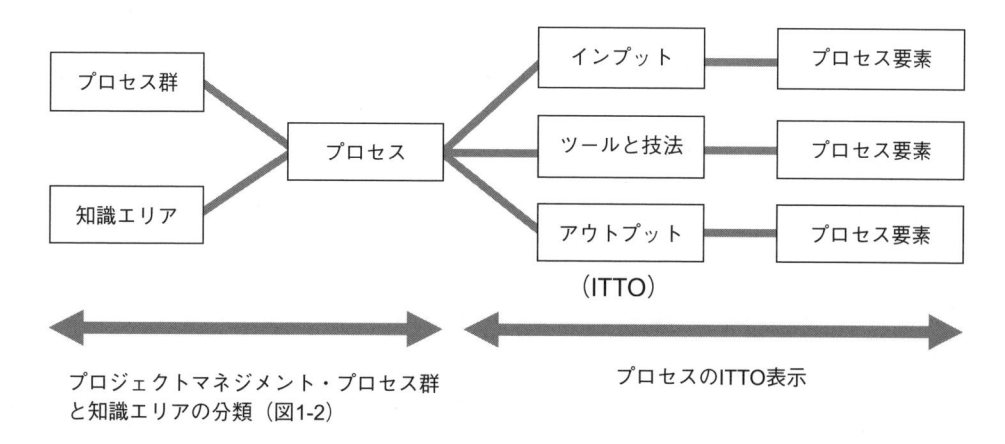

```
プロセス群 ┐                 ┌─ インプット ─── プロセス要素
          ├─ プロセス ───────┼─ ツールと技法 ── プロセス要素
知識エリア ┘                 └─ アウトプット ── プロセス要素
                                    （ITTO）
```

←─── プロジェクトマネジメント・プロセス群 　　←─── プロセスのITTO表示 ───→
　　　と知識エリアの分類（図1-2）

PMBOK® ガイド第5版における47のプロセスは、5つのプロセス群と10の知識エリアに分類されて表示されています（「本文の図1-2：プロジェクトマネジメント・プロセス群と知識エリアのマッピング」参照）。

個々のプロセスは、インプット、ツールと技法、アウトプットから成り、インプット、ツールと技法、アウトプットにはそれぞれ1つ以上のプロセス要素があります。これを上記の図では「プロセスのITTO表示」として示しています。

例えば、PMBOK® ガイドの「4.2 プロジェクトマネジメント計画書作成」におけるプロセスは、次のような表示となっています。

インプット	ツールと技法	アウトプット
・プロジェクト憲章 ・他のプロセスからのアウトプット ・組織体の環境要因 ・組織のプロセス資産	・専門家の判断 ・ファシリテーション技法	・プロジェクトマネジメント計画書

本書の構成

本書は、PMBOK® ガイドの内容を29の章に分けて記述しています。それぞれの記述内容の概要は次のとおりです。

第1章 序文
  ⇒ 本書の概要とプロジェクトマネジメント・プロセス群とプロジェクトマネジメント知識エリアの概要

第2章 重要な概念
  ⇒ プロジェクト、プログラム、ポートフォリオ、プロジェクト・ライフサイクル、段階的詳細化、テーラリング、プロジェクトマネジメント計画書、プロジェクト文書、組織体の環境要因、組織のプロセス資産

第3章 プロジェクトの立上げ
  ⇒ 立上げプロセス群
  ⇒ プロジェクト・スポンサーとプロジェクト・マネジャーの役割
  ⇒ プロセス：プロジェクト憲章、ステークホルダー特定

第4章 計画の統合
  ⇒ 計画プロセス群と計画作成ループ
  ⇒ プロジェクト統合マネジメント
  ⇒ プロセス：プロジェクトマネジメント計画書作成のプロセス

第5章から第13章
  ⇒ プロジェクトマネジメントの計画プロセス
  ⇒ プロセス：スコープ、スケジュール、コスト、品質、人的資源、コミュニケーション、リスク、調達、ステークホルダー

第14章 プロジェクトの実行
  ⇒ 実行プロセス群
  ⇒ プロジェクト作業の指揮・マネジメントのプロセス

第15章から第19章
  ⇒ 実行のプロセス
  ⇒ プロセス：品質、人的資源、コミュニケーション、調達、ステークホルダー

第 20 章　プロジェクトの監視・コントロール
　　⇒　監視・コントロール・プロセス群
　　⇒　プロジェクト作業の監視・コントロールと統合変更管理
第 21 章から第 28 章
　　⇒　監視・コントロールのプロセス
　　⇒　プロセス：スコープ、スケジュール、コスト、品質、コミュニケーション、リスク、調達、ステークホルダー・エンゲージメント
第 29 章　プロジェクトの終結
　　⇒　終結プロセス群
　　⇒　調達終結とプロジェクトやフェーズの終結

本書の使い方

　本書は、① PMBOK® ガイドの副読本としての利用、② 独立した書籍として学習、の 2 通りの使い方ができます。

① PMBOK® ガイドの副読本として利用する場合
　・PMBOK® ガイドの学習を進めます。
　・学習の過程で不明な箇所があれば、本書の目次、索引、および目次マップを参照して、当該プロセスのページを確認します。
　・用語を知っている場合、索引を参照し、目次マップにて確認して当該個所を特定します。
② 本書を独立した書籍として学習する場合
　・本書の目次、本文（本書をより良く理解するため）、目次マップに目を通し、本書の構成を理解します。
　・本書のプロジェクトマネジメント・プロセス群と知識エリアの分類（図 1-2）によるプロセス群と知識エリアの関係を目次マップにて理解します。
　・本書の第 1 章から第 3 章までを理解します。
　・本書のプロセス群に含まれるプロセスの構成と主要なコンテンツを理解します。
　・PMBOK® ガイドに進みます。

　本書は多くの章に分かれているので、本書を独立した書籍として学習される読者は、自分が読んでいる個所の所在を見失うこともあるでしょう。この場合、添付の目次マップを活用して下さい。目次マップにて当該個所の位置づけを確認しながら学習を進めることをお勧めします。

　最後になりますが、著者が序文にて記述しているように、PMBOK® ガイドはあくまでも知識体系であり、プロジェクトマネジメントに関わる重要な知識の項目を体系的に表示したものです。PMBOK® ガイドの知識を実務に適用するためには、そのための方法論が必要です。

　プロジェクトマネジメントの方法論について興味のある方は、プロジェクトマネジメント情報研究所のウェブサイト（URL：http://www.pmdi.jp/）をご参照ください。

2014 年 8 月

　　　　　　　　　　　　　　　　　　　　　　　　　　　　　　　　清水　計雄

PMBOK® ガイド・マニュアル 目次マップ

プロセス群	章	章の主要項目	PMBOK®ガイドの頁	プロセス群	
	第1章	序 文			
		本書について			
		プロジェクトマネジメント・プロセス群	52		
		プロジェクトマネジメント知識エリア	60		
	第2章	重要な概念			
		プロジェクト、プログラム、ポートフォリオ	4		
		プロジェクト・ライフサイクル	38		
		段階的詳細化	6		
		テーラリング	48		
		組織体の環境要因	29		
		組織のプロセス資産	27		
立上げ	第3章	プロジェクトの立上げ			
		立上げプロセス群	54	p.13	
		プロジェクト・スポンサーの役割	32		
		プロジェクト・マネジャーの役割	16		
		プロジェクト憲章作成	66		
		ステークホルダー特定	393		
計画	第4章	計画の統合			
		計画プロセス群	55	p.21	
		計画ループ	―		
		プロジェクト統合マネジメント	63		
		プロジェクトマネジメント計画書作成	72		
	第5章	スコープ計画			
		プロジェクト・スコープ・マネジメント	105		
		スコープ・マネジメント計画	107		
		要求事項収集	110		
		スコープ定義	120		
		WBS作成	125		
	第6章	スケジュール計画			
		プロジェクト・タイム・マネジメント	141		
		スケジュール・マネジメント計画	145		
		アクティビティ定義	149		
		アクティビティ順序設定	153		
		アクティビティ資源見積り	160		
		アクティビティ所要期間見積り	165		
		スケジュール作成	172		
	第7章	コスト計画			
		プロジェクト・コスト・マネジメント	193		
		コスト・マネジメント計画	195		
		コスト見積り	200		
		予算設定	208		
	第8章	品質計画			
		プロジェクト品質マネジメント	227		
		品質マネジメント計画	231		
	第9章	人的資源計画			
		プロジェクト人的資源マネジメント	255		
		人的資源マネジメント計画	258		
	第10章	コミュニケーション計画			
		プロジェクト・コミュニケーション・マネジメント	287		
		コミュニケション・マネジメント計画	289		

	知識エリア									
	統合	スコープ	タイム	コスト	品質	人的資源	コミュニケーション	リスク	調達	ステークホルダー
	p.14									
										p.18
	p.23									
	p.23									
			p.29							
			p.30							
			p.33							
			p.40							
			p.44							
				p.51						
				p.52						
				p.54						
				p.58						
				p.62						
				p.66						
				p.71						
					p.83					
					p.83					
					p.85					
					p.91					
						p.95				
						p.96				
							p.105			
							p.106			
								p.111		
								p.111		

プロセス群	章	章の主要項目	PMBOK®ガイドの頁	プロセス群
計画	第11章	リスク計画		
		プロジェクト・リスク・マネジメント	309	
		リスク・マネジメント計画	313	
		リスク特定	319	
		定性的リスク分析	328	
		定量的リスク分析	333	
		リスク対応計画	342	
	第12章	調達計画		
		プロジェクト調達マネジメント	355	
		調達マネジメント計画	358	
	第13章	ステークホルダー・マネジメント計画策定		
		プロジェクト・ステークホルダー・マネジメント	391	
		ステークホルダー・マネジメント計画	399	
実行	第14章	プロジェクトの実行		
		実行プロセス群	56	p.155
		プロジェクト作業の指揮・マネジメント	79	
	第15章	品質マネジメントの実行		
		品質保証	242	
	第16章	人的資源マネジメントの実行		
		プロジェクト・チーム編成	267	
		プロジェクト・チーム育成	273	
		プロジェクト・チーム・マネジメント	279	
	第17章	コミュニケーション・マネジメントの実行		
		コミュニケーション・マネジメント	297	
	第18章	調達マネジメントの実行		
		調達実行	371	
	第19章	ステークホルダー・マネジメントの実行		
		ステークホルダー・エンゲージメント・マネジメント	404	
監視・コントロール	第20章	プロジェクトの監視・コントロール		
		監視・コントロール・プロセス群	57	p.188
		プロジェクト作業の監視・コントロール	86	
		統合変更管理	94	
	第21章	スコープの監視・コントロール		
		スコープ妥当性確認	133	
		スコープ・コントロール	136	
	第22章	スケジュールの監視・コントロール		
		スケジュール・コントロール	185	
	第23章	コストの監視・コントロール		
		コスト・コントロール	215	
	第24章	品質の監視・コントロール		
		品質コントロール	248	
	第25章	コミュニケーションの監視・コントロール		
		コミュニケーション・コントロール	303	
	第26章	リスクの監視・コントロール		
		リスク・コントロール	349	
	第27章	調達の監視・コントロール		
		調達コントロール	379	
	第28章	ステークホルダー・エンゲージメントの監視・コントロール		
		ステークホルダー・エンゲージメント・コントロール	409	
終結	第29章	プロジェクトの終結		
		終結プロセス群	57	p.241
		プロジェクトやフェーズの終結	100	
		調達終結	386	
	付録	付録		
	索引	索引		

	知識エリア									
	統合	スコープ	タイム	コスト	品質	人的資源	コミュニケーション	リスク	調達	ステークホルダー
								p.117		
								p.118		
								p.123		
								p.129		
								p.132		
								p.136		
									p.141	
									p.142	
										p.151
										p.151
	p.156									
					p.159					
						p.163				
						p.166				
						p.171				
							p.177			
								p.181		
									p.185	
	p.190									
	p.193									
		p.201								
		p.203								
			p.208							
				p.211						
					p.221					
							p.225			
								p.229		
									p.233	
										p.237
	p.241									
										p.245

索　引

RAM　108
SWOT 分析　127
WBS　44
WBS 作成　44
WBS 要素　83
what-if シナリオ分析　77
X 理論と Y 理論　168

あ

アーンド・バリュー（EV）　213
アーンド・バリュー・マネジメント　212
アウトプット　2
アクティビティ・オン・ノード（AON）　59
アクティビティ・コスト見積り　90
アクティビティ・リスト　56, 62
アクティビティ資源見積り　62
アクティビティ順序設定　58
アクティビティ所要期間見積り　66, 70
アクティビティ属性　56
アクティビティ定義　54
アジャイル環境におけるスケジュール　208
アンケートと調査　38

い

依存関係の決定　60
インセンティブ・フィー（FPIF）付き定額契約　144
インタビュー　35
インプット　2

う

受入れ済み成果物　203

え

影響度　122

か

開始—開始関係（SS 関係）　60
開始—終了関係（SF 関係）　60
解読　114
回避　137

外部依存関係　60
外部失敗コスト　99
過去の関連性　93
活用　139
観察　38
観察と会話　173
監視・コントロール・プロセス群　2
完成時総コスト見積り（EAC）　217
完成時総予算（BAC）　213
完全定額（FFP）　144
管理限界　221
管理図　101

き

技術的パフォーマンスの測定　231
期待金額価値　134
技法　2
QC 七つ道具　100
強化　139
強制　174
強制依存関係　60
協働　174
共同アプリケーション開発（JAD）　35
共有　139
許容度　221
記録マネジメント・システム　235

く

クラッシング　79
クリティカル・チェーン法　74
クリティカル・パス法　73
グループ意思決定技法　69
グループ発想技法　35
クレーム管理　236

け

計画作成ループ　22
計画プロセス群　2
軽減　138
経済価格調整付き定額（FP-EPA）契約　145
計数サンプリング　221

契約変更管理システム　235
欠陥修正　155
権限　109
検査　221
検査と監査　236
検証済み成果物　224
限度額による資金調達　93

こ

公開見積りデータ　64
好機　117
後続アクティビティ　59
行動規範　169
コスト効率指数（CPI）　216
コスト・コントロール　211
コスト差異（CV）　216
コスト集約　93
コスト（の）予測　191, 220
コスト見積り　85
コスト・プラス・アワード・フィー（CPAF）契約　146
コスト・プラス・インセンティブ・フィー（CPIE）契約　146
コスト・プラス・定額フィー（CPEF）契約　145
コスト・ベースライン　93
コスト・マネジメント計画　83
コスト・マネジメント計画書　85
コード化　114
コミュニケーション技術　113
コミュニケーション計画　111
コミュニケーション・コントロール　225
コミュニケーション方程式　114
コミュニケーション方法　114
コミュニケーション・マネジメント　177
コミュニケーション・マネジメント計画書　114
コミュニケーション・モデル　113
コミュニケーション要求事項分析　113
コロケーション　171
コンティンジェンシー対応戦略　140
コンテキスト・ダイアグラム　38
コントロール・アカウント　48
コンフィギュレーションの検証と監査　194
コンフィギュレーションの現状把握　194
コンフィギュレーションの特定　194
コンフィギュレーション・マネジメント　193
コンフィギュレーション・マネジメント・システム　194
コンフリクト　173
コンフリクトの解決　187
コンフリクト・マネジメント　173
コンフリクト・マネジメントの技法　174

さ

最早開始日（ES）　73
最早終了日（EF）　73
最遅開始日（LS）　73
最遅終了日（LF）　73
差異と傾向の分析　231
作業工数　70
作業パフォーマンス・データ　158, 189
作業パフォーマンス情報　189
作業パフォーマンス報告書　193
残作業効率指数（TCPI）　218
残作業見積り（ETC）　217
三点見積り　68, 89
散布図　102

し

資源カレンダー　62
資源最適化技法　77
資源ブレークダウン・ストラクチャー　65
資源平滑化　77
資源平準化　77
資源要求事項　62
支持　153
市場調査　147
実験計画法　102
実行プロセス群　2
実コスト（AC）　213
実費償還契約　145
指導　153
支払システム　235
終結プロセス群　2
終了―開始関係（FS関係）　59
終了―終了関係（FF関係）　59
受容　138, 140
承認済み変更要求　198
情報マネジメント・システム　178
職位記述書　107
所要期間　70
人事考課ツール　171
人的資源マネジメント計画　106
人的資源マネジメント計画書　108
信頼の構築　187
親和図　36

す

図解の技法　127
スケジュール効率指数（SPI）　216
スケジュール・コントロール　207
スケジュール差異（SV）　216
スケジュール作成　71

スケジュール・データ　80
スケジュール・ベースライン　80
スケジュール・マネジメント計画　52
スケジュール・マネジメント計画書　54
スケジュール予測　191
スコープ　29
スコープ・クリープ　203
スコープ・コントロール　203
スコープ妥当性確認　201
スコープ定義　40
スコープ・ベースライン　47
スコープ・マネジメント計画書　32
ステークホルダー　18
ステークホルダー・エンゲージメント・コントロール　237
ステークホルダー・エンゲージメント・マネジメント　185
ステークホルダー関与評価マトリックス　153
ステークホルダー登録簿　20
ステークホルダー特定　18
ステークホルダー分析　19
ステークホルダー・マネジメント計画　151
ステークホルダー・マネジメント計画書　153

せ
正確さ　96
精密さ　96
責任　109
責任分担マトリックス　108
是正処置　155
積極的傾聴　187
先行アクティビティ　59
前提条件分析　127

そ
双方向型コミュニケーション　187
組織図　108
組織体の環境要因（EEF）　9
組織のプロセス資産　10
組織ブレークダウン・ストラクチャー　108
組織論　108

た
代替案分析　64
タイム・アンド・マテリアル契約　146
多基準決定分析　36
妥協　174
立上げプロセス群　2
妥当性確認済み変更　191
段階的詳細化　9, 21

ち
チェック・シート　100
チェックリスト分析　127
チーム運営合意書　169
チーム形成活動　169
チーム形成の段階　169
チームのパフォーマンス評価　171
中立　153
調達監査　246
調達交渉　246
調達コントロール　233
調達作業範囲記述書（SOW）　147
調達実行　181
調達終結　245
調達パフォーマンス・レビュー　235
調達文書　147
調達マネジメント計画　142
調達マネジメント計画書　147
沈静や協調　174

つ
ツール　2

て
提案依頼書　147
定額契約　144
抵抗　153
定性的リスク分析　129
定量的リスク分析　132
デシジョン・ツリー　135
データ収集技法　134
データ表現技法　134
撤退や回避　174
テーラリング　9
デルファイ法　69
転嫁　138

と
等級　96
統計的サンプリング　102
統合変更管理　193
ドキュメント分析　38
特性要因図　100
トータル・フロート　73

な
内外製分析　146
内部依存関係　61
内部失敗コスト　99

に
入札依頼書　147

索引

入札説明会　183
任意依存関係　60
人間関係のスキル　167

の

ノイズ　114
納入者が選定　183
ノミナル・グループ技法　36

は

媒体　114
ハーズバーグの動機付け理論　168
バーチャル・チーム　165
発生確率　122
発生確率・影響度マトリックス　123
発注先選定基準　147
パート（PERT）見積り　69
パフォーマンス・レビュー　209
パフォーマンス報告　178
パラメトリック見積り　68, 88
パレート図　100

ひ

ビジネス・ケース　16
ヒストグラム　100
評価コスト　99
表彰と報奨　171
費用便益分析　17
品質　96
品質監査　160
品質機能展開（QFD）　35
品質コスト　90
品質コントロール　221
品質コントロール測定結果　224
品質尺度　103
品質チェックリスト　103
品質保証　159
品質マネジメント計画　96
品質マネジメント計画書　103

ふ

ファシリテーション型ワークショップ　35
ファスト・トラッキング　79
フィー　145
フォーカス・グループ　35
プッシュ型コミュニケーション　187
不認識　153
ブランド・バリュー（PV）　213
フリー・フロート　73
プル型コミュニケーション　187
プレシデンス・ダイアグラム法（PDM）　59
フローチャート化　100

フロート　73
プログラム　7
プロジェクト　7
プロジェクト・カレンダー　80
プロジェクト憲章　14
プロジェクト憲章作成　14
プロジェクト・コスト・マネジメント　4
プロジェクト・コミュニケーション・マネジメント　4
プロジェクト作業の監視・コントロール　190
プロジェクト作業範囲記述書　16
プロジェクト資金要求事項　94
プロジェクト人的資源マネジメント　4
プロジェクト・スケジュール　51
プロジェクト・スケジュール・ネットワーク図　61
プロジェクト・スコープ　29
プロジェクト・スコープ・マネジメント　4
プロジェクト・スコープ記述書　43
プロジェクト・ステークホルダー・マネジメント　4
プロジェクト・スポンサー　13
プロジェクト・タイム・マネジメント　4
プロジェクト・チーム育成　166
プロジェクト・チーム編成　163
プロジェクト調達マネジメント　4
プロジェクト統合マネジメント　4
プロジェクトのパフォーマンスを評価　173
プロジェクト品質マネジメント　4
プロジェクト・フェーズ　8
プロジェクトマネジメント・チーム　105
プロジェクトマネジメント・プロセス群　2
プロジェクトマネジメント計画書　27
プロジェクトマネジメント計画書作成　23
プロジェクトマネジメント知識エリア　3
プロジェクト・マネージャー　14
プロジェクトやフェーズの終結　241
プロジェクト要員任命　166
プロジェクト・ライフサイクル　8
プロジェクト・リスク・マネジメント　4
プロセス改善計画書　104
プロセス分析　162
プロダクト・スコープ　29
プロダクト分析　43
プロトタイプ　38
プロポーザル評価法　183
文書レビュー　126

へ

変更管理委員会（CCB）　193
変更への抵抗の克服　187
変更要求　158

変更ログ　198
ベンダー入札の分析　90
ベンチマーキング　102
ベンチマーク　38

ほ
ポートフォリオ　7
ボトムアップ見積り　64, 89

ま
マイルストーン　57
マインド・マップ法　36
マネジメント・スキル　187

み
見積依頼書　147

も
モデリング技法　77
問題解決　174
モンテカルロ分析　77

や
役割　109

よ
要求事項収集　33
要求事項トレーサビリティ・マトリックス　39
要求事項文書　39
要求事項マネジメント計画書　32
要素分解　46
予備設定分析　70, 89
予防コスト　99
予防処置　155

ら
ラグ　61

り
リード　61
リードとラグ　61
リスク　117
リスク監査　231
リスク許容度　117
リスク区分　131
リスク・コントロール　229
リスク再査定　230
リスク対応計画　136
リスク・データの品質査定　131
リスク特定　123
リスク・マネジメント計画　118
リスク・マネジメント計画書　121

リスクの緊急度の査定　131
リスク発生確率・影響度の査定　131

る
類推見積り　68, 88

ろ
ローリング・ウェーブ計画法　21

わ
ワーク・パッケージ　48
ワーク・ブレークダウン・ストラクチャー　44
ワーク・ブレークダウン・ストラクチャー要素　83

訳者紹介

清水 計雄（しみず かずお）
プロジェクトマネジメント情報研究所株式会社 代表取締役

大学卒業後、海洋建設会社へ入社。東京湾および大阪湾における埋立地造成事業に従事する。海外業務を担当した1970年末から建設プロジェクトマネジメントの研究活動に参加する。

1985年から政府開発援助（ODA）の案件「コロンボ港再開発事業」にコンサルティング・エンジニアとして従事する。スリランカに14年間駐在し、プロジェクトの基本計画から調達、建設、運営を含めたポートフォリオ、プログラム、プロジェクトのマネジメントを実践する。

1999年から財団法人先端建設技術センターに在籍し、PMI東京支部の事務局長として支部の立上げ、運営など6年半にわたり活動する。2005年3月、PMI日本支部を法人として独立させた後、PMI日本支部の理事および常勤ボランティアとして引き続きPMI日本支部の活動に参加する。その間、各種標準類や多数のプロジェクトマネジメントの図書の翻訳出版とそれをベースにした支部活動を推進する。PMBOK® ガイド2000年版、第3版、および第4版の過去3回の改訂に伴う翻訳・監修業務にプロジェクト・マネジャーとして従事する。日本におけるプロジェクトマネジメントの普及活動が評価され、2004年にはPMIからDistinguished Contribution Awardを授与される。

2009年3月、グローバルに通じる次世代型プロジェクトマネジメントの展開をめざし、プロジェクトマネジメント情報研究所（www.pmdi.jp）を設立する。また、米国テンステップ社のグローバル・パートナーとして、日本テンステップ事業（www.tenstep.jp）を展開し、実践するプロジェクトマネジメントを推進する活動を行っている。

2009年8月、NPO法人プロジェクトマネジメント・インキュベーション協会（www.pmai.or.jp）を設立し、プロジェクトマネジメントの一般の人々への普及を促進する活動を展開し、主に中高校生へのプロジェクトマネジメント教育、およびプロジェクトマネジメントによる学校改革を推進している。2012年、日本PBL協会を設立し、日本における「プロジェクト実践教育（PBL）」の普及に従事している。これらの活動に対応して、本書『PMBOK® ガイド・マニュアル』の他に、『組織改革 ビジョン設定プロセスの手引き』、『戦略的プロジェクト経営（共訳）』、『プロジェクト実践教育ハンドブック』等の翻訳出版を実施する。

亀井 邦裕（かめい くにひろ）
産業技術大学院大学客員研究員

大学卒業後、大手電機機器メーカーに入社、おもに首都圏および近畿圏の製造業、流通業の中堅企業に対するコンピューター・システムの導入と企業情報システムの開発プロジェクトに、システムエンジニア、プロジェクトマネジャーとして多数参画。同時にプロジェクトマネジメント技術の社内標準化と教育にかかわる。現在は企業情報システムのモデル化と標準化のための研究活動をおこなっている。おもな翻訳書籍は『PMP教科書 Project Management Professional 第二版』（共訳、翔泳社）および第三版、『プロジェクトマネジメント・プリンシプル』（共訳・アイテック）、『プロジェクトマネジャーの人間術』（共訳、PMI日本支部）等。

PMBOK® ガイド・マニュアル 第5版対応

2014年 9月20日 第1刷発行
2017年 2月20日 第2刷発行

著　者　　シンシア・スナイダー

訳　者　　清水　計雄
　　　　　亀井　邦裕

発行者　　坪内　文生

発行所　　鹿島出版会
　　　　　104-0028　東京都中央区八重洲2丁目5番14号
　　　　　Tel. 03(6202)5200　振替 00160-2-180883

落丁・乱丁本はお取替えいたします。
本書の無断複製（コピー）は著作権法上での例外を除き禁じられています。
また、代行業者等に依頼してスキャンやデジタル化することは、たとえ個人や
家庭内の利用を目的とする場合でも著作権法違反です。

装幀：伊藤滋章　　DTP：エムツークリエイト　　印刷・製本：壮光舎印刷
© Kazuo SHIMIZU & Kunihiro KAMEI. 2014
ISBN978-4-306-01159-5 C3034　　Printed in Japan

本書の内容に関するご意見・ご感想は下記までお寄せください。
URL：http://www.kajima-publishing.co.jp
E-mail：info@kajima-publishing.co.jp